미래
교육,
어떻게
만들어갈
것인가?

미래교육,
어떻게 만들어갈 것인가?

초판 1쇄 발행 2019년 5월 31일
초판 4쇄 발행 2022년 5월 15일

지은이 송기상·김성천
펴낸이 김승희
펴낸곳 도서출판 살림터

기획 정광일
편집 조현주, 송승호
북디자인 꼬리별

인쇄·제본 (주)신화프린팅
종이 (주)명동지류

주소 서울시 양천구 목동동로 293, 2215-1호
전화 02-3141-6553
팩스 02-3141-6555
출판등록 2008년 3월 18일 제313-1990-12호
이메일 gwang80@hanmail.net
블로그 http://blog.naver.com/dkffk1020

ISBN 979-11-5930-103-2 03370

이 도서의 국립중앙도서관 출판예정도서목록(CIP)은
서지정보유통지원시스템 홈페이지(http://seoji.nl.go.kr)와
국가자료종합목록 구축시스템(http://kolis-net.nl.go.kr)에서 이용하실 수 있습니다.
(CIP제어번호: CIP2019020904)

미래
교육
어떻게
만들어갈
것인가

송기상·김성천 지음

살림터

2016년 3월에 구글의 자회사인 영국의 딥마인드Deep Mind에서 만든 인공지능 프로그램인 알파고가 대한민국에서 가장 유명한 바둑기사인 이세돌과 대결하여 5번의 대국에서 4번을 이겼다. 승리를 호언장담했던 이세돌 9단의 패배는 모두에게 충격이었다. 인간과 기계의 역사적인 대결에서 인간이 패배한 것이다.

오래전부터 인공지능에 대한 많은 연구가 있어 왔지만 이 사건은 일반인들에게 새롭게 컴퓨터 인공지능의 위력을 각인시킨 계기가 되었다. 그 이후에 우리 사회는 이러한 기술의 발전에 대비하는 일련의 움직임이 시작되었고, 급기야는 올해부터 공교육에 소프트웨어 교육이 도입되어 시행되고 있다.

거의 모든 산업분야에서 '4차 산업혁명'을 언급할 때 빠지지 않고 인간을 능가하는 컴퓨터와 인공지능을 강조하기에 이르렀다. 그러나 많은 사람들이 간과하고 있는 것은 "무엇을 위한 기술혁신이고, 왜 인공지능이 필요한가? 그리고 어떻게 대비해야 하는가?"와 같은 근본적인 질문에 대한 성찰이 없다는 것이다. 다시 말해서 기술의 발달과 이것의 활용에 대한 '방향성'이 결여되어 있다고 할 수 있다.

일찍이 스티브 잡스는 기술technology의 발달은 인간을 기본으로 한 인문학liberal arts과 만날 때 비로소 가치가 있다는 점을 여러 차례 강조하였다. 그와 같은 맥락으로 이 책에서는 미래교육에서 인공지능으로 대변되는 인간을 뛰어넘을 것 같은 기술을 '왜' 그리고 '어떻게' 활용해야 하는지에 대한 명쾌한 해답을 주고 있다.

예컨대, 미래사회의 교실은 어떤 모습이어야 하며, 4차 산업혁명사회를 살아가려면 무엇을 어떻게 가르쳐야 할 것인가에 대한 실질적인 해법 제시와 함께 새로운 방식의 교사와 학생의 역할을 제시하는 것과 같은 철학적인 방향 설정도 포함하고 있다.

결론적으로 이 저서에 포함된 주옥같은 글들은 누구도 가보지 않은 4차 산업사회의 미래교육현장에서 등대와 같은 역할을 담당하기에 충분할 것이다.

서울교육대학교 총장 김경성

차례

추천사 4
서문 8

I. 미래교육 담론의 동인 11

II. 혁신가들을 만나다 35
1. 에듀테크, 교육의 게임체인저 • 홍정민 37
2. 생각의 길을 여는 미래교육 • 이규하 56
3. 문제해결력이 답이다 • 김진수 88
4. 마을과 함께 학교가 살아나는 혁신 • 추창훈 102
5. 한 명도 포기하지 않는 교육 • 최연수 119
6. 기업인이 교육혁신에 뛰어든 사연 • 이찬승 133
7. 거꾸로교실, 교육 패러다임 전환의 비상구 • 정찬필 157
8. 마음을 사로잡는 멘토링 • 고원형 179
9. 교사를 교사답게, 학생은 학생답게 • 홍섭근 199
10. 작은 학교에서 미래교육의 길을 찾다 • 임재일 223
11. 변화의 길목에서 인천교육의 미래를 말하다 • 도성훈 239
12. 너와 나, 우리 모두의 자녀를 위하여 • 김진화 263

III. 미래교육을 위한 고민과 제언 277
　　 -키워드와 복기-

참고 문헌 290

4차 산업혁명시대, 우리 아이들에게 필요한 미래교육은 어떤 모습일까? 4차 산업혁명이라는 이야기를 들을 때마다 걱정부터 앞선다는 학부모들에게서 아이들이 어떤 직업을 선택해야 앞으로 살아갈 수 있을까 하는 걱정에 당장 마음만 급해져서 이런저런 교육도 시켜보지만 막연한 불안을 떨칠 수 없다는 소리를 많이 듣는다.

그렇다면 현재의 교육시스템, 정확하게는 학교교육은 미래교육에 대해 무엇을 고민하고 어떻게 가르치고자 하고 있는가? 이 대답을 찾기 위해 우리는 다음 세 가지 질문을 토대로 학교현장에서 치열하게 고민하고 학습하고 실천한 혁신가 12명과 함께 우리 교육의 미래에 대해 이야기를 나눴다.

1. 아이들이 미래에 번영을 누리려면 어떤 지식이나 기술skill 또는 태도와 가치관이 있어야 하는가?
2. 그러한 것을 효율적으로 가르치기 위한 교수시스템은 어떠하여야 하는가?
3. 초·중등학교와 대학교는 어떤 역할과 기능을 해야 하는가?

미래는 결국 현실의 문제를 딛고, 이를 극복하려는 실천에서 시작된다. 학교는 생태계와 단절되어서는 안 된다. 학교도 하나의 생태계이다. 교육생태계를 구성하고 있는 다양한 주체들의 이야기는 공교육에 대한 아픈 이야기일 수 있지만, 우리에게 익숙해진 사실을 낯설게 바라보게 한다.

우리는 기업, 교사, 교육행정가, 학부모, 교육운동가 등 다양한 이들을 만났고, 그들이 인지하고 있는 교육의 모습에 대하여 들었다. 이를 바탕으로 우리 미래교육을 위한 초중등교육의 모습과 이를 수행할 교사교육에 대한 비전을 제시하고자 한다.

쉽지 않은 여건에서도 흔쾌히 인터뷰를 허락해준 홍정민(휴넷 소장), 이규하(위두커뮤니케이션즈 대표), 김진수(전 예스24 대표), 추창훈(소양중 교감·로컬에듀 저자), 최연수(한빛청소년대안센터장), 이찬승(교육을바꾸는사람들 대표), 정찬필(미래교실네트워크 사무총장), 고원형(아름다운배움 대표), 홍섭근(경기도교육연구원 연구위원), 임재일(서원초 교사), 도성훈(인천광역시 교육감), 김진화(상상교육포럼 공동대표)님께 진심으로 감사의 마음을 전한다.

I

미래교육 담론의 동인
: 지능정보사회

1. 컴퓨팅 기술의 발전과 새로운 사회로의 진입

학교교육은 변화한다. 학교교육의 변화는 시대적 변화를 반영한다. 사실 학교교육의 변화를 요구하는 목소리는 어느 시대에서나 있었다. 오늘날에는 세계적으로 학교교육의 변화에 대한 논의가 활발한데, 이는 사회의 변화가 급격하게 일어나고 있는 시대적 상황 때문이다. 오늘날의 사회를 과학기술사회라고 할 만큼 과학기술이 사회에 엄청난 영향을 미치고 있다. 새로운 과학기술이 출현할 때, 그 과학기술이 미래 사회에 미칠 영향을 예측하고 대비하는 것은 지속적인 사회의 발전에 있어 중요한 요소이다.

2016년은 컴퓨터와 인터넷을 중심으로 하는 컴퓨팅 기술의 발전이 우리 사회를 어떻게 변화시킬 것인가에 대한 질문을 심각하게 던진 해였다. 그 단초는 2016년 3월에 서울에서 열린 알파고Alpha Go라는 컴퓨터로 계산된 바둑을 두는 시스템과 이세돌 기사와의 대결이었다. 다섯 번의 대국 결과가 나오기 전까지는 서양장기와 달리 바둑에서는 컴퓨터가 인간을 이기는 것이 어려울 것이라고 대부분 예상했었다. 바둑에서 돌을 놓을 수 있는 경우의 수가 약 2×10^{170} 정도이고, 이 수는 천체물리학에서 말하는 우주 전체의 원자 개수(약 12×10^{78})보다 큰 수이기 때문에 컴퓨터가 인간을 이기는 것은 먼 훗날의 이야기일 것으로 여겼다. 하지만 결과는 알파고의 승리였다. 사람들은 엄청난 충격을 받았다.

레이 커즈와일[1]은 2045년 정도에는 인공지능이 인간의 지능을 추월하고, 그로 인해 발생되는 특이점이 올 수도 있다고 주장했다. 만일 그가 예측한 대로 인공지능이 점점 더 빠르게 발전하고 인류의 지능 전체를 합친 것보다 더 뛰어나게 된다면 이 시대는 "유토피아도 디스토피아도 아닌 시대, 비즈니스 모델부터 인간의 수명에 이르기까지 우리가 사용하는 온갖 개념이 바뀔 것"이다. 그런 시대를 우리는 경험해 보지 않았으므로, 새로운 정보통신기술의 발전은 결국 인간의 영역을 매우 빨리 대체할 수 있다는 불안감을 낳게 하였다.

알파고로 대변되는 컴퓨팅 처리 능력에 대한 새로운 인식은 2016년 1월, 다보스 세계경제포럼WEF에서 클라우스 슈밥 회장이 이미 예견했었다.[2] WEF는 경제 분야에 있어서 국제적인 현안에 대응하고 글로벌 경제의 최신 동향을 파악하고 논의하는 자리이다. 2016년 포럼에서 슈밥 회장은 기조연설과 아울러 4차 산업혁명과 관련된 내용을 발표했다. 이 발표 후 전 세계적으로 4차 산업혁명이 가져올 미래에 관한 관심이 고조되었고, 이후 4차 산업혁명이라는 단어는 미래사회와 뗄 수 없는 단어가 되었다.

알파고가 보인 능력과 4차 산업혁명이라는 화두는 한국 사회에 새로운 질문을 던졌다. 그중에서도 기술적인 면에서 인공지능이 일반화된 시대는 어떤 모습일까 하는 것이 있다. 컴퓨터와 인터넷을 바탕으로 90년대의 지식, 정보화 사회에서는 이러한 기술들이 인간의 지적인 능력을 증강시켜주는 측면이 컸다. 그러기에 인간의 지적인 능력을 포함한 작업 처리 능력을 신속하고 효율적으로 처리하는 능력을 강화시킬 수 있는 기술의 발달은 환영받았다. 슈퍼컴퓨터의 처리 능력이 뛰어났다 해도 그것이 어떤 '충격'으로 다가오는 일은 알파고 이전에는 없었다.

그러나 알파고 등장 이후에는 발달된 컴퓨팅 능력과 사물인터넷이나 빅데이터 기술 및 모바일 기술을 중심으로 우리 사회 역시 새로운 단계로 진입하고 있음을 알게 되었다. 그것은 인간이 만들어낸 기계 시스템에 의한 '지능'을 다양한 생산시스템과 사회적인 문제와 통합시킴으로써 나타나는 변화의 양상이 모든 사회시스템을 재편할지도 모르는 4차 산업혁명에 돌입했다는 것을 의미했다. 이러한 사회를 우리는 '지능정보사회'라고 칭하기 시작했는데, 한국정보화진흥원의 보고서에 따르면[3] 관련 전문가들은 그런 사회가 향후 10년 이내에 본격화할 것으로 전망하고 있다.

정보화사회에서는 인간과 컴퓨터 기술이 구분되어 있었다. 이 시대에는 기계는 기계로서의 역할이 있고 기계(컴퓨터나 소프트웨어 및 인터넷 등을 통칭해서 '기계'로 칭한다)는 인간의 여러 기능을 보조하고, 증강시키는 역할로 존재하는 것이었다. 이와 달리 지능정보사회는 지능을 갖춘 기계와 인간이 협력하는 시대가 왔음을 의미한다고 할 수 있다. 기계에 인간과 같은 지능적인 활동을 할 수 있는 '지능'이 부여됨으로서 인류는 여태까지 접해보지 않은 새로운 사회를 맞게 될 것이고, 그런 사회의 모습이 어떻게 펼쳐질 것인가에 대한 담론이 자연스럽게 일어나게 되었다.

2. 지능정보사회의 주요 동인과 변화 현상들

1) 지능정보기술의 주요 내용

알파고와 같은 인공지능이나 4차 산업혁명을 야기하게 된 것의 중심에는 컴퓨팅 기술의 발전이 있다. 지능정보사회의 바탕을 이루는 주요 기술로는 인공지능Artificial Intelligence(AI) 기술과 ICBM 즉, 사물인터넷IoT, 클라우드컴퓨팅Cloud computing, 빅데이터Big data 및 모바일 Mobile 기술 등이 꼽힌다. 여기에 기존의 로봇 기술에 성능이 개선된 인공지능이 가미되어 고도화된 로봇이 생산 및 삶의 여러 부분에 영향을 미치기 때문에 로봇 기술도 이런 변화의 한 요인으로 꼽히기도 한다.

이동통신의 경우 4세대 이동통신 기술인 LTE(long term evolution: 이 이름은 그전의 이동통신인 2G나 3G에 비하여 더 고속 데이터 전송이 가능하게 하기 위한 기술로의 유연한 이동에서 유래하였다)에서 5G로 발전되면서 대용량의 데이터 생산과 데이터의 전송이 가능하게 되었다. 이러한 데이터 생산 및 저장, 분석 기술은 궁극적으로 기계에 인간의 인지, 학습 및 추론과 같은 고차원적 정보처리 능력을 심을 수 있는 기술로 발전되고 이러한 사회가 곧 지능정보사회의 기술적 토대를 구축한다. 그러기에 지능정보사회는 인간의 정보처리 원리를 분석하고 이를 활용하여 인간의 정보처리 기능을 모사한 인공지능 소프트웨어와 이를 처리할 수 있는 하드웨어 기술을 필요로 하며, 어떤 기술들은 인간보다 더 방대한 데이터를 수집, 가공, 처리함으로서 인간의 지적인 능력을 뛰어넘는 수준으로 발전할 수 있게 되는 것이다.

① 인공지능

인공지능의 발달은 알파고에 적용되었던 것처럼 딥러닝Deep learning 을 통하여 획기적으로 개선되었다. 1956년 미국의 존 메카시 교수에 의하여 미국 다트머스 대학에서 열린 회의에서 등장한 인공지능이라 는 개념은, 2015년 이후 신속하고 강력한 병렬처리 성능을 제공하는 GPU의 도입으로 더욱 가속화되고 있다.

초기의 인공지능은 인간이 제공한 지식 데이터베이스를 바탕으로 전문가시스템으로 발전해왔으나, 그 능력은 매우 제한적이었다. 초 기 인공지능연구 분야 중 기계학습(머신러닝) 연구자들은 인공신경망 artificial neural network을 통하여 인간의 뇌가 지닌 생물학적 특성, 특 히 뉴런의 연결 구조를 모사하고자 하였고, 이를 더욱 발전시킨 딥러 닝은 뇌의 뉴런과 유사한 정보 입출력 계층을 활용해 데이터를 학습 하도록 발전되었다. 그 후 토론토 대학의 제프리 힌튼Geoffrey Hinton 교수 연구팀에서 슈퍼컴퓨터를 기반으로 딥러닝 개념을 증명하는 알고리즘을 병렬화하는데 성공하였다. 이러한 병렬연산에 최적화된 GPU의 등장으로 결국 신경망의 연산 속도를 획기적으로 개선하였고, 진정한 딥러닝 기반 인공지능의 등장이 가능하게 되었다.

딥러닝을 이용한 교육시스템으로는 조지아 공과대학의 인공지능 조 교인 '질 왓슨'이 유명하다. 이 인공지능은 과제 마감, 강의 주제, 성적 관련 등 학생들의 질문에 응대하도록 제작되었는데, 인간 조교들과 비 교해도 손색이 없을 만큼 훌륭하게 잘했다는 평가를 받을 정도로 인 간과 흡사한 처리 능력을 보였다.[4]

② 사물인터넷Internet of Things

사물인터넷은 사람과 사람이 인터넷을 통하여 통신하기 위해서 IP

주소를 가진 호스트를 통하여 연결되듯이, 사물에 IP 주소를 부여하고 사람과 사물, 혹은 사물과 사물 간의 통신을 이끌어내는 기술을 말한다. 만일 다양한 센서를 사물에 연결하고 이를 통하여 인터넷과 연결시키도록 한다면 결국 사물과 사물이 서로 연결되는 결과를 가져올 수 있다.

기존의 인터넷 기술이 인간 간의 연결을 가져왔다면 사물인터넷은 사물과 사물이 연결되는 초연결 사회를 가능하게 할 수 있다. 이러한 기능을 대학 운영에 적용하고자 했던 NMC 호라이즌Horizon의 2017년 고등교육 보고서에 따르면, 사물인터넷 애플리케이션은 안전과 효율성을 포함해 캠퍼스 생활의 여러 측면을 개선하는 데 활용할 수 있으며, 학습과 학생복지 향상의 기회도 제공한다고 한다. 즉, 학생들의 이동과 활동을 추적해 강의 외에 그룹학습의 기회를 촉진하는 조치를 하기도 하고, 학생들의 감정 상태가 학습에 미치는 영향을 연구하는데 웨어러블 디바이스를 사용하여 생체 요소를 모니터링할 수 있도록 하고 있다고 한다. 이같이 사물인터넷을 대학에 적용한 예처럼, 교육에서도 다양한 분야에 적용될 것으로 보인다.[5]

③ 빅데이터

1990년 이후의 인터넷 발달은 정보의 홍수라고 불릴 정도로 많은 데이터를 생산하고 유통시키는 구조를 가져왔다. 특히, 소셜미디어나 스마트폰 등의 모바일 기기는 인터넷과 연결되면서 급속하게 멀티미디어 콘텐츠 활용을 증가시켰고, 그로 인하여 'Big Data' 시대가 되었다. 그 규모는 2009년 0.8제타바이트(ZB: 10^{21}바이트)였던 데이터 양이 2020년에는 35ZB로 44배 규모로 증가할 것으로 예상되고 있다.

빅데이터의 특징은 이미 컴퓨터 처리에 적합한 정형화된 데이터뿐만 아니라, 기존의 데이터처럼 데이터베이스 형태가 아닌 비정형의 데이터 집합조차 포함하는 것으로 임의의 데이터로부터 가치를 추출하고 결과를 분석하는 기술을 포함한다. 다양하면서도 대규모의 데이터를 생성, 수집, 분석, 표현하게 됨으로서 다변화된 현대사회를 더욱 정확하게 예측하여 효율적으로 작동케할 수 있는 가능성이 있다. 이는 곧 개인별 맞춤형 정보를 제공할 수 있게 하며 정치, 사회, 경제, 문화, 과학기술 등 전 영역에 걸쳐서 사회와 인류에게 가치 있는 정보를 제공할 수 있음을 제시하며 그 중요성이 부각되고 있다. "4차 산업혁명은 결국 누가 더 많은 빅데이터를 갖고 있느냐의 싸움이다"는 말이 있을 정도로 빅데이터는 4차 산업혁명의 핵심적인 요소라고 할 수 있다.

④ 클라우드 컴퓨팅 기술

클라우드 컴퓨팅은 IoT 기반의 센서로 수집한 정보를 빅데이터를 통해 분석할 수 있는 공간이자 인프라가 된다는 점에서 4차 산업혁명의 큰 축을 담당한다. 클라우드 컴퓨팅은 따로 떨어진 컴퓨팅 자원들을 하나의 네트워크로 연결하고 원격으로 필요한 작업을 실행할 수 있는 기술이다.[6]

클라우드 컴퓨팅에 기반을 둔 클라우드 서비스를 통하여 인터넷 상에 자료를 저장해두고, 사용자가 필요한 자료나 프로그램을 자신의 컴퓨터에 설치하지 않고도 인터넷 접속을 통해 언제 어디서나 이용할 수 있게 된다. 클라우드 서비스를 통해 인터넷 상에 저장된 자료들은 간단한 조작 및 클릭으로 쉽게 공유하고 전달할 수 있다. 인터넷 상의 서버에 단순히 자료를 저장하는 것뿐만 아니라, 따로 프로그램을 설치하지 않아도 웹에서 제공하는 응용 프로그램의 기능을 이용하여 원하는 작업을 수행할 수 있으며, 여러 사람이 동시에 문서를 공유하면서 작업을 진행할 수도 있다. 이러한 인프라는 기업들로 하여금 유연하게 컴퓨팅 수요의 필요에 따라 규모를 조절할 수 있게 함으로써 컴퓨팅 파워, 값싼 서비스 비용, 고성능, 확장성, 접근성, 이용성을 제공하게 된다.

⑤ 모바일

2007년 스마트폰이 등장한 이후 생활 중심이 모바일로 완전히 이동하고 있다. 그야말로 '손안에서 모든 것이 이뤄지는 세상'이 오고 있다. IoT, 클라우드 컴퓨팅, 빅데이터는 모두 모바일을 매개로 서비스가 이뤄진다. 즉, 빅데이터 분석 도구에 의해 분석된 다양한 생활 밀착형 정보들이 모바일 기기를 통해 제공되고, 사용자는 모바일을 활용해 다양한 IoT 기반 서비스를 이용하는 식이다.

모바일 기술의 발전은 더욱 가속화되어 5G 이동통신 기술이 2019년부터 적용되고 있고, 4차 산업혁명시대의 5G는 이동통신을 넘어 차세대 네트워크의 핵심 인프라로 자리매김할 가능성이 매우 높다고 여겨진다.[7] 5G를 통하여 이동통신은 초고용량의 콘텐츠 전송, 자율주행 등 초저지연 서비스를 가능케 하는 기술로서 차세대 네트워크의 중심축을 담당할 것으로 예상된다.

2) 지능정보기술사회의 의의

지능정보기술의 특징은 먼저 이런 기술이 인간의 지적 노동을 대체할 수 있을 뿐만 아니라 다양한 산업에 활용되는 일종의 기반 기술이라는 것이다. 기술이 사회에 미치는 영향을 이해하는 메타 범주에 해당하는 A3 모델(Automation, Augmentation, Amplification)[8]에서 볼 때, 이러한 지능정보기술은 먼저 인간의 정신적인 활동 가운데서 반복되는 활동을 자동화하거나, 인간의 조력이 필요한 경우에는 인간의 정보처리 능력을 증가시키는 데 활용된다. 다음 단계로는 이런 기술이 IT 분야뿐만 아니라, 다른 분야로 급속히 확산되고, 해당 분야에 증강된 지능정보기술로 말미암은 혁신과 이를 통하여 사회에 큰 파급효과를 가져온다. 어떤 예측에 의하면 4차 산업혁명이 가져올 수 있는 사회적 변화를 파괴적disruptive이라고까지 표현한다.

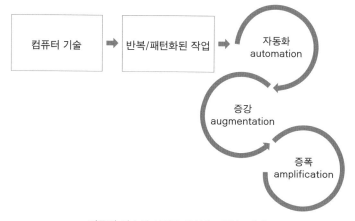

컴퓨팅 기술이 사회에 영향을 미치는 패턴

결과적으로 지능정보기술은 기계와 융합하여 과거에는 기계만으로 대체할 수 없었던 인간 능력이 요구되던 다양한 산업 분야에서 기계가 진입할 수 있도록 한다. 그 대표적인 예가 로봇이나 자율주행 자동차, 그리고 인공지능 저널리즘이다. 인공지능 저널리즘은 기계보다 순수하게 인간의 정신적인 노동에 의존해왔다는 것을 생각해보면 그 의미가 더 커진다. 2018년 통계를 보면 전 세계 언론사의 59%가 AI 기술을 도입하고 활용할 만큼 인공지능이 취재부터 편집까지 개입하는

'강화 뉴스룸Augmentation News Room'이라는 개념이 나타났다.

원래 인공지능을 이용한 로봇 저널리즘은 뉴스를 생성하는 원가를 줄이고 이를 보다 효과적으로 배포하기 위한 목적이었다. 지금은 인터넷 포털을 통해 페이지 수 조회를 늘리기 위한 것으로 발전되었다. 여기에는 알고리즘을 이용하여 데이터를 분석하고, 이를 바탕으로 기사를 작성하며 작성된 기사를 포털을 통하여 개인의 취향에 맞추어 제공하는 것이 가능하기 때문이다. 네이버의 경우 2019년 4월부터 AiRS(AI Recommender System: 에어스)라는 인공지능 기반 개인 뉴스 추천 시스템을 사용하였는데, 이 시스템을 도입한 후 기사 소비량이 30%이상 증가하였다고 한다.

이러한 기술이 구현된다면 인간의 인지적인 활동을 기계가 대체하여 무인 의사결정 시스템에서는 기계가 독립된 주체로서 의사결정을 내릴 수 있게 되어 인간이 관여하지 않아도 되는 무인화나 자동화가 급격하게 확산될 수 있다. 실제로 아마존 본사가 있는 미국의 시애틀에는 Amazon Go라는 무인 매장이 2018년 1월부터 영업을 시작하였다. 이 매장에는 컴퓨터 비전, 딥러닝, 센서 퓨전 기술 같은 자율주행차에 적용된 '저스트 워크아웃 테크놀로지 기술Just Walk Out technology'을 매장에 적용하여 인간 점원이 없어도 물건을 사고파는 행위가 자연스럽게 이루어지도록 하였다.

 Amazon Go 동영상 연결하기
QR코드 스캐너-웹사이트 찾아보기 클릭

또한 IoT 등을 통하여 다양한 형태의 정보를 인터넷을 통하여 취득하고 과거에는 처리가 쉽지 않았던 비정형 데이터나 생체 정보 등을 기계학습을 통하여 의미를 추출하는 것이 가능하게 되어 지금까지 경험하지 못한 대용량 데이터 처리에 기반한 새로운 정보를 활용할 수 있게 해준다.

지능정보기술을 통한 생산 시설의 자동화는 단순 반복 업무의 경우는 말할 것도 없고, 지적 노동, 중급 사무 업무, 정밀한 육체노동까지 자동화되어 고용 구조의 양극화를 가져올 수 있다. 단적인 예가 경비를 줄이기 위하여 패스트푸드 점에서 키오스크를 활용하여 주문을 처리하는 경우이다. 이에 반하여 지능정보기술 분야 산업의 인력 수요는 오히려 증가하고 새로운 직업 창출도 가능하다는 분석도 많다. 한국정보진흥원[3]에서는 그런 사회에서의 주요 이슈를 다음 표와 같이 정리하였다.

미래 지능정보사회 20대 이슈와 시사점[3]

긍정적 이슈		부정적 이슈
인간과 사회의 고차원적 진화 (가치의 재설정)	사회적 측면	기계의 인간 역할 침범 (인간 역할의 축소)
사회문제 등의 난제 해결 가능성		양극화, 격차의 심화
새로운 성장 동력의 발굴		사회적 합의 및 사전 준비 미흡
거대 패러다임의 변화		새로운 부작용 우려
기술 진보에 따른 신규 일자리 창출	일자리 측면	일자리 감소, 실업률 증가
인간과 기계의 협업 확대		인간의 노동에 관한 사회적 가치 약화
업무 효율성, 정확성 증가		업무 복잡성 증가
창의적 일에의 몰입 가능성		적용 비용 증가(재교육 비용 등)
통찰력, 융합적 역량		기계의 업무 참여에 따른 책임성 문제

인공지능의 발달 속도로 볼 때 지능정보사회를 대응하기 위한 사회 전반적 논의의 필요성은 말할 것도 없지만, 마래세대를 준비하게 하는

교육적 변화의 논의는 산업구조나 삶의 양식 변화와 맞물려 가급적 빠르게 진행되어야 한다. 생산방식과 산업 및 정치경제와 일상생활 전반의 변화를 바라보는 관점 중에서 기업가를 대상으로 하는 GE 보고서에 보여진 4가지 관점은 앞으로 인재를 어떻게 교육해야 할 것인가에 대한 많은 시사점을 제공해준다.[9]

4차 산업혁명에 대한 기업가들의 4가지 관점[9]

관점	의미	필수 요소
혁신의 방향 The future work	산업이 나아가야 할 혁신의 방향으로 인식	인재(Human talent), 독창성, 협력, 기업가 정신
낙관론 Optimism	소프트웨어를 활용하여 해결하기 어려운 문제를 해결 가능	데이터, 인공지능, 기계학습과 사물인터넷 등의 적절한 이용
협업 Collaboration	소프트웨어를 통한 협력 및 협업의 증대	기존의 관습과 전통에 의문을 갖고 도전 모든 사업 영역에서 혁신을 추구
디지털 적자생존 Digital Darwinism	21세기에 적합한 역량을 갖춘 새로운 인재의 발굴	인재의 확보

첫째로, GE의 2016년 보고서에 응답한 23개국의 기업가들은 이러한 기술의 진보를 변화하는 사회에 대한 기술 발달의 연장선상에서 순응적으로 받아들이는 기술주의자적인 관점을 가져야 한다고 인식하고 있다. 그들은 현재의 산업이 급격하게 바뀌는 것이 아니므로 시간적인 여유와 함께 인재Human talent, 독창성, 협력, 기업가 정신을 갖추는 교육이 필요하다고 생각한다. 다음으로는 낙관주의적인 관점을 볼 수 있다. 이들은 이러한 디지털 혁신기술이나 지능정보기술이 사회의 많은 난제를 해결할 기회로 삼을 수 있다고 본다. 세 번째 관점은 본질적인 시각 또는 점진론적 관점이다. 새로이 나타나는 기술을 기업의 특성상 불가피하게 추구해야 하는 혁신을 위한 방편으로 삼아 기존의 관습과 전통에 의문을 갖고 도전하며 모든 사업 영역에서

혁신을 추구하면 된다는 것을 강조하고 있다. 마지막으로는 부정론자적인 입장이 있을 수 있는데, 기업이란 경쟁에 의한 적자생존의 특성을 지니고 있고 따라서 기업의 운영에 있어서도 디지털 혁신에서 도태하지 않기 위해서는 적합한 인재의 확보가 중요함을 강조하고 있다.

지능정보사회를 바라보는 시각을 기업가 중심으로 소개한 이유는 교육의 다양한 목적 가운데 실용적인 면을 강조하고 싶기 때문이다. 교육의 목적은 크게 세 가지가 있다. 그 하나는, 개인적인 측면의 목적으로, 주로 개인의 삶과 존재의 목적을 발견하게 하는 것이다. 이 목적은 인간으로서의 품성이나 소양을 강조하고 존재 방식이나 생활능력을 학습하는 교육에 강조점을 둔다. 또한 삶의 공동체적인 의미를 이해하고 개인의 소질 계발, 창의성 및 사고능력 등에 초점을 맞춘다. 두 번째는 실용주의적인 교육을 목표로 개인의 존재 의의뿐만 아니라 그 사람이 살아가는 그 시대에 그 사회가 필요로 하는 인재가 됨으로서 사회적 수요에 부응하면서 직무능력이나 직업능력을 확보할 수 있도록 하는 교육이다. 이것은 개인의 존재 이유를 개인에서 공동체로 확장시키는 기능을 한다. 세 번째 목적은 인류의 보편적 가치와 인류 공영을 위한 소양과 실천을 중요시하는 교육이다.

이러한 세 가지의 교육 목적은 사회적 환경의 영향을 받을 수 밖에 없으며 4차 산업혁명 또는 지능정보사회의 모습이 이전의 사회 변화와는 질적으로 큰 차이를 보일 것이라는 예상이 이러한 시대를 대비하는 교육에 대한 논의를 더 어렵게 하는 측면이 있다. 이에 따라 지능정보사회라는 것이 과연 존재하는 것인가 하는 근원적인 질문에서부터 디지털 변환이 불가피하다면 이를 어떻게 교육 현실에서 반영해야 할 것인가에 대한 쟁점들이 존재한다.

3. 지능정보사회에서의 미래교육 이해에 대한 주요 쟁점들

지능정보사회를 대비하기 위한 미래교육은 지능정보사회의 실제를 전제로 한다. 그러므로 지능정보사회를 뒷받침하는 기술의 발전을 예측함으로서 미래교육이 지향해야 할 바도 분명해질 수 있다. 컴퓨팅 기술이 사회적 변화를 촉진하고 있지만, 여전히 많은 사람들은 그 실체에 대하여 의문을 갖고 있다. 예컨대 우리가 거론하고 있는 기술적인 변화가 과연 4차 산업혁명이라고 지칭할 수 있을 정도의 그런 변화를 가져올 것인가 하는 점이다. 이러한 쟁점들을 살펴보기 전에 일반적으로 어떤 사회 변화를 야기할 만한 새로운 기술이 등장한 후에 기술의 발전이 진행되는 과정을 Gartner 사(이하 Gartner로 칭함)의 '기술 출현에 따른 하이퍼 사이클 곡선'과 함께 생각해볼 필요가 있다.

아래 그래프에서 보듯이 어떤 신기술이 등장하고 발전해나가는 단

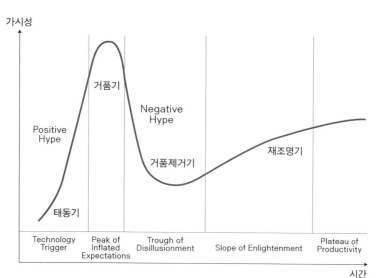

기술의 등장과 발전에 대한 Gartner의 하이퍼 곡선[10, 11]

계를 Gartner는 태동기, 거품기, 거품제거기 및 재조명기라는 네 단계로 구분하여 설명한다. 어떤 신기술이 등장하면 많은 사람들은 그 가능성에 초점을 두고 열광하면서 기술의 '긍정적인 면'만을 강조하는 시기를 거친다. 그리고 이러한 과도한 기대는 어느 때가 되면 기대의 최고치를 맞게 되는데 이 시기에는 기술에 대한 장미빛 환상으로 인한 거의 '묻지 마' 식의 투자나 기술의 긍정적인 면만 강조되는 '거품기'를 만난다. 기술에 대한 기대가 최고치를 통과한 후에는 해당 기술이 예상했던 만큼의 기대를 충족시키지 못한다는 현실을 만나면서 결국 '거품제거기' 또는 '실망기'로 나타나면서 '거품이 제거되는 고통의 시기'를 맞게 된다. 관련 기업은 투자의 어려움을 겪고, 주식 투자자들은 해당 기술에 대한 '묻지 마' 투자 형태의 고통을 감내해야 한다. 그럼에도 불구하고 대부분의 신기술은 나름의 목적을 바탕으로 개발된 것이므로 비록 사람들의 과도한 기대치에는 미치지 못할지라도 과학기술이나 사회발전에 기여할 수 있는 여지가 있다. 시간이 많이 소요될지라도 신기술은 과도한 기대도, 과도한 실망도 아닌 기술 그 자체의 가치를 재조명받게 되는 '재조명기'를 거친다. 이후에는 해당 기술에 대한 냉정한 평가를 바탕으로 기술이 발전해나가면서 생산성 증가에 영향을 미치게 되는 시기를 거친다.

이러한 Gartner의 태동하는 기술의 하이퍼 사이클 곡선은 게임체인저형 기술이라 할지라도 크게 다르지 않게 전개되는 특성을 지니고 있다. 달리 말하자면 어떤 시기에서든지 열광했던 기술들과 그에 대한 사람들의 반응 및 경제사회적인 적응 과정을 분석해보면 이런 양상이 반복되어 왔고 또 그럴 것이라는 것을 쉽게 유추할 수 있다.

그런 관점에서 보면 4차 산업혁명이라는 구호도 혹은 지능정보사회라는 새로운 사회의 도래를 외치는 목소리도 기술 발전의 하이퍼 사이클 곡선을 따라 검토해볼 필요가 있다. 4차 산업혁명이 어떤 기술 그 자체를 의미하지는 않지만, 새로운 기술들에 바탕을 두고 있다면 결국 지능정보사회 혹은 4차 산업혁명 역시 Gartner 곡선을 따라 전 개될 수 있음을 예상할 수 있다. 이 같은 예상은 지능정보사회나 4차 산업혁명에 대한 담론에서 나타날 수 있는 몇 가지 쟁점들을 조금 쉽게 정리해줄 수 있을 것이다.

1) 태동기적 관점 1: 과연 4차 산업혁명은 있는가?

GE 보고서에서도 언급했지만 기업을 운영하는 각국의 많은 사람들은 4차 산업혁명으로 촉발하는 기술의 발전을 당연한 것으로 보고 있다. 새로운 기술일 뿐, 그것이 그렇게 열광할 정도로 사회에 영향을 미치지는 않을 것이라는 그들의 관점은 기술발전의 하이퍼 사이클 곡선의 맨 앞단에 위치하는 시기에 보이는 반응과 유사하다. 태동기에 위치한 기술들로 인하여 아직은 그런 현상의 가시성이 낮을 뿐이다.

이미 알파고를 비롯한 인공지능 기술은 대량 생산체제 하에 고객의 개별 수요를 맞춘 생산이 가능하도록 하였다. 개인맞춤형 대량생산 시스템은 인공지능과 빅데이터를 이용하여 미리 소비자들의 기호를 파악하고 상품을 만들어내는 방식으로 기존의 상품생산 체제와는 전혀 다른 방식을 가능하게 한다. 그리고 이런 개념을 가능케 한 기술의 변곡점이 이루어진 해가 2007년이라고 미국의 언론인 토머스 프리드먼[12]은 주장하고 있다. 이런 변화된 시대를 대비하는 4차 산업혁명과 교육, 또는 4차 산업혁명 기반 기술과 교육의 관계는 더욱 긴밀해질 수밖에 없다.

과거 한국이나 세계 각국에서 교육정보화 혹은 정보통신기술ICT을 교육에 도입하고자 하는 이유는 ICT 기술이 기존의 교육체제를 보완하고 풍요롭게 하며 변화시킬 수 있다고 여겨졌기 때문이다. 한국에 있어서 교육에의 ICT 활용은 1996년 이후 거의 5년마다 그 개념이 바뀌어왔다.

김대중 정부에서 이루어진 ICT 활용 교육은 이후 EBS 수능 방송을 기점으로 이러닝e-learning으로 변화하였으며, 디지털 교과서를 내세운 유러닝U-learning과 아이폰이나 패드Pad 기반의 스마트러닝SMART learning으로 계속 변천하며 이어져왔다. 변화의 특징은 새로운 기술이 등장할 때마다 해당 기술들을 교육에 활용하고자 한 것으로, 이런 기술 중심의 접근은 결국 기술의 하이퍼 사이클 곡선의 태동기에 해당 기술의 가능성을 지나치게 과신하면서 접근했다는 반성을 하게 한다. 뿐만 아니라 5년마다 새로운 기술을 교육에 도입하기 위하여 교사 연수를 실시하고 학교 시설을 보강하는 등 교육 자체보다 관련 사업에 치우친 면도 많았다. 그런 점에서 미래교육을 4차 산업혁명을 떠받치고 있는 ICT 기술들에 대한 지나친 기대와 낙관으로 성급하게 결부시켰다는 비판을 피해갈 수는 없다.

2) 태동기적 관점 2: 그런 시대를 대비하기 위한 방향은?

비록 이런 기술들이 아직 태동기에 있다고 해도 미래의 발전 방향이 그 방향이라면 우리는 준비를 해야 한다. 지능정보사회의 기반 기술들을 교육에 적용하는 것이 만능은 아닐지라도 우리 교육 또는 교육 방법 그 자체를 개선시키기 위하여 이러한 기술 기반의 미래교육 방법의 도입과 지능정보사회에서 요구되는 개인의 능력을 고려할 때 미래교육은 어떠해야 할 것인가 하는 질문은 여전히 현재형이다.

교육부가 2016년 12월에 발표한 '2030 인재강국 실현을 위한 대한민국 미래교육 청사진'에는 "인공지능의 발달로 단순 반복 업무는 기계가 대체하고, 인성·감성·창조적 사고를 필요로 하는 분야가 우세할 전망이며, 이를 키우기 위해서는 학생들이 흥미와 적성에 맞는 분야를 마음껏 배울 수 있도록 하는 교육이 필요하다"고 강조하였다.[14] 이로써 우리 교육의 문제점으로 지적되어 온 학교제도의 경직성이나 표준화된 교육과정의 획일성, 개별화교육 등을 개선할 필요가 있음을 인정한 것이다.

광범위한 자동화로 인한 단순 반복 업무에 대한 기계 대체는 결국 노동 경쟁력의 저하를 가져올 것이다. 한국이 누려온 성장 신화의 바탕에는 저임금과 저숙련 노동력을 바탕으로 한 무역자유화 정책과 근로자들이 축적한 지식과 기술 및 혁신이라는 인적자본의 역할이 컸다. 그러나 지능정보기술에 의하여 자동화기술 구축의 비용이 점점 더 감소하고 광범위한 자동화가 이루어진다면 그런 노동 시장에서 요구되는 보다 유연한 사고를 할 수 있는 근로자들의 수요가 커질 수밖에 없을 것이다. 예상되는 교육의 내용으로는 인지 작업뿐만 아니라 인간관계나 협업, 갈등관리 및 해결과 같은 사회적 기술도 포함된다. 따라서 미래교육의 방향은 이런 역량을 고려하도록 설계되어야 한다.

3) 거품기 전기: 지나친 낙관론은 아닌가?

우리는 ICT를 교육에 접목시키기 위하여 노력한 여러 번의 경험을 통하여 신기술들이 등장하고 이를 곧바로 교육에 접목시키고자 할 때의 장점과 단점을 잘 알고 있다. 지능정보사회나 관련 기술들이 지나치게 사람들의 관심을 받는 시기라면, 관련된 미래교육의 담론 역시 일정한 정도의 냉정함을 되찾을 필요가 있다. 지금 나타나고 있는 지능정보사회를 대비하기 위한 교육의 주장들에는 기술적인 측면에서는 지능정보기술의 등장에 따른 학교교육체제 변화와 교육과정 및 방법에 대한 변화를 주장하는 목소리가 높다.

인공지능 로봇이나, MOOC와 같은 개방형 콘텐츠, 인공지능 기반 개별 맞춤학습 기술 등과 같이 교육 분야와 테크놀로지가 융합함으로서 새로운 형태의 학교체제나 교육의 개념을 변화시킬 처지에 있다. 미국의 칸랩스쿨Khan Lab School이나 알트스쿨Alt School 등은 온라인 강의와 모바일 기기 등을 적극 활용할 뿐만 아니라 무학년제 학교로 학습자의 데이터를 기반으로 한 학습자 맞춤형교육을 실시하는 새로운 학교의 모델로 등장하고 있다. 이러한 새로운 형태의 교육체제의 가능성은 한국 교육이 안고 있던 부정적인 모습들을 일거에 개선시킬 수 있을 것처럼 환영받고 있는 측면도 있다. 그러나 우리는 지난 수십 년간의 교육정보화 경험을 바탕으로 이 같은 열망이 지능정보기술의 발전 단계에서 거품기 전기에 해당되는 시기에 나타나는 그런 반응은 아닌지 살펴볼 필요가 있다.

4) 새로운 시대를 위한 준비: 어떤 인재를 기를 것인가?

결국 4차 산업혁명시대의 교육 혹은 지능정보사회에서의 교육의 방향은 디지털혁신기술 속에서도 어떤 인재상을 가진 사람을 길러내야 하는지에 대한 질문으로 귀착된다. 세계의 기업가들이 꼽고 있듯이 앞으로의 인재들이 갖추어야 할 능력으로는, OECD의 DeSeCo 프로젝트 보고서에서처럼 미래사회에서 요구되는 생애핵심역량life key competence을 중심으로 이루어지는 것이 요구된다.[14]

이 같은 핵심역량에 대한 정의는 '21세기 실행 능력의 평가와 교육 Assessment and Teaching of 21st-Century Skills, ATC21S'[15] 프로젝트의 결과로 얻어진 '창의력·혁신 능력, 비판적 사고력, 문제해결력·의사결정력, 자기주도학습 능력, 의사소통 능력, 협업 능력, 정보 문해, ICT 문해,

구분	핵심역량
자율적인 행동 역량	• 전체 조직 내에서 협력적이며 자율적으로 행동할 수 있는 역량 • 자신의 인생계획 프로젝트를 구상하고 실행하는 역량 • 자신의 권리와 필요 등을 옹호 및 주장하는 역량
사회적으로 이질적인 집단에서의 상호작용 역량	• 인간관계 역량 • 협업 역량 • 갈등관리 및 해결 역량
여러 도구를 상호작용적으로 활용하는 역량	• 언어 상징 텍스트 등 다양한 소통 도구 활용 역량 • 지식과 정보를 상호작용적으로 활용하는 역량 • 새로운 기술 활용 역량

시민의식(지역/글로벌), 인생 및 진로개척 능력, 개인 및 사회적 책임의식'과 같은 10가지의 역량과 매우 유사함을 알 수 있다. 이런 관점은 결국 미래사회의 교육이 어떤 내용을 새롭게 주장하는 것이라기보다는 인류의 역사를 따라 지속되어온 교육의 목적들 가운데 오늘날에는 무엇에 더 집중해야 하는지의 변화로 볼 수 있다.

이러한 역량에 대한 논의는 2015 개정교육과정에 반영되어 있다. 하지만 교육과정 총론에서 제시된 역량의 개념이 교육의 일상에서 실제로 이어졌는지는 의문이다. 분절화된 교과, 지식 중심의 학습에 오랫동안 우리들도 젖어들었기 때문에 어떻게 역량을 길러야 하는가는 여전히 고민이다.

5) 반성과 성찰

한국 교육을 내용상으로는 주입식·암기식 교육이며, 형식상으로는 중앙집권형 교육체제로 규정할 수 있다. 산업화시대에 비교적 최적화된 학교시스템이었으며, 선발과 변별의 도구로써 학교의 교육과정, 수업, 평가는 기능했다. 이를 바꾸기 위한 국가적 차원의 시도가 없었던 것은 아니지만 큰 성과를 내지는 못했다. 교육은 신분상승 내지는 유지를 위한 도구적 성격으로 인식될 때, 경쟁의 총력전 양상이 나타난다. 한편, 과도하게 국가가 교육정책에 관여하면서 현장의 변화에 대해 유연하게 대응할 수 있는 시스템과 역량도 부족했다.

전문가는 스스로 판단하고, 실행하면서 책임을 지는 구조를 보장한다. 학교는 스스로 판단할 수 있는 권한과 역량을 갖추고 있는가? 이른바 학교자치에 대한 고민이 시작되고 있다. 아이들은 결국 마을과 지역에서 살아간다. 일반자치와 교육자치의 통합에 대한 논란이 있지만, 마을에서 아이들이 행복하게 자라나고 성장할 수 있는 협업 구조를 갖추었는지 고민하지 않을 수 없다.

혁신학교와 혁신교육은 기존의 국가 단위 중심의 개혁과 달리 아래로부터의 변화를 주체의 힘으로 만들어갔다는 점에서 그 의의가 크다. 그러나 학벌주의와 학력주의에 포획된 현재의 가치체제에서는 변화의 확장이 쉽지 않다. 미래사회와 미래교육에 대한 담론은 넘쳐나지만, 산업화시대의 문법과 생활양식, 인식체제가 교육에는 아직 그대로 머물러 있다. 미래교육은 어찌 보면 갑자기 주어진 것이 아니라 여러 문제의식, 현장의 실천, 기술발달, 세계적 동향 등이 결합된 총체라고 할 수 있다. 미래사회와 미래교육 담론의 핵심은 결국 인간으로 귀결된다. 인간의 삶을 어떻게 하면 행복하게 할 것인가? 이를 위해 우리에게 주어진 여러 문제를 어떤 방식으로 극복할 것인가? 이는 결국 시민성의 문제와 결부된다. 주체적 판단과 비판, 그리고 실존의 삶을 위한 노력과 연대, 참여가 중요질 수밖에 없다.

미래교육의 출발은 성찰과 반성을 위한 대화에서 시작된다. 교육은 사회의 종속변수이자 독립변수이다. 교육의 가치로 세상을 바꿀 수 있을까? 학교혁신을 넘어 교육혁신을 꿈꾸고, 교육혁신을 넘어 사회혁신을 꿈꾸어볼 수는 없을까? 인식과 문화의 관행, 경로의존성이 강한 제도적 특성, 변화를 거부하려는 인간의 본능 등은 분명 혁신의 저해 요소이다. 그럼에도 불구하고 특정 문제에 좌절하지 않고 변화를 일구기 위해 치열하게 몸부림치는 이들이 존재한다. 사람 때문에 좌절하지만, 사람 때문에 희망을 꿈꾸어본다. 주어진 환경에서 나름 변화를 시도한 이들을 혁신가로 칭할 수 있다.

다음 장에서는 교육의 변화를 모색하고자 노력해온 교사, 대안학교 관계자, 교육운동가 및 기업가, 학부모의 목소리를 통하여 현재 우리 사회에서 어떤 요구와 시도가 이루어지고 있고, 지능정보기술 시대에 대한 기대와 교육을 위한 노력에는 무엇이 있는지를 살펴보고자 한다.

II
혁신가들을 만나다

에듀테크, 교육의 게임체인저

홍정민•휴넷 에듀테크 연구소장

홍정민 소장은 현재 휴넷 에듀테크 연구소장이다. 4차 산업혁명시대를 살아갈 사람들을 위해 에듀테크Edutech의 의미와 현황을 주제로 책을 저술하였으며, 인공지능, VR, 사물인터넷, SNS 등과 연계된 교육에 대하여 기업과 학교를 넘나들며 강연하고 연구에 열중하고 있다. 대표적인 기업교육 업체인 휴넷에서 일하면서 그는 교육을 어떻게 바라보고 있을까? 교육과 기술은 어떤 관계로 나아가야 하는가? 한쪽에서는 교육의 시장화, 상품화를 우려하지만, 한편에서는 교육과 기술의 이음을 통해 그동안 이루지 못했던 영역을 만들어가야 한다는 기대 섞인 시선도 있다. 시장의 최전선에 있는 홍정민 소장을 먼저 만나보았다.

우리에게 주어진 시간이 얼마 없다

홍정민 소장은 서울대 사범대를 졸업했으나 실제로 학교교육에 관한 경험은 많지 않다. 하지만 기업교육과 기업의 인재교육 분야와 관련된 업무를 계속하면서 교육에의 디지털 변환을 꿈꾼다. 그는 HRD

나 기업교육 영역에서 디지털화를 하지 않으면 결국 세계 자본에 의해서 잠식될 것이라는 위기의식을 토로하였다.

저는 사대를 나왔지만 학교현장에 대한 경험은 많지는 않습니다. 제 친구들이 대부분 학교에 있습니다. 고등학교 선생님들이지요. 저는 서울사대를 나왔기에 학교와 무관할 수는 없습니다. 그렇지만 저의 경우에는 학교현장보다는 기업교육에 중점을 두고 있으며, 공교육 12년에까지는 안 갔습니다. 그러다가 '에듀테크 EduTech'라는 책을 쓰면서 학교 등에서 연락이 많이 와서 강의를 하고 있습니다. 공교육도 테크놀로지를 지향하는 방향으로 가야 한다고는 계속 말하고 있습니다. 테크놀로지 중심으로 이야기하는 것은 제가 참여하고 있는 스타트업 모임이랑 연관도 있고요.

어떤 면에서는 저희도 공교육에 접목하려는 시도를 한 적도 있습니다. '청소년 비전 스쿨'을 운영하는 것이었는데, 한계가 있더라고요. 이 청소년 비전 스쿨은 학생들을 모집해서 하는 것이었는데, 저희가 한 5, 6년을 하다가 그만두었죠. 그렇지만 그 의미는 많이 있었다고 봅니다. 의미는 있었지만 아무래도 사업이 쉽지는 않았습니다. 왜냐면 저희는(Hunet을 말함) 기업교육 분야라는 다른 사업이 조금 더 이익이 되고 사업의 규모가 큰데 비하여 청소년 비전 스쿨은 사업 규모도 작고 손이 많이 가는 대신에 의미는 있었지만 사업적으로나 기업적으로 보았을 때는 유지하는 것이 쉽지가 않아서 접었습니다.

그렇지만 실패를 경험하더라도 성취해보고 싶은 교육과 관련된 부분으로는 기업교육 또는 HRD(Human Resources Development) 분야의 디지털 변환Transformation을 컴퓨터 분야에서 이루어야겠다는 생각을 많이 하고 있고요. 테크놀로지를 활용하여 이러닝 사업을 오래해왔고, 개인적으로는 테크놀로지 친화적이고 교육도 많이 알고 있기 때문에 계속할 계획입니다. 지금 HRD 분야에서 디지털화를 제대로 하지 못하면 기업교육도 미국에게 시장을 뺏길 것이라고 봅니다. 그런데 이것은 꼭 한국에서 할 수 있도록 하고 싶고요. 저희 Hunet 사장님도 생각은 같으시고 그런 것들을 저희가 빨리 배워 와서 개척하려고 합니다. 솔직히 인공지능이 HRD에 접목되어서 들어오면 정말로 끝장이거든요. 한국이 가진 시간은 약 4~5년 정도밖에 안 된다고 봅니다. 여유가 없는 것이지요.

에듀테크를 발전시키기 위해서는 정부주도형에서 벗어나야

요즈음 핫한 책 〈에듀테크〉의 저자인 홍 소장에게서 미래기술변화를 학교에서 어떻게 수용할 수 있을지에 대하여 듣고 싶었다. 우리는 이미 이러닝이나 콘텐츠를 교육과 연결시키려고 했으나 무엇인가 부족하다는 생각이 많았다. 에듀테크나 미래기술변화를 학교에 적용하는 것이 어려운 이유를 물었다. 그는 기업의 관점에서 볼 때, 정부 주도형은 이미 한계에 왔다고 보고, 민간기업을 배척하는 방식은 바람직하지 않다고 했다. 민간이 잘하는 영역은 민간을 적극 활용하면서, 거버넌스 관점을 가지고 정책을 추진해야 한다고 강조했다. 교육에 기술을 도입하는 영역은 사교육이 아닌 공교육에서 더욱 활용해야 한다는 것이다. 영국와 미국에 비해 한국은 오히려 이러한 흐름이 뒤처지고 있다는데 그는 위기감을 느끼고 있었다. 정부가 개발하여 보급한 콘텐츠들이 왜 현장에서 외면받는가? 현재와 같은 방식으로는 100전 100패일 수밖에 없고, 새로운 전략이 필요하다는 입장이었다. 그의 이야기를 듣다 보니, 정부가 개발했으나 현장에서 거의 사장된 콘텐츠들이 떠올랐다. 적지 않은 예산을 들였는데 왜 실패했을까?

테크놀로지를 학교에 접목시키기 위한 방안으로는 두 가지를 말씀들릴 수 있는데요. 기업의 측면에서 볼 때 민간의 참여를 통해서 학교 또는 정부와 같이 가야 한다고 생각하는데, 지금은 너무 공적으로 정부 주도적으로 가려는 것 같습니다. 그러다 보니 한계가 있고 막혀있다고 봅니다.

미국이나 영국의 사례를 보면, 미국 같은 경우는 에듀테크 쪽으로 투자가 많이 이루어지고 있죠. 빌게이츠나 저크버그가 이런 곳에 투자를 많이 하기 때문에 그것을 바탕으로 에듀테크가 성장하고 있습니다. 교육을 하나의 산업으로 본다고 할 것 같으면 선생님들이 무엇이든 역할을 많이 시도하실 수도 있는데 그렇지 못한 게 우리 현실인 것 같습니다. 교육은 엄청난 산업입니다. 전 세계적으로 볼 때 교육은 두 번째로 큰 산업, 즉 1, 2위 하는 산업이고, 우리나라에서도 교육산업 종사자가 거의 3위입니다. 제조업 서비스업 다음이 교육입니다. 이런 부분에 대한 인식 전환이 필요하지요.

교육을 산업으로 인정하지 않는 것은 사교육이라는 프레임과 연관되어 있고, 그에 따라 더욱 그런 시각이 고착화되었죠. 그런데 학교에 테크놀로지가 들어가는 것과 관련하여 교육산업을 생각해보면 민간이 잘하는 부분이 있고 공교육이 잘하는 부분이 있거든요. 그런데 국가적인 거버넌스 측면에서 즉, 공교육 관점에서 이러닝이나 신기술을 도입하여 교육을 하자는 것을 사교육이라는 프레임에 가두어 놓고 나쁜 것이라고 이야기를 하는데 에듀테크의 경우 보통은 그런 것이 아니거든요.

예를 들자면, 이러닝 같은 경우 메가스터디나 이런 방식은 대체재, 즉 공교육 쪽을 대체하는 측면이지만 에듀테크를 활용하는 경우는 보조제의 역할을 하는 것입니다. 달리 말하면, 공교육을 더 강하게 할 수 있는 방향으로 나아가고 있거든요. 미국도 그렇고요. 에듀테크에 투자가 이루어지게 하는 점에서 저는 영국이 가장 좋은 제도를 갖고 있다고 생각합니다.

영국은 바우처를 학교에 줍니다. 선생님들에게 바우처를 주어서 선생님이 마음대로 콘텐츠나 플랫폼을 선택하도록 하지요. 학교에서 에듀테크를 사용하게 하면 경쟁에 의하여 좋은 제품이 살아남게 되고 이는 에듀테크 산업도 발전하게 하고 교육의 질도 향상시킵니다. 영국의 경우에는 1년에 1조 5천억 정도를 뿌려댄다고 해요. 산업도 키우고 공교육도 강화시키려고요. 그런데 저희가 교육강국이라고 하고 게다가 테크놀로지 강국인데 지금 영국이나 미국의 정책에 비하면 에듀테크는 정말 뒤처지고 있습니다. 심지어 싱가포르나 이런 곳보다도 안 되거든요. 문제가 심각합니다.

영국에서는 바우처를 이용하여 플랫폼을 사용하게 합니다. 예를 들면, 선생님들이 실제로 행정업무가 너무 많잖아요? 우리의 나이스NICE라는 것에도 한계가 있습니다. 정부지원 시스템으로 문제가 많지요. 시스템도 서비스이기 때문에 경쟁을 시켜야 되고 그래서 더 좋은 서비스가 개발되도록 해야 하는데, 선생님들에게 인공지능 결합이라든가 맞춤형 데이터가 딱딱 나오고 적절하게 해줄 수 있는 것이 필요한데, 오히려 나이스라는 것이 다 막아버리는 것이죠. 즉, 한 가지를 개발해서 그것만 사용하므로 경쟁이 필요 없게 되고 그로 인해서 서비스의 질 개선이 어렵게 되는 것입니다.

시스템 비용도 모두 교육부에서 주관하고요. 결국 선생님들이 주관해야 하는 것인데, 선생님들의 선택에 의해서 민간도 키워야 하는데 전혀 그렇지 못하니 거버넌스에 문제가 있는 것입니다. 시스템이나 공교육 콘텐츠는 무조건 정부의 지도하에 개발하고 사용해야 하니까. 이런 정부주도형은 과거에는 적합했는지 모르지만 4차 산업혁명시대에는 맞지 않습니다. 정말 문제라고 생각합니다.

에듀테크는 새로운 IT기술 기반의 교육 발전을 목표로 한다. 그러자면 변화와 혁신의 중심에 있을 수밖에 없다. 하지만 기업경영이 어디 쉬운 일인가? 경쟁도 경쟁이지만, 기업을 둘러싼 환경 역시 기업가들에게는 중요한 변수이다. 특별히, 교육 관련 기업의 경우는 정부의 어떤 점들이 어려움을 더하는지 문제점을 점검해볼 필요가 있다. 홍정민 소장은 정부 독점형 방식은 이제 한계에 왔으니, 차라리 민간에 넘겨서 경쟁을 하고 좋은 콘텐츠를 학생들에게 공급하는 방식으로 전환하자고 말한다.

입시제도의 변화와 변화의 모델을 만들자

한국 교육에 대한 기업에서의 진단은 기업인들이 실제 생산에 투입되는 인력들과 1차적으로 접하게 됨으로 더 분명하고 더 실제적일 수 있다. 에듀테크 전문가로서 홍 소장이 진단하는 한국 교육의 변화의 핵심과 그 변화의 원리는 무엇일까? 경쟁에서 생존을 고민해야 하는 기업의 입장에서는 현재의 입시제도에 대해서 어떤 생각을 할까? 학벌주의와 학력주의가 조장한 시험 점수가 높은 인재를 원할까? 홍 소장은 한마디로, 선진국을 모방하던 시대에는 성실한 사람이 필요했지만 지금은 창의적 인재가 필요하다고 말한다.

우리 교육이 바뀌기 위해서는 현재의 입시제도가 바뀌는 게 가장 중요하다고 봅니다. 매우 어렵고 힘든 문제이지만 입시제도의 밑바탕에는 공정성이라는 것이 깔려있다고 봐요. 학벌을 중요하게 여기지만 이제는 스카이SKY 출신들의 취업에 대해서 기업도 문제로 보고 있거든요. 대학 학벌에 대한 인식이 지금 바뀌고 있는 것은 사실입니다.

그런 점에서 혁신학교나 이런 데서 모델이 되는 리더십을 보여줬으면 좋겠어요. 외국에서는 미네르바 스쿨이 나오고 칸랩 Khan Lab 스쿨도 나오는 데, 왜 우리나라에서는 안 나오는가 하는 거죠. 정부주도라고 하더라도, 학교에 자율권을 많이 주고 몇 개의 시범사업을 통해서라도 그런 학교의 출신들이 좋은 대학을 가거나 올바른 길로 가게 되어서 사업을 하거나 하는 성공사례가 나와야 대한민국이 좀 크게 변하지 않을까 싶습니다.

한국사회 전체가 입시제도와 관련해서 학벌주의를 이야기하는데요, 이것을 기업과 연관시켜보면 좋을 것 같아요. 즉, 지금까지 우리나라 기업은 선진국 기업을 캐치업Catch up 하자는 방향이 중심이어서 모방을 잘하면 된다는 관점에서 어떤 산업에 대해서 항상 성실하고 열심히 하는 사람이 필요했던 그런 구조였습니다.

그런데 이제는 우리나라가 선진국 대열에 들어가게 되면서 경제적 위기라고 하는 이유가 창의적 인재를 키워야 하는데 거기에 한계가 있기 때문입니다. 기업에서는 학벌을 없애는 경우가 매우 많은데, 과거 비즈니스 모델에서는 지금 교육시스템이 더 훌륭했지만, 이제는 비즈니스 영역에서 필요로 하는 인력이 조금 달라진 것 때문이라고 봅니다. 글로벌 비즈니스 모델을 만드는 인재를 육성하기 위해서는 성실하고 꼼꼼하면서 공부 잘하는 사람도 한 축으로 하면서 창의적인 인재를 기르는 것 또한 한 축으로 강조했으면 좋겠습니다.

낡은 교육과정을 확 바꾸어야

기업가의 입장에서 미래교육과 미래사회에 관해서 어떻게 보고 있을까? 이들이 지닌 문제의식을 무시할 수 없는 것은 산업현장에서 치열하게 살아가는 그들의 관점 역시 공교육의 방향을 설정할 때 고려해야 할 요인이다. 홍 소장은 먼저 인공지능시스템의 확장성과 가능성에 주목한다. 기존의 교육시스템의 상당 부분이 대체될 수 있기 때문이다. 그런데도 우리 교육과정은 여전히 국영수 중심이다. 문제는 이런 영역은 인공지능의 대체 영역이 될 수 있다는 점이다.

새로운 미래교육에 있어서 저는 솔직히 인공지능시스템이 다 하고 있다고 봅니다. 뉴턴Knewton 같은 예측 가능한 시스템이 있거든요. 예를 들면, 이런 시스템을 실제로 쓰고 있는 해외에서는 내가 다음 주에 수학시험을 볼 거야, 하면 나의 실력을 예측해서 82점이 나올 것이라고 정확한 점수를 알려줍니다. 그리고 상위 5%는 어떤 것을 가르쳐야 하는지도 조언해 주죠. 시험도 다 채점하고 모바일로 체크하고 있습니다. 이것은 나이스NICE 시스템과는 완전히 다른 것입니다.

그런데 우리나라에서는 이런 시스템을 사용할 수가 없습니다. 왜냐하면 비용이 들어가게 되는데 돈이 없잖아요. 그렇지만 구글 같은 경우는 무료로 사용할 수 있도록 풀었습니다. 구글을 많이 사용하시는데 이것으로도 충분히 가능하긴 합니다. 하지만 이것과 나이스를 같이 사용하려다 보니 한계가 있는 것입니다. MS에서도 플랫폼이 나와 있고요. 빅데이터, 초연결 이런 것이 지금 엄청나게 빠르게 변하고 있는 중이죠.

우리 아이들의 미래가 정말로 걱정입니다. 핀란드 아이들은 이렇게 코딩하고 토론수업하고 이러거든요. 저희는 국어, 영어, 수학 외우고 있잖아요. 게임이 안 될 것입니다. 코딩은 정말 일부고요. 영국은 전 국민을 프로그래머로 키우고 있고, 인도도 마찬가지고요. 우리나라의 코딩교육도 한 부분이라 볼 수 있고, 전체적인 커리큘럼은 계속 국영수 이렇게 가고 있잖아요. 국영수 이것은 정말 오래된 커리큘럼인데, 이제는 이런 것은 굳이 선생님이 가르칠 필요가 없는 시대가 되었죠. 인공지능이 훨씬 잘하는 것이거든요. 그런데 지금 이런 문제에 대한 대비나 아무런 가이드도 없고 심각합니다.

칸랩 스쿨이나 스티브 잡스 스쿨을 보라

에듀테크를 강조하는 홍 소장의 관점에서 볼 때 우리가 새로이 고려해야 할 교육과정의 미래 모습은 어떤 것일까? 홍 소장과 같은 기업가의 관점에서 바라보는 우리 미래교육, 미래사회에 대한 문제의식을 학교교육에서 반영하여 교육을 재설계할 필요가 있다. 홍 소장은 개별 맞춤형학습을 이미 실행하고 있는 모델에 주목할 필요가 있다고 강조한다. 인지과목은 인공지능 기반 시스템으로 실행하고, 개인에 맞는 교육과정을 모색해야 한다는 것이다. 모든 학생들이 똑같은 속도에 똑같은 커리큘럼을 받지 않는 시스템이 가능하다고 그는 생각한다.

저는 Kahn Lab 스쿨이나 스티브 잡스 스쿨이 미래학교의 모습이라고 봅니다. 그런데 국영수도 중요한 과목이지만 이것은 인공지능 로봇이 훨씬 잘할 수 있습니다. 인공지능 기반 시스템으로 벌써 수학, 영어 다 배우고 있거든요. 그렇게 되면 그런 수업을 위하여 지금처럼 모든 수업시간을 다 채울 필요가 없지요. 오전에는 인공지능 기반 시스템으로 인지과목 수업을 듣고 개인마다 커리큘럼화해서 수업을 듣게 하는 구조를 생각해볼 수 있지요. 모든 학생들이 국어, 영어, 수학, 과학, 사회과목을 다 똑같은 학년에 들어야 하는지 질문해볼 수 있잖아요. 그런데 아이들은 천차만별이니까 인공지능시스템을 이용하면 어떤 학생은 사회 1학년 1개월 차에, 수학은 3학년 2개월 차에 하면서 인지 영역에 관한 것은 자기에게 맞는 맞춤형학습을 하는 것입니다. 그러면서 실력을 키워나가는 것이지요.

에듀테크를 주로 활용하는 미래학교에서 교사의 역할은 어떻게 되는지 궁금했다. 인공지능 기반의 시스템이 학습자 수준에 맞춘 맞춤형학습을 진행한다면 인간 교사의 역할은 축소되는 것은 아닌지 질문했다.

뜻밖에 그는 오히려 교사의 역할이 더욱 중요해진다고 했다. 커뮤니케이션, 비판적 사고력, 협력, 창의력을 촉진하는 역할을 교사들이 해야 하며, 학습의 촉진자요 촉매자로서 교사의 역할이 존재하기 때문이다. 특히, 아이들과 아이들을 매개하는 역할은 더욱 소중해진다. 그러나 현실은 필요한 역량을 기를 만한 교사가 별로 없다는 데 있다. 그는 교원양성기관의 교육과정부터 바뀌어야 한다고 말한다. 변화는 생각보다 빨리 올 것이다.

선생님의 역할은 더욱 중요해집니다. 4차 산업혁명시대부터 중요한 4C 영역 즉, 커뮤니케이션Communication, 비판적 사고력 Critical Thinking, 협력Collaboration, 창의력Creativity 이런 것들을 기르려면 학생들이 협업하게 만들고, 그 다음에 창의적인 생각을 하게 만들고 가치 창조를 하도록 해야 합니다. 그런 예로 보면 스티브 잡스나 Kahn Lab 스쿨은 오전에는 인지 영역을 공부하고, 오후에는 학년별로 같이 모여서 만들어보고 체육활동을 하고, 감성적인 역량을 기르고 정말 필요한 것들만 학습하고 있습니다. 오후에는 교사와 아이들끼리 학습하는 것입니다. 협력학습 방법으로 하는 그런 것이지요.

이를 대비하는 교사를 양성하는 교원양성기관의 변화 방향은 커리큘럼부터 바꾸어야 한다고 봅니다. 커리큘럼을 바꾸어야 하는데 지금 말씀하신 그런 형태의 수업을 대학에서 4C라든지 STEAM이라든지 이런 역량을 먼저 체험해보고 학교로 나가야 한다는 것이죠. 대학에서 배울 때 해보지 않으면 이런 영역을 가르칠 교사가 없거든요. 국어, 영어, 수학을 가르치는 교사는 매우 많은데, 4C라든지 STEAM과 관련된 커리큘럼을 가르칠 교사는 방과후 교사가 하고 있는 실정입니다. 공교육에서 실제로 이런 것이 훨씬 더 중요한 데도 그런 형편입니다.

결국 이렇게 되면 소위 스카이 대학은 누가 더 잘 갈 수 있을지 모르겠지만, 결국에는 그런 대학도 아마 4차 산업혁명하에서는 커리큘럼을 바꾸어야 할 것입니다. 지금은 19세기 교실에서 20세기 교사가 21세기 학생들을 가르친다고 하잖아요. 우리나라에서는 이런 학교시스템이 생긴지 100년밖에 되지 않았지만 이제 끝날 때가 되었다고 봅니다. 지금은 자율권을 정부에서 예산을 통해서 통제하고 있다고 보는데, 그것이 급격하게 바뀔 것이라고 생각합니다. 학부모들도 느끼고 있고 해외에 가서 많이 보고 있기 때문에 우리 학교시스템이 많이 낙후됐다는 인식들이 퍼지고 있기 때문에 변화가 급히 일어날 것으로 봅니다.

현행 교과교육제도로는 시대에 필요한 역량을 기르기 어려워

홍 소장은 주제통합, 융합, 역량 중심으로 기존의 분절화된 교과의 틀을 과감하게 깨야 한다고 말한다. 그의 이야기는 일리가 있다. 대학의 학문체계를 초중고 교육과정 역시 유사하게 따르고 있는데, 그것이 학생들의 발달단계에 맞는 것이고, 시대에 맞는 역량을 기르는데 적합한 체제인지 의심해볼 필요가 있다. 이것은 교과 학문의 기득권을 내려놓지 못하면서 나타난 현상일 수도 있다.

홍 소장은 인공지능과 로봇이 못하는 영역을 교사가 가르쳐야 한다고 주장한다. 그런 영역은 무엇일까? 아마도 예술, 시민성, 인성, 공감 등의 영역이 아닐까? 그는 우리에게 묻고 있다. "과연 학교는, 교원양성기관은 변화하고 있는가?" 왜 변화해야 하는가에 대한 그의 문제의식은 세상의 빠른 흐름에서 비롯된 것으로 보이고, 한국의 답답한 정체 상태를 보면서 더욱 절박하게 드러나고 있었다.

저는 교과교육제도가 없어져야 한다고 봅니다. 저도 지리교육을 전공했지만 교과 내용만 한 20학점 들었던 것 같아요. 그것은 일반 대학의 지리과 교육내용이지 지리교육과에서 배워야 할 것은 아니라고 보거든요. 그 보다는 오히려 교육적인 역량을 더 키워주는 것으로 가는 게 필요하다고 봅니다.

교과는 솔직히 통합교과로 가든지 해서 STEAM을 가르치는 역량, 4C를 가르치는 역량 이런 것을 키워주고 협업을 해서 아이들을 키워주는 역량, 디지털 기술에 대해서 디지털 리터러시나 데이터 리터러시나 앞으로의 시대에 중요한 것을 선생님들이 먼저 배워야 한다고 봅니다.

또한, 지금은 융합해서 아이들을 길러야 하기 때문에 교사들도 융합적으로 사고할 수 있어야 합니다. 수학, 영어, 지리 다 알아서 융합적으로 사고를 하여야 하는데 선생님들이 준비가 안 되어 있으니까 학생들도 그 정도로만 가르치는 것이죠. 학교시스템이 만들어지고 난 뒤에 효율적으로 작동해 왔는데 이런 시스템이 이제 디지털화되면서 학교에서 아날로그로 가르치는 것보다 유튜브의 콘텐츠를 이용하여 디지털로 나가고 있다는 것도 문제점이고요. 그랬을 때 과연 학교는 어떻게 되어야 하는가? 학교에서 교육이라는 콘텐츠를 독점했었지만, 이제는 인터넷 검색 기능을 통하면 미국의 콘텐츠도 볼 수 있는 시대가 되었다는 것을 잊으면 안 됩니다. 그렇다면 교사는 인공지능, 로봇이 못하는 영역을 가르쳐야 하지요. 따라서 교원양성기관에서는 이제 그런 것을 가르치는 교사를 양성하는 역할을 했으면 합니다.

사회적인 변환의 시대, 다 바뀌어야

우리 사회를 변화시키고자 할 때 대학의 변화의 방향은 무엇일까? 그는 대학이 획기적으로 변해야 한다고 말한다. 건물이라는 고정된 공간의 관점으로 대학을 보지 말고, 온라인 교육을 활용한다면 학비도 낮출 수 있다고 주장한다. 고착화된 4년 학위 시스템, 경직된 교육과정과 행정시스템은 대학의 발전을 저해하고 있다. 그는 사회적 변환을 말한다. 거부할 수 없는 쓰나미가 밀려오고 있기 때문에 준비해야 한다는 것이다.

기업의 입장에서 인력 양성이라는 측면에서 볼 때 대학에 요구할 것이 많을 것이다. 변화하는 인력을 제대로 양성할 수 있는 창의적인 대학, 4년제 교육이 아닌 학습기간의 자율화, 나노 디그리 같은 창의적인 학제 개념이 새로운 기업의 수요를 채워줄 수 있다는 것이다. 이런 변화는 기업의 요구나 일자리 관점에서 급격하게 이루어질 것으로 예측된다. 그는 제조업시대의 문법에서 벗어나야 한다고 말한다.

대학은 달라지는 부분이 많아야 한다고 봅니다. 더 창의적인 대학들이 많이 나와야 하는데 학비가 너무 비싸잖아요. 비싼 학비에 비하여 거기에 합당한 가치를 예전에는 대학이 갖고 있었는데, 지금은 그런 가치를 제대로 못하고 있는 것 같아요.

대학이 모순점을 너무 많이 갖고 있습니다. 예를 들어서 학비가 군이 왜 필요할까를 생각한 것이 무크MOOC잖아요. 미국의 경우는 무크를 통해서 구글이나 페이스북에 취업하는 경우가 아주 많거든요. 무크만으로 학위를 따서 취업할 수 있는 경우가 있고요. 그렇기 때문에 군이 오프라인 교육을 해야 하는지 질문을 해볼 필요도 있다고 봅니다. 대학이 그렇게 넓은 캠퍼스를 가지고 있어야 할 이유도 없고요. 또는 대학의 가버넌스나 교육부의 관점도 대학의 변화를 가로막고 있다고 봅니다.

그렇기 때문에 혁신학교가 못 나오는 것이죠. 대학교육을 군이 4년을 해야 할 이유가 없거든요. 해외에서는 나노 디그리Nano Degree같은 것을 하고 있는데요, 그런 것들이 자유롭게 펼쳐지지 못하는 환경이 우리나라의 상황이에요. 정부 주도하에서 예산이 나오기 때문에, 거기에 맞춰 연구해야 하는 그런 구조죠. 그런데 그런 것이 아니라 뭔가 자율적인 예산이 있어서, 자유롭게 시도할 수 있어야 한다고 봅니다. 교수들에게 바우처를 제공해도 좋을 것 같고요.

그러자면 사회적인 변환transformation이 있어야 된다고 봅니다. 그러나 이런 변화의 요구는 대학보다 오히려 기업에서 일하는 우리가 변화하지 않으면 더 위험하다고 느끼고 있습니다. 그렇기 때문에 저는 다 바뀔 것이라고 봅니다. 어쩔 수 없이 전 세계적인 큰 트렌드 위에 있다고 보기 때문이죠.

우리나라 산업의 경우 자동차도 위기고 반도체도 위기고 다 위기예요. 기존 방식으로 하는 비즈니스들은 다 어려울 거예요. 지금 잘되는 회사가 네이버, 카카오밖에 없습니다. IT 쪽으로 갈 수밖에 없고요. 유니콘Unicon 회사 가운데 10개 중 9개가 디지털 기반 사업을 하는 회사고, 소프트웨어 회사입니다.

그런데 우리는 지금까지 공장에 적합한, 제조업에 적합한 인력들을 만들어냈거든요. 소프트웨어 기반 산업에 적합한 인력들을 필요로 하는데 공급이 제대로 안 되니 지금 산업이 제대로 못 돌아가고 있는 것 같습니다. 기업들이 다 그런 인력을 지금 요구하고 있는데, 일자리가 IT 분야에서 나오고 일자리가 가장 중요하기 때문에 그에 따라서 더 움직일 것이라고 보고 있고, 아마 사회가 갑자기 변화하는 경우가 생기리라 봅니다. 한국 사람들 변하면 갑자기 확 변하잖아요.

기업교육의 변화: 디지털 트랜스포메이션

에듀테크에 중점을 두는 기업가들은 현재의 기업교육의 이슈를 무엇으로 보고 있는지 궁금했다. 그리고 우리나라에서도 그런 혁신을 가져올 수 있도록 하기 위한 조건은 무엇인지 들어보는 것이 우리 대학교육에서 훈련시킬 내용을 파악하는 중요한 지혜가 될 것이다. 그는 교육프로그램을 기획하고 실행하는 과정을 복기해보면 성공보다 실패하는 경우가 더 많은데, 자신의 예상대로 학습자가 움직이지 않는 경우가 많았다고 한다. 대신, 학습자의 의견을 계속 들으면서 끊임없이 프로그램을 수정하고 개선한다.

그는 변화를 다양하게 시도하면서도 의미가 있는 일이냐 아니냐를 따진다고 한다. 기업교육 역시 의미와 가치를 따지면서 사람의 마음을 얻고 비전을 구축할 수밖에 없다. 한편, 그는 '디지털 트랜스포메이션'을 언급한다. 이를 위해서는 대학과 기업의 유기적 연결이 필요하다고 말한다.

저는 변화를 시도할 때 의미 있는 일이냐 아니냐 이런 것을 많이 따집니다. 기업에 있다 보면 실패는 늘 일상입니다. 저의 경우를 살펴보면 훈련 프로그램을 만드는 것이 실패할 때도 있고, 어차피 성공하는 것보다 실패하는 것이 생각하는 것보다 많고요. 그리고 학습자들이 제 생각대로 움직여주는 경우는 거의 없는 것 같아요. 제가 예상치 못한 것들이 성공할 수도 있고, 결국 계속해서 고객의 의견을 듣고 학습자의 의견을 들으면서 수정해나가는 것이 지금으로서는 가장 좋은 것 같습니다.

또한 어떤 일이 변화를 가할 만큼 가치가 있는 일이냐를 생각하는데, 오늘날의 기업들에게 있어서 이슈가 되고 있는 것은 '기업교육의 디지털 트랜스포메이션'이거든요. 과거의 집합식 교육이 다 없어지고 있고 전반적인 세계의 HRD 이슈도 에듀테크와 똑같이 디지털 트랜스포메이션*입니다. 이 분야로는 미국이 가장 앞서 있습니다.

기업에서 일하는 우리나라 인력들을 보면 한국 성인의 능력이 PISA나 PICCO 측면에서 보면 OECD에서 중간 정도인데 그

---

*디지털 트랜스포메이션이란 기업 경영의 디지털화를 뜻한다. 현재 비즈니스 시장을 주름잡고 있는 최신 IT 기술을 적극 활용해 회사가 진행하던 기존 사업과 업무 절차를 혁신하고 이를 바탕으로 새로운 고객 가치를 창출해 회사의 이익을 극대화하는 것이 목표다.(http://it.donga.com/27625/)

런 면은 기업이 너무 경직된 측면이 있기 때문입니다. 이런 문제를 해결하기 위해서는 대학이나 기업이 긴밀하게 연결되어야 하는데, 미국이나 유럽의 선진국들은 대학과 기업이 긴밀하게 연결되어 있거든요. 교수들도 대부분 벤처(스타트업)를 같이 하려고 하고요. 그런데 우리나라는 안 하려고 해요. 이런 문제를 해결하려면 교수들을 현장에, 전문가로 가게끔 풀어주어야 하는데 김영란법을 비롯한 여러 가지 법들이 할 수도 없게 만들고 교수들도 일단 교수가 되면 거기에 안주하는 경향도 있어요. 어쨌든 개인적으로 학생들을 제대로 키우려면 사회가 참여해야 한다고 봅니다.

홍정민 소장은 기업 또는 HRD의 관점에서 교육을 바라보았는데, 절박감과 위기의식을 토로했다. 세계의 자본과 경쟁해야 하는 그로서는 한국의 경직된 시스템, 특히 정부의 일하는 방식에 대한 비판의식이 묻어났다. 그는 정부가 콘텐츠를 주도하는 방식에서 벗어나서 양질의 콘텐츠를 가지고 경쟁하고, 이를 필요한 주체들에게 연결하는 플랫폼 방식의 전환을 말한다. 우리나라는 특정 교육프로그램을 국책기관에서 만든다고 할 때, 하청에 재하청을 주는 방식으로 프로그램을 개발하여 보급할 가능성이 크고, 이 과정에서 프로그램의 질과 만족도는 떨어질 수밖에 없다. 공교육 콘텐츠가 사교육 콘텐츠에 필연적으로 밀리게 된다. 그는 정부 주도로 이루어지는 콘텐츠 보급 방식의 전면적 전환 내지는 관점의 전환을 요구한다.

테크놀로지의 발전은 공교육, 직업교육, 평생교육의 형식과 내용에 변화를 가져온다. 그는 이러한 변화에 대한 대비를 서둘러 해야 하고, 그렇지 않으면 위기가 온다고 경고한다. 그는 전통적 분과학문 체계로는 시대에 맞는 역량을 기르지 못한다고 보고, 교육과정의 대대적 혁신이 필요하다고 말한다. 물론, 자본과 기업의 관점으로 교육은 환원할 수 없는 고유의 영역이 있기 때문에 공감이 되는 영역과 그렇지 않은 영역이 있을 수 있다. 그럼에도 불구하고, 기업의 입장에서도 학벌과 학력주의, 입시 경쟁, 주입식 교육으로는 경쟁력을 갖춘 인간을 기를 수 없다는 입장을 피력했다. 동시에 창의력을 강조했는데, 그것을 자극하는 교육시스템이 아니라는 점을 강조하였다.

그가 교육과정의 틀을 과감하게 바꾸어야 한다고 주장하는 모습은 엄밀히 말해 교육 분야의 내부의 목소리와 크게 다르지 않다. 다만, 기업은 바꾸지 않으면 생존이 어렵고, 공교육은 바꾸지 않아도 생존이 가능하기 때문에 변화에 대한 민감성에 차이가 있을 뿐이다. 그가 지닌 교육을 둘러싼 절박성을 각자의 공간에서 풀어가야 한다. 우리는 왜 변화해야 하는가? 어떤 방향으로 변화해야 하는가? 왜 변화해야 하는가에 대해서는 입장 차이가 있는 것 같은데, 어떤 방향으로 나아가야 하는가에 대해서는 입장 차이가 없는 것 같다. 희한하다.

생각의 길을 여는 미래교육

이규하 • 위두커뮤니케이션즈 대표

　(주)위두커뮤니케이션즈WEDU Communications는 '인간의 무한한 가능성 개발'이라는 기업 사명을 기반으로 2003년 설립 이후 미래교육을 선도하는 콘텐츠와 기술을 바탕으로 'No.1 Global Edu-Culture Communication Group'이라는 비전을 향해 나아가고 있는 기업이다. 최근 미국법인을 내고, 미국에 자체 콘텐츠를 론칭하며 'Global'이란 비전에 한 발짝 다가가는 행보를 보이고 있다. 이규하 대표는 이화여대 학부에서 철학을, 대학원에서 교육공학을 전공하고 '공부는 지루한 것이다'라는 고정관념을 뒤엎는 교육혁명가가 되겠다는 포부로 회사를 경영하고 있다. 한국교육학술정보원의 정책자문위원, ISO국제표준기구의 JTC1/SC36(교육정보 분과)의 한국위원 등 관련 분야에서도 활발히 활동하고 있다. 짜릿한 배움의 즐거움으로 기뻐하는 사람이 늘어나고, 그러한 배움을 통해 삶이 바뀌고, 삶의 변화들이 모여 문화와 역사를 바꾸는 파도를 이루는 그날까지 포기하지 않을 것이라고 한다. 그리고 인생의 마지막 비전은 즐거운 배움의 요람이 될 학교재단을 설립하는 것이라고 했다.

인재들을 다 죽이는 교육, 바꾸고 싶었다

교육을 주 종목으로 하는 사람들에게는 나름의 히스토리가 있다. 이규하 대표의 경우도 마찬가지이다. 누구나 성장의 진통을 겪고, 그로 인하여 삶의 방향을 결정하듯이, 학교교육에 대한 회의 그리고 철학과에서 경험한 배움의 희열, 그 상반된 경험을 통해 가지게 된 학교교육에 대한 의문을 해결하기 위해 교육기업을 경영하는 위치까지 오게 되었다. 그는 교육이라는 이름 아래 서로 다른 재능과 꿈을 가진 학생들을 한 줄로 서열화하는 방식은 바람직하지 않으며, 자신이 가진 재능을 발굴할 수 있도록 돕는 과정이 바로 교육이라 주장했다.

　교육은 제 평생의 사명입니다. 그렇게 된 데엔 사연이 있습니다. 저는 고등학교 때까지는 공부를 정말 싫어했습니다. 부모님의 잔소리를 듣기 싫어서 한 것이지, 왜 그런 과목을 배워야 하는지, 인생에 어떻게 쓰일지도 전혀 알 수 없었죠. 굳이 왜 비싼 돈까지 내가며 대학에 가야 하는지, 왜 배우는지도 모를 것을 계속 더 배워야 하는 건지…. 의미를 찾을 수가 없었습니다. 그러다가 고등학교 2학년 때, 대학을 가지 않겠다고 폭탄선언을 했어요. 부모님 두 분 다 교수셨는데, 첫째인 제가 대학을 안 가겠다고 하니 얼마나 충격을 받으셨겠어요? 우리나라 현실에서 무슨 소리냐? 네가 아직 세상을 몰라 그렇지 대학은 무조건 좋은 데를 나와야 한다…. 부모님은 저를 설득하려 애쓰셨지만, 저는 나름 매우 단호했어요.
　저는 어려서부터 호기심이 굉장히 많은 사람이었어요. 항상 질문이 많고 궁금한 게 많았는데, 우리나라 교육시스템은 질문

많은 아이를 좋아하지 않죠. 저는 무슨 공식을 배우면, 왜 그렇게 되는지가 궁금했는데, 누구도 그런 건 가르쳐주지 않았고, 질문을 많이 하면 수업을 방해하는 아이가 될까 봐 언제나 눈치를 봐야 했습니다. 게다가 전 암기에는 정말 재능이 없었습니다. 뭔가를 배우면 제 머릿속에 있는 기존 지식과 순식간에 융합돼 저만의 아이디어로 바뀌어버리기 때문에, 있던 원래 내용을 그대로 외운다는 건 정말 어려운 일이었습니다. 그러나 우리의 교육시스템은 주어진 대로 잘 외워 남들보다 빨리 정확하게 문제를 푸는 사람을 '우수한 학생'으로 규정하고 있었죠. 그래서 암기를 못하는 전 공부에 절대 소질이 없는 사람이니 대학 가는 게 의미가 없다는 결론에 이른 것이죠.

합리적 설득으로는 제 마음을 바꿀 수 없다는 걸 깨달은 부모님은, 전략을 바꾸셨어요. 일정 수준 이상의 대학을 가면 네가 진짜 원하는 것을 되도록 다 밀어주겠다고 하셨어요. 사실 전 그때 간절히 되고 싶은 게 있었기에, 1~2년만 참으면 부모님의 지원을 받으며 내가 원하는 걸 할 수 있겠다는 생각에 대학진학을 결심했습니다. 그렇다고 제가 가고 싶은 대학이나 학과가 있었던 건 아닙니다. 부모님의 지원이 가능한 범위의 대학에 가기만 하면 된다는 생각이었죠. 학과도 아버지께서 골라주셨어요. 제가 뭔가 새로운 걸 만들고 창작하는 쪽에 재능이 있으니 모든 예술의 베이스는 철학이라며 철학과로 결정하셨죠. 그때까지만 해도 전 철학이 뭔지 전혀 몰랐어요. 길거리 간판에서 본 '철학관'을 떠올리며, 나더러 점쟁이가 되란 말씀인가 서운한 마음까지 들었죠. 어쨌든 약속한 대학에 붙었고, 학과는 별 상관없다고 생각해서 입학했어요. 그런데 하나도 기대하지 않았는데 의외로 철학 수업이 너무너무 재미있었어요.

철학이란 의문을 품는 것이라 해도 과언이 아닙니다. 저는 호기심이 많은 사람이어서 남들이 당연하게 생각하는 것도 다른 각도에서 바라보고 왜 그런지 뒤집어보는 걸 즐깁니다. 그러니 철학과 수업이 잘 맞았죠. 교수님도 제게 석박사까지 권하며 계속 공부하라고 격려했어요. 이때 배우는 게 너무너무 재미있다는 사실을 깨달았습니다. 그렇다면 왜 저는 고등학교 때까지는 공부가 그렇게 싫었던 걸까요? 제가 문제였던 걸까요? 아니면 뭔가 다른 문제점이 있었던 걸까요?

우리나라 교육이 원하는 인재상, 즉, '우수한 학생'은 저와 잘 맞지 않았습니다. '우수한 학생'이라는 틀에 맞추려 할수록 내적 호기심이 많고, 원리가 궁금하고, 창의적 발상을 즐기는 사람들의 장점은 죽어가게 됩니다. 그때 생각했습니다. 우리나라 교육시스템이 바뀌지 않으면, 스스로 사고할 수 있는, 더 창의적이고 유능한 인재를 길러낼 수 없겠구나! 이 깨달음이 교육을 바꿔야겠다는 제 삶의 사명이 되었습니다.

그때는 제가 미디어에 관심이 많았습니다. 영화감독이 되고 싶어 영상 연출, 시나리오 공부도 많이 했고, 애니메이션 프로덕션에서 첫 직장생활을 하기도 했습니다. 이때도 교육 분야는 아니었지만, 대중 파급력이 막대한 미디어를 통해 사람들의 인식, 교육의 방향을 바꿔야겠다는 생각을 하고 있었습니다. 그런데 어느 날, 정신을 차리고 보니 제가 이러닝 콘텐츠를 제작하는 회사에 다니고 있는 겁니다. 그때 전율을 느꼈죠. 제가 가진 교육에 대한 사명, 제가 배운 미디어 관련 각종 전문성, 컴퓨터 회사에 다니며 습득한 IT 감각… 이것이 융합되면, 그것이 바로 이러닝, 에듀테크EduTech[*]가 되는 겁니다. 그때, 이 일이야말로 저의 천직이라고 믿게 되었고, 제가 다니던 회사를 입사 2년 만에 인수하여 현재에 이르게 되었지요.

저는 사람마다 가진 재능과 적성이 다르므로, 각자 자기에게 숨겨진 보석을 찾고 발굴하며 희열을 느끼고, 새로운 도전과 탐색을 두려워하지 않는 탐험가적 삶을 살 수 있는 기반을 구축해 주는 것이 교육의 역할이라고 생각합니다. 그러기 위해서는 교사 한 명에 다수의 학생으로 구성되는 교실 수업의 한계를 극복하도록 돕는 에듀테크 기술이, 1:1 맞춤형, 자발적 학습에 이르기까지 이상적 수업, 학습의 친절한 동반자가 될 것입니다. 지금 제가 만들고 있는 서비스나 콘텐츠가 이러한 꿈을 이루기 위한 첫걸음이 될 것입니다.

학교로부터 선택받고 싶다

기업을 경영하는 것은 쉽지 않다. 경쟁도 경쟁이지만 기업을 하는 환경 역시 기업가들에게는 쉽지 않은 문제이다. 특별히 교육 관련 기업의 경우는 정부의 어떤 점들이 어려움을 더하는지 문제점을 확인해 볼 필요가 있다. 이규하 대표가 이러닝 콘텐츠 회사를 운영하면서 겪는 어려움은 무엇일까? 그는 학교에서 사용하는 콘텐츠를 기업이 제공할 수 있도록 정책을 시급히 바꿔야 한다고 했다. 교육을 산업으로 인식하지 않는 풍토 속에서 민간영역을 배제하고 금기시하는 경향이

---

[*]에듀테크란 교육과 기술의 합성어로, 다양한 기술을 융합 활용해 교육의 변화와 혁신을 도모하는 것이다.

나타났고, 정부가 세금을 써서 전 국민에게 무료 서비스를 제공하다 보니, 결과적으로 기업도 죽고, 일자리도 없어지고, 서비스 품질도 떨어지는 삼중고三重苦를 겪고 있다는 것이다. 이규하 대표는 차라리 예산을 학교에 주고, 학교에서 좋은 서비스를 선택하는 시스템으로 전환해야 하며, 의료보험과 유사한 교육바우처제도를 만들어 교육복지의 사각지대를 없애되, 치열한 경쟁으로 빠르게 진화 발전하는 민간이 서비스를 제공하도록 해야 한다고 말했다.

우리 회사는 작은 회사이고 콘텐츠를 만들어 납품하는 용역 사업을 주로 하고 있어 정부 입찰을 많이 합니다. 우리가 만들어 납품하면, 그 소유권은 국가가 갖게 되고, 국가는 그러한 콘텐츠를 국민 복지 차원에서 무료로 전국에 배포합니다. 그런데 참 아이러니한 점이 있습니다. 정부가 만드는 콘텐츠가 민간이 제공하는 콘텐츠와 다를까요? 다르지 않습니다. 자본주의 국가에서 민간 자본이 투자되어 운영되는 회사가 하는 일을, 국민의 세금을 거둔 돈을 투입해, 유사한 콘텐츠를 만들어 전국에 무료로 풀면서, 그 기업과 경쟁(?)하고 있는 우스운 형국이 되는 겁니다. 냉정하게 이야기하자면 국가가 시장경제를 흐트러뜨리는 거죠. 민간 자본이 투자된 회사를, 국가가 세금을 들여 죽여버리는 꼴입니다. 사정이 이렇다 보니, 교육사업을 운영하는 회사들은 잠재적 범죄자 취급을 받게 됩니다. 거의 모든 정부의 공약 중 하나가 '사교육비 절감'이기 때문에, 교육회사는 다 규제 대상이 되어야 하는 거죠. 즉, 국가가 운영하는 공교육은 선, 민간이 운영하는 교육은 다 규제해서 뿌리를 뽑아야 할 악이 되어버리는 겁니다. 세금은 기업과 종사자들이 내는데, 그 세금으로 그들을 죽이겠다는 정책이 실행되고 있는 국가에서 사업을 하고 있는 거죠. 그래서 우리 회사는 업계에서 일 잘하기로 소문난 회사임에도 불구하고, 16년째 소기업이고, 개발 단가는 고정되고, 주원가인 인건비는 법적으로 인상한 덕에 생존을 위협받는 회사가 점점 더 많아지고 있는 형국입니다.

미국은 전혀 다르게 접근합니다. 예를 들면, 맥그로 힐 MacGrow Hill이나 피어슨Pearson같은 회사들은 자체적 투자로 콘텐츠를 만듭니다. 그 콘텐츠가 좋으면 그냥 미국에 있는 학교들이 정규수업이나 방과후교실에 쓰기 위해 교재로 채택하고, 1인당 연간 요금에 학생 수를 곱해 이용료를 기업에 지불합니다. 학교는 교재 선정위원회를 열어 학교마다 고유한 교육철학, 목표에 맞는 최고의 교재를 선택할 수 있습니다. 모든 학교가 획일화된 콘텐츠로 학습하지 않으므로 다양성이 커지고, 다양성을 존중하는 사회로 발전되어 갑니다. 기업은 한번 콘텐츠를 만들면, 매년 이용자 수 기반으로 돈을 벌기 때문에 이윤을 축적하고, 연구개발을 통해 더 나은 제품을 만들 수 있도록 투자하고 연구 개발합니다. 당연히 많은 일자리가 창출되죠. 자, 글로벌 시장에서 이러한 미국 기업과 한국 기업이 경쟁한다고 생각해 봅시다. 정부 납품으로 이윤이 없어 생존에 급급한 한국 기업, 거기다 '사교육'이란 낙인에서 비롯된 각종 규제, 부정적 시선에 자신감을 잃은 한국 기업이 높은 이윤과 재투자를 반복하는 미국 기업과 경쟁이 가능할까요? 이미 세계는 하나의 경제권, 하나의 시장을 구축하고 있고, 수출 의존도가 높은 한국은 글로벌 경쟁력을 갖춰 수출 전선에 나가지 못하면 희망이 없는 경제구조입니다.

한국은 교육에 산업이라는 말을 붙이는 것을 금기시하고 있습니다. 어쩌면 '사농공상士農工商'이라는 유교문화 하에서의 신분 계층을 아직도 믿는 것처럼 보입니다. 기업은 공이나 상에 해당하 므로, 학자, 교육자, 공무원 등 '사'에 해당하는 계층보다 열등한 계층으로 인식하는 거죠. 그래서 공공기관이나 학교에서는 '업자, 업체'라는 약간은 비하하는 뉘앙스의 용어를 '기업, 사업체' 등의 표현보다 많이 쓰고, 민간 기업과의 협력이나 대화를 금기시하는 문화가 강합니다. 부정부패로 오인받는 것에 대한 과도한 두려움 도 원인인 것 같습니다. 그래서 정부가 세금으로 입찰받아 콘텐츠 를 만든 다음에 전국에 무료로 배포하지요. 입찰을 통해 싸게 잘 하는 회사 데려다가 많이 만들어 뿌리는 것, 민간교육기업 서비 스를 이기는 것을 목표로 하고 있는 것 같습니다. 그런데 문제는, 공무원들은 순환보직을 하고 정년을 보장받는 위치이다 보니, 잘 하려고 목숨을 걸 이유도 없고, 잘못되었다고 본인이 져야 할 책 임도 크지 않습니다. 그러다 보니 우리가 피땀 모아 낸 세금 수십 억씩을 쓰면서도 누구도 목숨 걸고 장기간 최선을 다할 수도 없 는 구조입니다. 훌륭한 공무원들도 분명 많습니다. 그러나 제가 말씀드리고 싶은 것은 이것이 개인이 아니라 구조적 문제라는 점 입니다. 더 잘한다고 더 많은 돈을 받을 수도 없는 하청 구조로 실무를 다 기업에 위탁하니, 돈은 돈대로 쓰면서도 효과도 높지 않고, 서비스 수요자의 만족도도 낮은, 결국 사교육비 절감도 되 지 않는 악순환의 고리에 들어와 있는 것이죠.

우리 회사가 올해 만 16주년을 맞습니다. 그동안 이러한 사 례를 너무 많이 보면서 얼마나 많은 비용과 에너지가 낭비되는 지, 그러면서도 교육의 질은 개선되지도 않고 사교육비가 줄어들 지도 않는 현실을 피부로 확인했습니다. 그래서 여러 번 정부에

건의도 했습니다. 현 방식은, 기업을 줄여 일자리도 없애고, 교육의 질도 떨어지고, 국민의 만족도도 낮고, 예산은 예산대로 낭비되니 방식을 바꾸어야 한다고 말입니다. 민간 기업의 서비스를 공교육 시장에서 수용하여 학교에서 그러한 서비스를 받도록 하면, 기업은 전문성 높은 콘텐츠를 제작하여 콘텐츠의 품질을 높이고, 공무원은 산업 육성과 공정한 룰을 만드는데 더 집중할 수 있습니다. 그럼 학부모 만족도가 높아져 사교육이 줄어들지 않을까요? 콘텐츠 개발할 예산을 학교에 주고, 양질의 콘텐츠를 학교가 선택해서 쓸 수 있게 해주는 거죠. 그러면 기업들은 무한경쟁 체제에 있으므로 학교에 더 좋은 제품과 서비스를 제공하기 위해 경쟁하는 가운데, 다양한 무료 서비스를 받을 수도 있을 겁니다. 돈이 너무 많아 더 비싼 사교육을 받겠다는 사람은 어쩔 수 없습니다. 하지만 중하위층으로 너무 비싸서 고품질 서비스를 받지 못했던 사람들에게 정부의 보조를 활용해 좋은 서비스를 받도록 해주는 선택적 복지방안으로도 '교육 바우처' 제도는 매우 유용할 것입니다. 의료보험 제도와 비슷하게 민간의 우수한 서비스를 사용하고 바우처로 결재하는 방식이 된다면, 교육 불평등도 예방하고, 사교육도 줄어들 것입니다. 이미 '사교육'이라는 경계가 사라져버렸고, 학교가 이러한 교육 서비스 제공의 주체가 될 수 있기 때문입니다. 또한, 의료보험 제도가, 국가가 주도해 의료를 무상화한 러시아의 사례와 달리 민간 의료 시장도 살리고 국민들이 싼 가격에 우수한 의료 서비스를 제공할 수 있는 기틀이 되었다는 점을 유의해서 볼 필요가 있습니다. 민간 시장과 경쟁하고 죽이는 대신, 협력의 모델을 만들었기에 의료기술의 발달과 성장이 가능했고, 많은 일자리, 수출 경쟁력까지 갖출 수 있었던 것입니다. 왜 교육에서만 그게 안 된다는 것인지 이해할 수가 없습니다. 교육은 한국이 가질 수 있는, 매우 글로벌 경쟁력을 갖추기 유리한 산업으로 성장할 수 있습니다. 기업이 학교와 연결되고, 기업의 플랫폼과 서비스가 학교에 들어가면서 새로운 아이디어가 학교에 들어가게 되고, 그로부터 변화가 시작된다고 봅니다. 특히 '인공지능'과 더불어 살아가야 할 미래 세대 아이들에게 외면받는 고인 물이 되지 않으려면 뼈를 깎는 혁신이 필요합니다.

꿈을 가지고 버티고 있을 뿐, 정부의 일하는 방식에 좌절합니다

그는 정부와 일을 하면서 여러 어려움을 겪었다고 한다. 계약서 자체가 잘못되었고, 지시자의 책임을 기업이 대신 져야 하는 상황도 발생했다. 단가는 15년 전과 크게 달라지지 않다 보니, 이윤 축적과 재투자가 불가능해지는 악순환이 이어지고 있다. 그런데도 교육을 바꾸는데 기여하고 싶은 비전과 목표 때문에 버티고 있다고 말한다.

　한동안 갑과 을의 불공정 거래 문제를 잡겠다고 구호가 난무했는데, 솔직히 '갑 중의 갑'은 국가입니다. 정부가 무료 콘텐츠를 푸니 민간 시장은 다 죽어가고, 자체 콘텐츠나 서비스를 만들 정도로 투자할 자금이 없는 중소기업은 정부의 하청을 할 수밖에 없습니다. 콘텐츠의 '오류'의 정의는 사람마다 다르고, 디자인 선호도 사람마다 다릅니다. 담당자가 ok 했는데 상급자가 마음에 안 든다고 다 진행한 뒤 엎는 경우도 부지기수입니다. 그러니 발주를 내는 시점에 콘텐츠 제작비가 얼마나 들지 제대로 산정하고 사업을 내지 않습니다. 전문가들도 의견이 분분할 수 있는데, 전문성이 없는 정부에서 제대로 발주할 수도 없죠. 그러니 기준은 지난 사업들의 개당 단가와 물량이 됩니다. 그러다 보니 15년간 단가는 제자리걸음인데, 제작 원가의 80% 이상을 차지하는 인건비는 15년간 60% 이상 상승했고, 임대료, 식대 등 비용도 100% 이상 상승했습니다. 더구나 거의 모든 정부 기관이 지방으로 이전을 했고, 매주 주간 업무 보고를 대면으로 하기 위해, 매주 KTX를 타고 2명이 하루 종일을 써야 하는 상황도 증가했습니다. 정부가 최저임금이니 52시간 근로 등 규제를 만들어 인건비가 2년간 30% 이상 올라갔는데, 정부가 발주하는 사업은 1%도 가격이 오르지 않았고, 일부 사업은 사업비 증빙을 요구하면서, 임대료 등의 비용은 인정도 안 해줍니다. 즉, 인건비만으로 사업비를 다 써야 한다는 이야기라 임대료는 자비로 내든 빚을 지든, 정부 사업을 하는 대가로는 정식으로 인정해 줄 수 없다는 것이지요.

계약서도 매우 불공정합니다. 한번은 제가 10억짜리 사업을 수행했고, 용역은 발주처의 요구대로 인력을 투입하는 일이라, 사업을 마치고 대부분을 인건비, 경비 등으로 모두 지출을 하고 사업은 완료했는데, 어떤 저작권 단체가 콘텐츠에 인용된 교과서 지문에 대해 저작권료로 50억을 요구하는 사건이 있었습니다. 계약서를 보니 모든 법적 분쟁은 하청 회사가 지도록 적혀 있었습니다. 그 일이 발주처의 지시에 의해 한 일이라 할지라도 말이죠. 10억을 받았고, 그 일을 하는 사람들의 인건비로 돈을 다 썼는데, 저작권료 50억이라니, 작은 기업으로서 도저히 감당할 수 있는 범위가 아니어서, 국회에 찾아가 이 부당함을 호소하고, 수년을 싸웠던 기억도 있습니다. 이 외에도 발주 기관이 계약 범위가 아닌 일도 아무렇지 않게 시키고, 이미 논의하고 합의한 사안을 수시로 바꾸고 뒤집어 변경을 발생시키고도, 추가예산 등은 불가 능하니, 무조건 개발사에서 수정해야 하고, 부당하다고 다투기라 도 하면, 검수 확인 안 해주고 지체보상(계약 기간에 사업을 완료 하지 못 할 경우 징벌적 벌금을 물리는 계약) 때릴 테니 마음대로 해보라고 하는 발주 기관도 보았습니다. 저희가 일정을 늦추지 않았고, 발주 기관 검수 지연으로 일정이 늦어졌는데 지체보상을 물린 것입니다. 정부 기관을 상대로 소송을 해볼까 고민도 했었 지만, 정부 기관들끼리 발주처를 고소하는 회사에 일을 주겠습니 까? 그래서 그냥 포기한 적도 있습니다. 때로는 정말 '왜 내가 달 걀로 바위치기 같은 이 일을 포기하지 못하고 계속하고 있을까?' 하는 생각을 하기도 합니다.

하지만 저는 진짜 교육을 바꾸고 싶다는 너무나 간절하고 분 명한 꿈이 있습니다. 그래서 포기할 수가 없습니다. 지금은 글로 벌 시장에 내놓을 자체 콘텐츠 개발을 병행하며 계속 버티고 있 는데, 한국의 자본시장이 활발하지도 않고, 여성이다 보니 네트워 크 위주로 움직이는 투자시장에 참여하기도 쉬운 상황은 아니어 서 참 여러 면에서 고군분투하고 있습니다. 다만, 고난을 버티는 과정에서 정말 많이 배우긴 했습니다. 세상이 어떤 곳인지. 한국 정부가 바뀌긴 정말 쉽지 않구나…. 지금까지 제가 느낀 가장 큰 좌절은 이것입니다.

공공부문과 민간부문의 칸막이 시스템을 깨고, 협업해야

기업을 하고 있지만, 기업가도 학부모일 수 있고, 또 교육 분야의 사업을 하는 관계로 누구보다 우리나라 교육에 대한 아쉬움이 많을 수 있는 이규하 대표이다. 현재 고2 자녀를 둔 학부모 입장에서 교육에 관한 그의 이야기를 들어보았다.

그는 공공부문과 민간부문의 칸막이 시스템이 변화해야 하고, 함께 협업하면서 교육의 질을 올릴 수 있는 상생의 길을 찾아야 한다고 말한다. 교육산업이 살아나면 일자리도 창출하고, 학교 역시 지금 세상과는 단절된, 실생활과 동떨어진 교육을 제공하고 있는데 이 문제도 개선될 수 있다고 역설했다. 자신도 학부모이지만 우리나라 부모는 자녀의 자생성과 주체성을 길러주기보다는 부모가 다 알아서 해주려는 문화가 지나쳐 오히려 자녀의 성장을 저해한다고 말한다. 부모라면 자녀들이 힘든 상황을 감내할 수 있는 능력을 길러주어야 한다고 강조한다.

우선은 학교는 공공영역이고 기업은 민간영역으로 구분하고, 공공, 공무원, 공교육만 좋은 것으로 여기는 문화가 있어요. 공무원이 되기 위한 수험생이 매년 50만 명 이상이라는 뉴스만 봐도 증명되는 현상이죠. 공무원은 모든 행위 하나하나에 법에 의해 지배받는 위치이고, 법은 언제나 현실보다 느립니다. 즉, 그 나라의 젊은 세대가 공무원이 되는 걸 꿈으로 삼고 있다는 건 그 사회의 역동성과 다이내믹이 망가졌다고 봐야죠. 젊은 패기로 높은 목표를 갖고, 도전하고 실패하고 배우며, 더 나은 미래를 만들어나가야 하는데, 그 젊은이들이 안정성, 변화가 없는 삶을 추구한다는 말입니다. 그런 사회에 밝은 미래가 있을 수 있을까요? 이런 현상은 왜 생겼을까요? 저는 학교가 세상과 동떨어져 있고, 아이들이 사회진출 전까지 보고 배우는 대상이 모두 공무원이기 때문에, 자신도 모르는 사이에 세상의 변화 속도를 두려워하며 안정적인 삶을 이상적인 삶으로 바라보게 되는 게 아닐까 생각해요.

학교와 세상의 구분이 학교를 정체하게 만들고, 아이들을 사회 부적응아로 키우고, 젊은이들이 편하고 안정만을 꿈꾸게 만드는 것이죠. 이런 나라에 미래는 없다고 봅니다. 그래서 변화와 혁신이 필요한 거고요. 변화를 일으키기 위한 가장 핵심적인 내용은 학교를 민간에 열고, 민간과 매우 빈번하게 교류하게 하는 것입니다. 그 방법은, 과격하게 들릴지 모르지만 교육을 '산업화'하는 거고요. 즉, 기업이 만든 제품과 서비스를 학교에서 쓰고, 학교의 의견을 듣기 위해 기업 담당자가 자주 학교를 방문하고, 직업 체험 교육 같은 것도 지속적으로 관계를 맺고 있는 기업과 함께 운영하고… 그렇게 되면 자연히 학교는 좋은 제품을 구매하고, 우수한 서비스를 학생들에게 제공할 수 있고, 기업들은 더 좋은 제품으로 경쟁하기 위해 세상의 변화 속도를 제품에 바로바로 반영하고, 그러면 결국 아이들이 세상의 흐름과 속도에 자연스럽게 적응할 수 있게 됩니다. 이를 위해서 국가가 용역을 주는 방식으로 예산, 학교, 기업을 통제하는 형태가 아니라 라이선스 방식으로 구매하도록 하고 구매 비용을 국가가 학교나 교육 바우처 형태로 교육청 또는 학교 단위로 지원해 주면 된다고 봅니다.

시급한 변화가 필요한 항목이 하나 더 있습니다. 저도 학부모지만, 우리나라는 너무 자식들을 떠받들어 키우고 있습니다.

'헬리콥터 맘'이라 하는데, 아이 앞에 다가올 문제를 대신 나서서 미리미리 해결해 주는 부모를 일컫는 용어입니다. 아마도 전후 세대였던, 현 학부모들의 부모 세대가 자식을 재산으로 여기고 권위적이었던 것에 대한 반발 심리가 원인일 것으로 보이긴 하지만, 정도가 지나칩니다. 문제는 전후 세대는 누구나 가난했지만, 성장률은 높았고, 고생은 했지만 삶이 나아지고 있었죠. 하지만 요즘 경제는 글로벌 연동성에 의해 불안정성도 더 커지고, 성장률이 극도로 낮아지고 있으며, 인구절벽과 노령인구 증가, 사회복지비용의 부담 증가 등으로 인해, 우리의 자녀 세대는 오히려 우리 세대보다 더 힘든 시대를 살아내야 할 것으로 보입니다. 그런데 헬리콥터 맘들이, 아이들 삶의 모든 문제를 대신 해결해주고, 왜 배워야 하는지도 모르는 아이들에게, 공부만 강요하고 있습니다. 그런데 교육은 아까 말씀드렸다시피 세상과 유리遊離되어 있고, 선생님들도 민간영역의 세상이 얼마나 빨리 변하고 치열한지 모르시는 경우가 많죠. 그러니 아이들은 공부만 할 줄 아는 바보로 세상에 던져지게 되는 겁니다. 회사에 와서도 힘든 일 있으면 부모님이 사장과 면담도 대신 해주고, 회사에서 요청한 업무 처리를 위해 엄마에게 전화를 거는 사람도 있다고 합니다. 우린 글로벌 시대를 살고 있습니다. 월급이 1/10인 인도 사람들과 제품의 품질과 가격 경쟁도 해야 합니다. 쉽고 편하게, 엄마가 문제를 해결해주는 소극적인 삶을 살던 사람이, 하루아침에 문제를 주도적으로 해결하는 인간으로 바뀌지 않습니다.

제가 크게 놀란 것은 우리나라는 30대가 되고 40대가 돼도 결혼을 하지 않았으면 부모 밑에서 밥 얻어먹고 사는 것을 당연하게 생각한다는 것입니다. 서양인들은 보통 18세가 되면 딱 성인으로 대접해주고, 독립해서 자신의 모든 삶, 경제를 챙기며 홀로서기를 배웁니다. 집도 학비도 자기가 벌어야 하고 집안일도 직접 합니다. 저도 예전에는 계속 한국에만 살아서 몰랐는데 해외로 비즈니스 출장을 많이 다니게 되면서 많은 외국인 친구를 사귀고 그들의 삶에 대해 들으면서, 우리가 얼마나 나약한지 깨달았습니다. 물론 모두 그런 것은 아니지만, 미국의 20대 중반 젊은이는 한국의 30대 중후반 사람보다 정신연령이 높습니다. 왜냐하면, 그들은 18세부터 뭐든지 스스로 결정하고, 책임지고 돈도 벌고, 경제를 운용해 왔기 때문입니다. 세상살이는 결코 쉬운 것이 아닙니다. 어려서부터 강도가 약한 것부터 스트레스를 받고 관리하고, 스트레스와 싸워도 봐야, 사회 나와서도 성숙한 성인으로서 사회 적응을 해나갈 수 있을 것입니다. 아이들을 더 믿어주고, 스스로 판단하고 결정하고, 그 결과에 책임질 수 있도록 키우는 것이 정말 중요합니다.

경험이 최고의 교육

교육기관을 거쳐 산업현장에 투입되는 인력들을 직접 접하게 되는 기업의 입장 때문에 기업가들이 갖는 교육에 대한 기대는 구체적이고 실제적일 수 있다. 이는 곧 교사양성기관을 포함한 현재의 대학교육에 대한 희망과 아쉬움을 포함한 것일 수도 있다. 그럼 점에서 이규하 대표의 우리 교육에 대한 문제의식은 확실했다. 교육이 바뀌려면 사람이 바뀌어야 하고, 이를 위해서는 구조 역시 바뀌어야 한다. 그는 한국 교사들의 경험 역시, 공부하고 시험 본 것에 국한되어 있고, 실제 사회를 모른다는 점을 지적한다. 예비교원일 때부터 다양한 사회와 세상을 경험할 수 있는 과정이 필요하다고 말한다. 그것은 비단 예비교원만의 문제는 아니다. 학생들 역시 경험을 통해서 성장한다. 그런 경험 축적은 교과서와 교실에서만 이루어지기 어렵다. 획일화된 교육과정에서는 진로를 찾기 어렵다.

대한민국의 교육을 바꾸기 위해서는 입시 정책이 크게 바뀌어야 한다고 봅니다. 인공지능시대를 살아가야 할 아이들을 길러내는 교육기관에서 아직도 지식 암기를 통한 성적 줄 세우기를 한다는 것은 심각한 문제입니다. 일단 대학 입학이 매우 쉽고 자유로워지고 오히려 졸업이 힘든 체제로 간다면, 문제의 상당 부분은 해결이 될 것이라고 생각합니다. 입시가 바뀐다는 전제 하에 보면, 교사가 교실에서는 가장 중요한 역할을 할 수 있기에, 교사가 어떤 인식을 가지고 있느냐가 교육현장을 바꾸는 데 가장 중요한 것 같습니다. 교사가 사회와 기업, 경제에 대한 바른 인식을 갖기 위해서는 학교에 배정받기 전에 충분한 기간 동안 사회 속으로 나가 활동을 해본다거나, 사회인이 일정 자격시험을 거쳐 교사로 임용될 수 있도록 하는 개방이 동시에 필요하다고 봅니다.

학교가 세상과 단절되어 있어 생긴 문제이지만, 학생들이 세상을 너무 모른 채 사회로 나오는 것도 문제입니다. 세상은 무서운 속도로 변화하고 있습니다. 글로벌 1등이 전 세계를 지배하는 시대, 경제 전쟁이 패권 전쟁이 되는 시대를 살고 있습니다. 그런데 학교는 150년 전 시스템에 머물러 있습니다. 똑같은 교실, 너무나 느린 교육과정 변경, 교육 방식도 크게 변한 것이 없습니다.

공교육은 법과 정치의 승인을 득해야 움직일 수 있는 극도로 느린 조직이고, 그 외에 자유롭게 학교를 만들고 새로운 시도를 하기 어려운 환경입니다. 이 때문에 아이들이 새로운 세상의 변화를 경험하고 느껴볼 기회가 거의 없습니다. 저도 기업을 운영하기 전에는 세상이 이렇게 빨리 변화하고, 이토록 치열한 경쟁 속에 살아야 하는 것인지를 몰랐습니다. 학생들이 중고등학교 시절부터, 기업에 가서 인턴십 등 세상 경험을 늘려나가는 것이 매우 중요하다고 봅니다. 빨리 사회 속으로 들어가서 다양한 일을 경험해봐야만 자기가 어떤 사람이고, 어떤 일을 할 때 행복한 사람인지도 배울 수 있습니다. 지금 학교에서 시행되고 있는 진로교육의 문제점은, 중학교 때부터 진로를 정하라는 압박은 가하는데 아이들은 아직 세상이 어떤 곳인지, 직업으로 어떤 일을 한다는 것이 무슨 의미인지조차 모르는 상태라는 겁니다. 그런데 어떻게 진로를 정합니까? 이처럼 우리 교육이 다 획일화된 교육과정 안에 있고 학생들이 다양한 걸 경험할 기회 자체가 없었는데요. 그래서 저는 중학교 때부터 인턴십 등을 통해 빨리 사회로 나가서 방학 때마다 다양한 사회를 경험하게 해야 한다고 봅니다. 그런 방학 기간이 계속 누적되면, 고등학교를 졸업할 즈음엔 적어도 나는 뭘 좋아하는 사람이야 정도는 알게 되고, 진로 선택의 실패를 줄일 수 있을 것이라 생각합니다. 그래서 중학교, 고등학교, 대학교 전부 사회와의 소통을 위해서 학생들이 다양한 기업, 업종, 직무를 경험할 기회를 훨씬 많이 늘려야 한다고 봅니다.

기업이 바라보는 미래교육:
온라인, 학생중심수업, 교육과정의 단순화, 철학 또는 사고하는 교육

　기업가의 입장에서 바라보는 미래교육, 미래사회에 대한 문제의식은, 학교교육에 반영하여 교육을 재설계하는데 도움이 된다. 기업에서 필요로 하는 인재가 갖춰야 할 덕목이 학교교육이 지향해야 할 방향을 제시하기 때문이다. 회사를 경영하는 이규하 대표는 미래학교의 모습을 어떻게 생각할까? 지식 콘텐츠는 이미 넘치는 상황이다. 교사는 퍼실리테이터facilitator 내지는 코치 역할을 수행하고, 대신 학생들은 자기 진도와 자기 학습 속도에 맞추어 자유롭게 학습하되, 협업 능력, 문제해결 능력을 키우기 위한 프로젝트 수업에 참여하여 실제적 경험을 쌓는 것이 필요하다. 교육과정의 획일성 역시 극복해야 한다. 오히려 예체능이나 철학이 필수여야 한다. 자아를 찾게 하고 생각하는 능력을 키워야 한다. 그런 관점에서 보면 필수와 선택 영역에 대한 재구조화 역시 필요한 시점이다. 이런 상황은 교사의 역할 변화를 촉구한다. 교원양성교육과정의 변화가 불가피하다. 이제 교사는 지식전수자에서 코치로 바뀌어야 한다. 현행 교·사대 교육과정은 지식전수자의 관점에서 구성된 측면이 있다.

　　제가 생각하는 미래학교의 모습은 어떻게 보면 매우 비정형화되고 자유로운 학습공동체라고 해야 할 것 같습니다. 더 이상 선생님이 지식을 전수하는 주체는 아닐 것이라고 생각합니다. 왜냐하면 이제는 언제 어디서든지 교과에 대한 정말 좋은 온라인 강의, 코스를 찾을 수 있습니다. 교실은 폐쇄되어 있고, 우리는 그 선생님의 지식이나 강의 스킬을 확인할 수 없지만, 온라인엔 더 검증되고 잘 다듬어진 콘텐츠들이 많습니다. 에듀테크 기술의 발달로 나의 학습 활동은 온라인상에서 세세하게 기록되고 분석되어, 나에게 더 좋은 방향과 학습법을 제안할 것입니다. 그래서 앞으로 교사의 역할은 퍼실리테이터 혹은 코치 같은 역할이 될 거라고 생각합니다. 그래서 제가 생각하는 학교에서는 아이들이 학교에 오더라도 다 같이 앉아서 한 선생님을 바라보는 구조가 아니라 자기 진도와 자기 커리큘럼에 맞춰서 온라인을 통해 자기가 원하는 지식을 습득하고, 모여서는 토론을 하거나, 프로젝트를 수행하거나, 예체능 활동을 함께 하거나, 정서적 교류를 경험하는 식의 수업이 될 거라고 생각합니다.

프로젝트 기반 학습PBL 방식의 수업이 주가 되고 거기에 필요한 배경 지식은 온라인에서 찾고 배우고, 팀 프로젝트에서 협업 경험과 역량을 쌓고, 그 결과 산출물을 만드는 방식의 수업은 기업뿐 아니라 일상에서 업무를 수행하는 것과 가장 유사한 구조입니다. 따라서 이것이 미래학교의 모습이어야 한다고 봅니다. 하나의 교육목표에 학생들을 맞추는 방식이 아니라, 다양한 학생들의 적성과 관심을 존중하되, 서로 다른 사람들끼리 협업하고 결과를 만들어내는 과정을 학습하는 학습공동체가 제가 생각하는 미래학교입니다.

그러나 이것이 실현되려면, 교육과정이 자율화되어야 합니다. 지금은 교육과정이 너무 세세하게 모든 것을 규정하고 지시하고 있습니다. 앞으로는 필수mandatory교과 영역과 추천recommend 교과 영역으로 나누되, 필수의 범위를 최소화하고, 상당 영역은 개인들의 적성과 진로에 따라서 선택할 수 있는 구조가 되어야 합니다. 온라인 베이스의 지식 습득이 가능하므로, 실현 가능성도 매우 높습니다. 언어능력은 모든 의사소통과 학습 행위의 배경이 되는 역량이므로, 필수적으로 다루어져야 한다고 봅니다. 그 외에도 정서적 안정, 표현 능력 향상, 건강한 습관 형성, 예술과 문화를 누릴 수 있는 기본 소양으로서 체육 음악 미술과 같은 예체능 활동은 반드시 필수교과 영역으로 남아야 한다고 봅니다. 제 개인적인 관점이긴 하지만, 저는 철학을 초등부터 계속 가르쳐야 한다고 생각합니다. 철학은 사고하는 방법을 배우는 교과입니다. 아이들은 생각보다 자기가 누군지 잘 모릅니다. 내가 누군지도 모르는데 어떻게 살아야 할지 어떻게 알겠습니까? 세상도 너무 빨리 바뀌어서, 사실 기성세대가 아이들에게 미래를 예측해서 어떻게 살아야 한다는 가르침을 준다는 것도 현실적으로 불가능합니다. 그래서 어떻게 살아야 한다고 가르치는 것보다 스스로 사고하고 반성하고, 자기조절을 할 수 있는 지혜로운 아이들로 길러내는 게 중요한 것 같습니다. 독자적인 사고를 할 수 있는 사람을 키우는 것이지요. 그리고 다양한 현장체험, 농사를 짓던, 물건을 만들어 보던, 물건을 팔아보던 어떤 것이든 경험의 폭을 넓힐 수 있는 체험활동들을 공통 필수로 하고, 나머지는 개인들의 적성과 관심에 따라 자유롭게 지식을 확장하게 하는 방식으로 교육과정을 유연하게 만들어야 한다고 생각합니다.

또한 교사의 역할이 완전히 바뀌게 됩니다. 지식전수자에서 코치 역할로 바뀌면, 더 이상 교사 머리에 얼마나 많은 지식이 있는지를 보는 건 의미가 없습니다. 교사는 첫째, 누군가의 인생에 큰 영향을 미치는 자리이므로 직업에 대한 투철한 사명감이 있어야 하고, 두 번째는 심리학을 공부하여 학습자 개개인의 차이와 개성을 이해하고 존중하는 의사소통 능력이 있어야 합니다. 사람은 마음의 내적 상태에 따라서 습득능력도, 사고방식도, 가치관도 모두 달라지기 때문에 교사가 심리학을 기본으로 하고, 아이들을 사랑하는 사명감이 기본으로 되어 있어야 합니다. 그래서 교사양성과정은 코치양성과정, 심리학, 상담학 교육과정을 벤치마킹하여 새로 만들면 좋겠다는 생각입니다.

변화와 혁신을 위한 전략: 윈윈, 그리고 소통

기업가들은 어떻게 사람들의 마음을 얻고 전략을 수립하고 네트워크를 만들어가면서 혁신을 해오고 있는 것일까? 치열한 경쟁 속에서도 꿈을 향해 전진하는 그들의 투지는 우리가 아이들을 어떻게 가르쳐야 하는지 중요한 시사점을 준다. 이규하 대표는 교육의 변화 목적은 결국 학생이며, 그 길에 대한 끊임없는 성찰과 반성을 통해 길을 찾아야 한다고 말한다. 그럼에도 불구하고 이해관계가 충돌할 때에는 공통의 윈윈 포인트를 찾아야 한다. 대안은 소통인데, 에너지가 많이 들지만 그것 밖에는 답이 없다고 말한다.

저는 제가 뭔가 바꾸려 할 때마다 제 마음을 감찰합니다. 1) 이 일이, 이 일의 본질과 목표에 부합하는가? 2) 누군가에게 보여주기 위해서, 혹은 나 자신의 명예를 위한 것은 아닌가? 3) 이 변화에 가장 크게 반발할 이해관계자는 누구인가? 윈윈의 포인트를 찾을 수 있을까? 즉, 교육을 바꾸고 싶으면, 지금 하려고 하는 일이 교육 서비스의 소비자인 학생을 위하는 것인지가 명확해야 합니다. 혹시 명분으로 내세우긴 하나 속마음이 그렇지 않으면 언제가 그 본질이 드러나게 되어 있고 실패한다고 봅니다. 1), 2)번 항목이 충족되더라도, 인간은 각기 입장이 다르기 때문에 각 이해관계의 관점에서 윈윈 전략을 만들어야만 변화 추진의 성공 확률이 높아집니다. 공통의 윈윈 포인트를 찾는 것은 결코 쉬운 일이 아닙니다. 그렇지만 어렵다고 포기하고 일방적으로 설득하려고 하면, 상대방은 전혀 움직이지 않는 것 같습니다. 예를 들면, 손해 볼 사람은 움직이지 않겠죠. 따라서 아무리 힘들어도, 윈윈의 구도를 만들기 위한 노력과 진실된 소통을 포기하지 않고 지속해야 합니다. 이런 방법은 오래 걸리고 힘도 들고 그렇습니다. 그렇지만 다른 대안은 없는 거 같습니다.

다양성과 자율성 측면에서 혁신학교는 의미가 있어

그런 변화와 혁신의 이해에 근거할 때 혁신학교에 대한 그들의 의견은 이 방향이 교육에 가져올 결과를 예측할 수 있게 해준다. 기업가인 그는 혁신학교를 긍정적으로 평가했다. 다양성과 자율성의 관점에서 혁신학교는 의미가 있다는 것이다.

저는 지금 혁신학교가 어떻게 운영되고 있는지 상세한 부분까지는 잘 몰라요. 교육과정을 운영할 때 약간 더 자유롭다는 정도로만 알고 있죠. 저는 기본적으로 한국의 획일화된 교육이 굉장히 심각한 문제라고 생각하기 때문에, 다양성이 존중받는 사회로 변화해 나가고, 개개인의 적성과 꿈에 기반한 다양한 교육을 하기 위해서는 혁신학교처럼 다양한 시도를 허용하는 것이 중요하다고 생각합니다. 혁신학교의 운영목표가 학생들에게 다양성과 자율성을 키워주고, 새로운 경험과 활동을 할 기회를 열어주는 것이라면 당연히 계속 확대되어야 한다고 생각합니다.

교육 기업가로서의 국가 정책에 대한 건의: 플랫폼, 플랫폼!

이런 점은 국가가 들어주면 좋겠다며 이러닝 기업가인 이규하 대표가 강조한 것은, 새로운 플랫폼이나 콘텐츠를 개발하지 말고 시장에 이미 나와 있는 것을 가져다 활용하라는 것이었다. 동시에 교육부를 포함한 중앙정부기관의 일하는 방식에도 변화가 필요하다가 역설했다. 공무원들이 혁신적인 마인드를 가졌는가? 전문성을 갖추었는가? 중장기적 비전을 가지고 일하는가? 이런 관점에서 경직된 관료시스템이 기업 발전을 더욱 힘들게 한다고 말한다. 초중등학교나 대학에 있는 구성원들도 상급기관의 각종 지침과 규제 때문에 힘들 때가 종종 있는데, 기업을 운영하는 이들도 신음하고 있었다. 혁신은 예산과 권력을 지닌 기관에서 먼저 시작해야 한다.

　이러닝 정책이 달라지기 위해선, 관점 자체를 좀 바꾸어 봐야 할 것 같습니다. 미래교육에 관한 논의를 하다 보면 가장 걸림돌이자 핵심 논제가 될 것이, 플랫폼과 콘텐츠를 누가 만들고 어떻게 공급하느냐 하는 것입니다. 이것은 조금만 눈을 돌려도 바로 해결할 수 있습니다. 학교가 만약 대학 수준의 콘텐츠를 필요로 한다면 각 대학마다 가지고 있는 것을 공유하면 되고, 플랫폼도 이미 개발되어 활용할 수 있는 것이 많이 있습니다. 하지만 대한민국에서 정부기관의 예산은 곧 권력이고, 헤게모니를 쥘 수 있는 플랫폼이나 솔루션을 직접 만들고 싶어 합니다. 그래서 예산이 여기저기 중복 투자되는 낭비가 허다하게 벌어집니다.

또한, 저가 입찰 용역 방식으로 만든 플랫폼이 시장에서 인정받을 거라는 착각도 버릴 때가 되었습니다. 예를 들면, 유튜브가 민간 시장에서 인기를 끌면, 정부에서 유튜브를 대체할 서비스를 개발하라는 용역 입찰이 뜹니다. 일테면 10억에 유튜브 같은 동영상 공유 서비스를 만들라는 거죠. 업계에선 그런 입찰 공고를 보면, 우리나라 수준에 대해 슬퍼하며 헛웃음만 나옵니다. 유튜브 개발에 돈이 얼마 들어갔겠습니까? 네이버 동영상 서비스 개발에 들어간 돈만 얼마일까요? 그리고 개발만 잘한다고 모든 사람이 좋아하며 사용하는 것은 아닙니다. 개발비보다 더 큰 마케팅비가 들어갑니다. 그렇게 엄청난 자금을 민간에서 투자하고 만든 서비스를 관이 헐값에 입찰을 주고 만들어서, 그 시장과 경쟁을 하겠다는 발상 자체가 정말 탁상공론, 착각, 오만함의 극치인 것이죠. 문제가 뭐냐면, 예산은 권력이고, 공공 영역은 그것을 휘두르고 싶어 한다는 점입니다. 그 예산은 국민의 피땀이 서린 돈인데, 10억 가지고 좋은 제품을 만들 수도 없지만, 낭비하기엔 너무 큰돈이 쓰레기가 되는 겁니다. 게다가 좋은 서비스가 되지 못해도 담당자는 큰 문제가 없습니다. 입찰에 응한 업체가 일 못해서 생긴 일로 치부하고, 그 기업 하나 짓밟으면 그 일은 유야무야 잊혀지죠. 전문성도 없고, 정말 절실하게 성공해야 할 이유도 없이, 대충 예산을 권력 삼아 낭비하고, 정부가 무료로 그런 서비스를 남발하면 산업은 죽고 공무원의 권한만 강해지고, 그걸 보며 젊은이들이 기업으로 가서 도전하기보다는 공무원이 되고 싫어 하고, 막상 서비스 수요자로서는 쓸 만한 것이 없게 되는 겁니다. 정부는 플레이어가 아닙니다. 절대로 민간과 경쟁해서도 안 되고, 경쟁에 이길 가능성은 1%도 없습니다. 공공은 공정한 심판의 역할로, 시장을 열고 활성화하는 본연의 역할로 돌아가야 합니다.

모험과 다양성을 두려워하는 사회, 희망은 없다

한국사회가 교육적으로 시급히 해결해야 할 사회적 과제라고 할 수 있는 대학입시 문제에 대한 기업인의 인식은 어떤지 물어보지 않을 수 없었다. 내적인 학습 동기를 높여주기 위하여, 학생들의 자발적 호기심 중심의 자율적 학습의 가치, 자기 효능감의 가치 등에 대한 학부모 교육이 중요하다. 그런 용기를 실천으로 옮긴 성공 스토리를 만들어내는 노력이 요구된다. 그는 먼저 한국사회의 문화에 주목한다. 타율의 문화, 안정추구의 문화, 지나친 평등 지향적 문화는 한국사회의 발전을 저해한다고 말한다. 그는 다양성을 인정하는 사회로 변화되어야 하고, 자신의 이익을 위해 사람들이 자발적으로 움직일 수 있는 사회로 바꾸어나가야 한다고 말한다. 결과의 평등에 대해서는, 그것은 환상일 뿐이며, 옳지도 않다며 반대했다. 더 고생하고 노력한 사람과 그렇지 않은 사람이 같은 결과를 누리게 되면 인간의 본성상, 인간은 게을러지고 더 노력할 원인이 사라져버리기 때문이다. 예를 들면, 과거 공산주의 사회의 무상 의료시스템을 돌아보면 이해가 쉽다. 만약 한국의 의료도 '교육 분야'처럼 국가 주도로 끌고 왔다면, 의료의 질이 얼마나 떨어질지는 러시아를 반면교사 삼을 필요가 있다. 한국사회에서 사람들은 왜 모험을 시도하지 않는가? 사회적 안전망이 취약하여 모험의 리스크가 너무 크기 때문이다. 그런 점에서 복지를 통한 최소한의 안전망 구축은 필요하다. 하지만 획일성을 버리는 순간, 평등에 대한 지나친 집착은 의미가 없어질 수도 있다. 다양성이 보장된다면, 군이 명문대를 가거나 남들이 선망하는 20여 개 직업군에 목숨을 걸지 않아도 되기 때문이다. 행복은 남과 비교하지 않고 자신의 길을 찾을 때 이루어지는 것이 아닐까?

저는 우리나라 문화에서 가장 슬픈 부분이, 획일화, 지나친 평등에의 집착, 타율의 문화, 안정추구의 문화입니다. 그중에서도 획일화의 문제가 다른 모든 문제의 원인이 아닐까 합니다. 온 국민이 하나의 목표를 향해 일렬로 줄 세우기를 당하기 때문에 다른 모든 문제가 생겨나는 것 같습니다. 갈 길이 정말 다양하고, 개인마다 배우는 내용도 평가도 모두 다르다면, 즉 비교 대상이 별로 없다면, 그 안에서 평등 문제가 크게 불거지진 않을 것 같습니다. 또 내가 누군지를 알고, 내가 원하는 삶을 살면 남과의 비교가 중요치 않을 텐데, 사회와 부모님의 기대를 따라 눈치 보고, 남에게 인정받는 것을 목표로 살아가는 불행한 사람이다 보니 모든 개인은 그 존재 자체로 존엄하고, 소중한 존재임을 잊고 살아가는 것입니다. 이렇게 남이 부여한 목표를 따라, 하나의 일등만 나오는 시스템에서, 경쟁 스트레스에 지쳐 안정지향적 가치관을 갖게 되는 것 같습니다. 그래서 도전도 모험도 못하게 되는 겁니다. 남의 눈치를 봐야 하니까요.
더 좋은 교육이 있으면 더 많은 사람이 쓰게 해주는 방향으로 가야 하는데, 교육도 다 똑같이 받아야 하니 더 좋은 교육이 있어도, 당장 평등하지 않으면 다 못하게 하는 쪽으로 갑니다. 사무직의 경우에는 역량과 성과의 차이가 5배, 혹은 그 이상 차이가 벌어지는 경우가 많습니다. 아마 미국이었다면, 두 사람의 연봉 격차가 5배는 벌어졌겠죠. 그러나 우리나라에서는 평등주의 문화가 커서, 아무리 그 사람의 성과가 다른 사람의 5배여도 연봉이 5배 차이 나는 것은 받아들이지 못합니다. 그러다 보니 고高성과자도 더 열심히 일할 동기부여가 어렵고, 월급 받으려고 어쩔 수 없이 일하는 평범한 동료들에게 동화되어 성과가 떨어지는 결과로 이어집니다. 이런 결과적 평등 추구는 사회의 다이내믹을 떨어뜨리고 무임승차(남의 성과에 기대어 묻어가려는) 심리를 보편화시킵니다.

'좋아서 하는' 일은 동기를 부여할 필요가 없습니다. 남이 부여한 목표, 남이 시켜서 어쩔 수 없이 일하는 사람들이 많은 사회라서 동기부여가 중요해지는 겁니다. 우리는 내적 동기를 가질 수 없는 문화입니다. 그러나 선진국의 경우는, 예를 들어 한 아이가 3살부터 기타에 미쳐서, 세계적 기타리스트가 되겠다는 꿈을 가졌다고 가정해보죠. 이런 아이는 동기부여도 필요 없습니다. 자기가 좋아서 하는 거니까요. 반대로 똑같은 아이가 한국사회에 있다고 가정해보면, 결과는 참 많이 다릅니다. 아이의 그런 꿈을 있는 그대로 믿고 밀어줄 부모가 몇이나 있을까요? 좋은 대학 가야 하는 목표를 면제해 줄 부모가 있기는 할까요? 이것이 바로 자율적 삶, 타율적 삶의 차이입니다. 그러나 만약 그 아이의 부모가 아이의 꿈을 존중하고, 믿어주고, 자존감을 길러준다면, 그리고 그렇게 하여, 남들과 다른 방식으로 만들어낸 성공 스토리가 많아진다면 우리 사회도 변화가 시작될 거라고 생각합니다. 저도 제 딸은 조금은 다르게 키웠습니다. 매일 안아주고 "나는 너를 사랑한다. 그리고 나는 네가 스스로 너 자신의 삶을 잘 이끌어갈 수 있다는 사실을 믿는다"라고 말해 주었습니다. 사교육이라고는 전혀 시키지 않았고, 공부하란 잔소리도 해본 적이 없습니다. 스스로 선택하고 책임지도록 많이 대화하고 같이 여행하며 좋은 관계를 구축했습니다. 고 2가 되고 주변 학생들이 공부를 너무 열심히 하는 걸 보면서 스트레스도 받고, 자신감도 떨어지는 것 같아서 이렇게 조언했습니다. "대학에 가고 싶으면, 정말 최선을 다하면 되는 거고, 적성도 모르겠고 안 가고 싶으면 안 가도 된다. 사회 나가서 일하다가 내가 진짜 이게 적성이네, 이걸 더 배우고 싶다 깨달으면 그때 가서 가도 된다. 대학입시에 스트레스 받지 마라. 그냥 너의 인생을 최선을 다해 살아가면 돼." 저는 다른 애들과 똑같이 타율적으로 공부 잘하는 안정지향적인 딸보다는, 개성 있고, 자발적이며, 새로운 도전을 겁내지 않는 멋쟁이 딸이 훨씬 매력적이라고 믿습니다. 부모님들이 자신의 자녀들을 이런 시각으로 바라보고 도전적 삶을 독려할 때, 다이내믹한 대한민국이란 미래가 열릴 것이라 확신합니다.

대학 혁신의 키워드: 인턴십, 프로젝트, 세계적 시각, 인문학

취업이 풀기 어려운 문제가 된 것이 작금의 우리 현실이다. 이공계가 아닌, 인문사회계의 사회진출을 도울 수 있는 기업가들의 생각은 어떤 것일까?

취업률 증가는 기업 성과와 관계가 깊습니다. 우선 기업하기 좋은 나라를 만들겠다는 정부의 의지와 노력이 필수입니다. 개인적 차원에서 할 수 있는 노력은 학창시절 기업 경험을 가능한 최대로 늘리는 것입니다. 대학마다 좀 다르긴 한데, 대학의 인턴십 제도가 다양해지고 있습니다. 전에는 방학에만 인턴을 기업에 보냈는데, 한두 달 동안의 인턴 기간으로는 정말 심부름성 잡무 밖에 경험할 수 없습니다. 그래도 기업의 문화, 업무 방식 등을 경험해 본다는 점에서 식당 아르바이트 같은 것을 하는 것보다 취업에 크게 도움이 됩니다. 어떤 학교는 한 학기 인턴십을 보내는 경우도 있습니다. 방학 두 달과 한 학기를 포함하면 5~6개월 정도 인턴으로 근무하는 경험을 하고, 그 경험으로 학점을 취득하는 것입니다. 그 정도 기간이면, 작은 프로젝트는 한 턴turn이 돌아가고 그래야 업무가 어떻게 흘러가는지 유의미한 경험과 인간관계를 만들 수 있습니다. 한 학기 인턴십은 학생과 기업 모두에게 도움이 되는 효과적인 방식이라고 생각합니다. 회사에서 근무하는 기간이 현장 학습과 같은 수업의 개념이라서, 회사가 임금을 지불할 필요가 없으니 부담도 없고, 오히려 업무를 가르쳐주는 역할을 하죠. 학생도 학점을 받으면서 동시에 업무도 배울 수 있고, 인턴 기간 동안 근무를 잘하면 기업 쪽 담당자에게 좋은 인상을 주어 졸업 후 비교적 유리한 위치에서 취업 기회를 잡을 수도 있습니다. 저희도 인턴 경험자를 뽑은 경우가 많습니다. 이미 겪어봤고 업무 실력도 알죠. 학생도 회사의 문화나 시스템을 이해하므로 채용과 동시에 현업 투입이 가능해집니다.

또 하나는 미네르바Minerva스쿨처럼 하기는 어렵겠지만, 학창시절 해외 경험을 많이 하도록 독려했으면 합니다. 우리나라처럼 획일화된 시스템 속에서 자란 학생들은 시야가 너무 좁습니다. 줄 잘 서서 대기업에 가거나 공무원이 되는 것 말고는 인생에 별 다른 옵션이 없다고 생각하는 아주 편협한 사고가 많아 시야를 넓히기 위해서라도 학창시절 동안 최소 한두 번은, 단순 여행 말고 교환학생이든, 워킹 홀리데이든 현지 사람들과 부대끼고, 완전히 다른 가치관의 친구도 사귈 기회를 만들어보는 게 큰 의미가 있다고 생각합니다.

마지막으로 학교에서는 프로젝트 수업을 획기적으로 늘려 운영할 필요가 있습니다. 프로젝트를 하면서, 구체적 목표 산출물을 만들기 위해 아이디어 기획서도 써보고 제품을 만드는 걸 경험하다 보면 인문학적 지식과 교양이 어떻게 쓰이는지 경험할 기회가 될 것입니다.

이규하 대표 역시 교육을 바꾸어야 한다는 관점을 가지고 있었다. 교육에 대한 그의 인식은 현장의 시각과 다르지 않았다. 다만, 기업을 운영하는 입장에서 여러 가지 어려움을 토로했다. 특히, 정부의 일하는 방식과 관점이 바뀌지 않으면 기업의 어려움은 더욱 가중된다고 강조했다. 국가란 무엇인가? 정부는 누구인가? 그들을 대리하여 일하는 사람은 어떤 마음을 가지고 일하는가? 중앙정부가 입찰하여 제공하는 품질과 서비스의 질은 왜 민간영역에 비해 만족도가 떨어지는가를 냉철히 고민할 필요가 있다. 혁신은 중앙정부에서 시작되어야 한다. 우리 모두는 혁신의 주체이자 객체이다. 그것은 상대적이며 가변적인 개념으로서, 우리와 상호작용하는 다양한 주체들의 이야기를 통한 성찰과 반성을 하면서 실천으로 이어가야 한다. 기업가 이전에 학부모로서 들려준 그의 이야기는 우리에게 아이들 스스로 살아갈 수 힘을 거세시키고 있는 것은 아닌지 성찰하게 만든다. 우리는 남들이 가려고 하는 길만 가고, 선호하는 길만 가려고 하는가? 모험을 두려워하는 사회에서는 혁신도 희망도 인간도 학생도 없다.

문제해결력이 답이다

김진수 • 전 Yes24 대표

Yes24, 야후코리아 대표 등을 역임하고 현재는 한국인터넷전문가협회 고문을 맡고 있는 김진수 대표는 IT와 교육을 연결시켜 업무 범위를 가지고 있는 교육영역에서 유명한 사람이다. 학부에서는 전기공학을 공부하였지만 업무와 관련하여 교육학 석사를 거쳐 인지과학 분야로 박사학위 논문을 썼다. 현재는 중국의 텐센트腾讯에서 UI 관련 자문위원으로 또 에듀테크포럼 대표로 그 활동의 폭이 매우 넓다. 기업 CEO는 우리 교육을 어떻게 바라보고 있을까?

기업에서 던진 의문: 효과적인 교수법은? 공학에서 교육으로

융합의 시대다. 김진수 대표는 공학에서 출발하여 교육학 그리고 인지과학으로 공부의 영역을 섭렵하고, LG, 야후코리아, Yes24 그리고 중국 텐센트의 디자인 부문 교육과 최근의 교육과 기술의 접목으로 한창 뜨거운 이슈가 되고 있는 에듀테크 포럼을 이끄는 등 종횡무진이다. 무엇이 그의 삶을 이끌고 있는가? 끝없는 도전, 배움, 그리고 다양한 사업을 추구하게 하는 원동력은 무엇일까?

개인이 자신의 적성이나 추구하는 가치를 좇아 배우고 그것을 활용하여 새로운 창조와 새로운 안목을 갖게 되기까지 우리나라의 교육과 학교는 무엇이며, 제대로 된 역할을 하고 있는 것인가 하는 질문을 던졌다.

어떤 경우에는 배움의 기회가 아예 없거나 학교교육의 기간이 짧음에도 불구하고 많은 성취를 하기도 한다. 그에 비하면 초중고에서부터 시작하여 대학, 대학원까지 긴 학습 기간을 갖고도 한 개인이 자신의 역량을 제대로 발휘하지 못하는 경우도 종종 있다. 한국이 갖고 있는 학교교육이라는 제도의 문제인가 아니면 개인의 문제인가? 그가 고민하면서 살아온 길에서 시사점을 얻을 수 있지 않을까? 공부를 하면서 그는 학습의 효율성과 효용성에 대해서 의식을 가지게 되었고, 교육학을 공부했으나 갈증을 해소하지 못했다. 학습전략을 공부한 후 학원에서 적용해보았고, 나름의 성과를 체계화하고 싶어서 공부를 다시 했다. 그의 삶은 '질문이 이끄는 삶'이라 할 수 있다.

제가 대학을 거의 12년을 다녔어요. 박사까지. 거의 초중고 12년을 다시 다닌 거예요. 내가 과연 24년을 보낼만한 가치 있는 것을 배웠을까 대학에서 아니면 초중고 과정에서? 그게 아닌 거라는 생각이 들었거든요. 훨씬 짧은 시간에 배울 수 있는 거였는데 그럼에도 불구하고 그런 제도에 묶여서 공부하다 보니까 오히려 실제로 사회에 나가서 쓸 만한 것들을 못 배우고 엉뚱하게 시간을 많이 보냈다는 생각이 들었어요. 그래서 자꾸 학습의 효율성이라든가 하는 것들을 고민하게 되었죠.

그렇게 된 계기가 좋은 직장이라고 갔는데 가서 일을 해보니까 저랑은 안 맞았어요. 뭘 할까 하다가 생각이 난 게 대학 때 교수님들의 강의를 들으면서 저렇게 가르치는 게 맞나 싶을 정도로 이해가 안 갔는데, 오히려 책을 읽으면 이해가 잘됐던 경험이 떠올랐어요. 그리고 교육이 효율적으로 되려면 교수가 바뀌어야 되고 교수방법이 바뀌어야 하지 않을까 하는 의문에서 학부 과정으로 교육학 편입을 했어요. 하지만 유감스럽게도 거기에서도 어떤 분들은 과거와 똑같은 교수방법으로 가르치는 거예요. 그때 효율적인 교육은 교수방법만으로 해결될 문제가 아니라는 사실을 깨달았어요. 그래서 학습전략Learning strategy을 좀 살펴봤고, 그러면서 문제해결전략을 많이 접했어요. 석사과정을 마치고 연구소를 하나 만들어 여러 가지 학습전략을 연구해서 적용해보다가 인지과학을 공부하게 되었습니다. 사실은 교육학으로 가려고 했었는데 교육학에서는 깊이 있게 학습자를 다루지 않거든요. 새로운 방법이 나오면 A반에 적용을 하고 B반에 컨트롤을 해본다든지 비교해서 좋아지면 끝이라고 생각하는데, 저는 이것이 왜 좋아진 거지 머릿속에서 일어난 것이 궁금했거든요. 그렇게 연세대의 인지과학 협동과정에 들어갔고 HCI 학위를 마쳤습니다. 그리고 2000년에 야후에 가서 일을 하게 되었죠.

새로운 기술은 새로운 관계를 촉발한다

컴퓨터를 활용한 교육이 활성화되고 폭넓게 사용될수록 우리는 컴퓨터 기반의 학습체제가 인간을 대신하게 되는 것은 아닐까 하는 막연한 불안감에 휩싸인다. 이것은 인공지능, 빅데이터 같은 자동화, 소프트웨어의 폭넓은 활용 같은 4차 산업혁명이 시작되면서 더 심화되고 있다.

그런데 이 같은 현상은 지금보다 컴퓨터나 인터넷의 활용이 적었던 1990년대~2000년도에도 있었다고 한다. 김 대표는 20년 전에 회사에서 온라인 교육을 이미 시도하였는데, 강사들의 반발에 부딪쳤다는 얘기를 들었다고 한다. 그는 학습에 대한 기록과 자료를 고민했다. 강의하고 휘발되는 자료를 넘어 분석을 통해 시스템을 진화시키려고 시도했다. 이런 김 대표의 문제의식을 공교육에 적용해보면, 교실에서 교사와 아이들의 상호작용이 분명히 넘쳐날 텐데, 그 과정에서 학생 개개인의 특성이 체계적으로 정리되고 기록되는가 하는 점이다. 정리와 분석을 통해 막힌 점을 찾아야 하는데, 축적은 되지 않고, 기억과 구전에 의존하는 시스템은 아닌지 그의 이야기를 듣다 보니 고민이 들기 시작했다.

기업은 교육을 통하여 양성된 인력을 바탕으로 상품과 서비스를 창출해야 하는 실제적인 문제를 갖고 있다. 그렇기에 우리나라 교육에 대한 아쉬움은 더 본질적이고 학교교육 담당자들보다 더 클 수도 있을 것이다. 김 대표는 우리 교육이 지식 암기 중심으로 흘러가는 것을 안타깝게 여기며 균형이 상실된 교육을 회복해야 한다고 했다. 그러면서 체력, 지력, 협업 능력 등을 강조했다. 그는 기술이 개개인의 발전을 촉진시킬 수 있다고 보았다. 동시에 새로운 기술을 가지고 아이들의 관계를 촉진함으로서 우리 교육의 제반 문제를 해소할 수 있다고 했다. 특히, 학습에 대한 체계적인 기록은 학습의 질과 방향을 새롭게 이끌 수 있다고 역설한다.

저는 전인교육에 관심이 많습니다. 과거에 지덕체라 불리던 것을 현대화해야 된다고 생각해요. 제가 말하는 현대화란, 기술

technology의 힘을 빌려서 학생들의 체력이나 지식에 관한 문제, 교사-학생, 학생-학생 간 관계에 대한 문제 등을 재정리하는 거예요. 교육은 이런 것에 관심을 갖고 골고루 발전시킬 수 있어야 하는데, 주입식, 암기식으로 교실 안에서 거의 이루어지고 있어요. 교과과정도 그렇고. 실제로 요즘 아이들은 학교 밖은 물론이고 학교 안에서도 운동할 시간이 자꾸 없어져요.

　　저는 요즘도 매일 아침마다 습관적으로 1시간씩 운동을 해요. 운동을 하고 나면 삶에 대한 의욕이 생기고 활기가 넘쳐요. 그런데 한창 활발하게 활동해야 할 시기에 있는 아이들이 교실에 갇혀 주입식 교육만 받고 있으니 재미가 없고 의욕이 안 생기는 거죠. 이게 가장 큰 문제라고 저는 봐요. 그래서 기술을 교육에 접목해서 아이들의 활동에 대한 것도 기록하고 학습과 친구들 관계 등도 기록하거나 새로운 기술로 관계도 맺게 하는 등 기술을 잘 이용하자는 것입니다.

목표 의식, 그리고 디자인 씽킹

김 대표에게 미래학교의 모습, 21세기에 적합한 교육과정, 그러한 교육을 이루기 위한 교사양성교육은 어떠해야 할지에 대해 물었다. 그러자 그는 '목표의식'이라고 답했다. 개개인이 삶과 학습에도 동기가 있어야 하듯 아이들 스스로 자기 책임을 갖게 만드는 환경을 조성해야 한단다. 즉, 자존감과 책임감을 키우는 교육이 필요하다. 이를 위해 그는 과학적 사고와 컴퓨팅 사고를 강조한다. 그는 지식보다는 사고가 더욱 중요하다고 말한다. 현실에서 질문을 던지고 답을 찾아가는 과정은 살아있는 공부를 경험하게 만든다. 그러한 과정은 혼자서 하기 어렵기 때문에 교사의 역할이 중요하다.

저는 학교교육에서 가장 중요한 것은 목표의식을 갖게 하는 것이라고 봅니다. 목표의식 없이 앉아 있는 것은 수업을 듣는 것이 아니라 시간만 때우는 것입니다. 따라서 목표의식이 없는 아이들은 현실을 알도록 해서 정확한 동기motivation를 갖게 만들어야 합니다. 옛날에 제가 보았던 서머힐Summer Hill 교육에서는 학생이 수업에 안 들어와도 돼요. 하지만 그럴 경우 확실하게 이유가 있어야 해요. 자기 행동에 대한 책임을 갖게 하는 것이죠. 그런데 요즘 아이들은 자신의 의지보다는 그냥 해야 하니까 떠밀려서 하거나 부모가 알아서 다 해주니 자존감도 떨어지고 책임감도 없어요.

또 하나는 지식에 대한 문제인데, 저는 앞으로 지식보다는 Thinking 스킬이 더 중요하고, 과학적인 사고를 해야 한다고 생각해요. 과학자나 컴퓨터 하는 사람들이 문제를 접근하고 이해하고 해결하는 과정을 아이들이 똑같이 따라할 수 있어야 한다는 것입니다. 이것을 위해 당장 교과과정을 바꿀 필요는 없지만, 교육 방법은 바꾸어야 합니다. 과학이든 사회든 수학이든 사고하는 방법을 가르치지 않으면 죽은 지식이나 고여 있는 지식이 됩니다. 그런 것을 가르치는 교사가 우리가 되어야 하는 것이고요. 사실 요즘은 혼자서 공부하려고 하면 한계가 있어요. 지식이 너무 많거든요. 그래서 교사의 역할이 필요한 거예요. 교사는 그것을 잘 정리해주거나 도와주는 역할, 그 많은 지식 중에 어떤 것이 진짜고 어떤 것이 잘못된 것인지, 어떤 것이 더 일리가 있는 것인지

가르쳐주고 실제 학습은 아이들 스스로가 해나갈 수 있도록 돕는 역할을 하는 것입니다.

기업가가 보는 혁신을 위한 전략은 무엇인가?: 신뢰

기업에서도 사회와 마찬가지로 일을 할 때는 사람 간의 네트워크와 의사소통이 중요하다. 이런 점은 학교에서 인성교육을 할 때 어떤 점을 중시해야 하는지를 알려준다. 동시에 우리 사회가 필요로 하는 인성의 덕목을 살펴볼 수 있다. 김 대표는 기업을 운영하는 입장에서 무엇보다 신뢰를 강조한다.

저는 실력보다는 신뢰가 중요하다고 봅니다. 사회에서는 그런 사례를 너무 많이 보기 때문에, 가급적이면 그런 신뢰를 잃지 않을 행동들을 해야 합니다. 사람들이 급하다 보면 근시안적으로 되어 신뢰를 깨는 일들을 많이 하거든요. 그런데 사람들끼리 만나고 신뢰가 생기면 서로가 도움을 주려고 하게 되죠. 자신만 이익을 보는 것이 아니라 저 사람도 이익을 보고 서로 윈윈하면서 진심을 느끼게 되고 그러면 사람들이 따르게 되죠.

혁신학교? 취지는 좋지만 학부모들은 불안

혁신학교는 학교 단위를 중심으로 주체들의 자발적인 힘에 의해서 공교육을 변화시키려는 모델로 볼 수 있다. 양적으로 혁신학교가 점점 늘어나고 있으며, 여러 실험들이 공교육 내에서 진행되고 있다. 김 대표는 혁신학교의 취지가 매우 좋다고 말한다. 그러나 대학을 목표로 하는 학부모들은 여전히 불안하게 바라보고 있다고 말한다. 혁신학교에서 교육을 받은 학생들은 어떤 역량을 보일 것인가? 어찌 보면 그들은 기업에서 원하는 인재에 부합할 수 있다. 그렇지만 혁신학교에 대한 많은 반대는 어쩌면 혁신학교가 무엇을 지향하고 무엇을 성취하고 있는지를 잘 모르는 가운데서 나타나는 현상일 수도 있다.

저도 역시 혁신학교의 내용은 자세히 모르겠지만 취지는 매우 좋은데, 초등학교 때부터 대학을 목표로 달리고 있다고 생각하는 학부모 입장에서는 불만이 많을 수밖에 없다고 봅니다. 당장 대학 진학에 도움이 안 되는 활동들을 하고 있다고 생각하니까요. 당연히 거부감이 들죠. 아직까지 우리 사회는 대학을 가야 뭔가가 된다고 생각하는 믿음이 강하기 때문에 자녀가 아무리 고등학교 생활을 재미있게 하고 창의적인 활동을 많이 한다고 해도(그것이 성적과 연계되지 않아 보이기 때문에) 먹히지 않는 거예요. 혁신학교를 반대하는 것도 그런 점 때문인 거죠.

쓸데없는 방법으로 시간낭비를 하고 있어

그렇다면 기업가로서 우리나라 교육을 변화시키려고 하는 모든 움직임의 가장 핵심적인 덕목을 무엇으로 꼽는지 궁금했다. 그리고 그런 점을 개선시킬 수 있는 아이디어나 대안이 있다면 말해 달라고 부탁하니 다음과 같은 답이 돌아왔다.

전통적인 방법의 학습보다 더욱 효과적이고 효율적인 방법이 있는데, 암기식 공부와 문제풀이식 공부에 인생을 허비하고 있는 현실을 그는 안타까워 했다. 인터넷과 모바일 기기 및 4차 산업혁명 가운데서 기술은 급격하게 변화하고 있는데, 이런 변화의 중심에서 기업을 운영하는 사람들의 입장에서는 교육이 취하고 있는 방법이 매우 진부하고 변화를 거부하고 있는 것은 아닌가 하는 문제의식이 있을 수 있다. 김진수 대표는 대학 진학 전에 온라인으로 학생들로 하여금 프리 칼리지 수준으로 대학의 과목을 미리 수강해보게 하는 플랫폼 학습을 제안한다.

제가 제일 안타까운 것은 우리 아이들의 거의 모든 학습이 암기하거나 문제풀이에 시간을 낭비하고 있다는 점입니다. 그런 고리타분한 학습 방법 말고 새롭고 효율적인 방법을 찾으면 얼마든지 있거든요. 온라인 학습도 잘 구축되어 있고 MOOC라는 것도 있으니 그런 걸 통해서 학생들이 미리 경험을 하게 하는 것이 필요하다고 봅니다. 그런 방법으로 경험하고 공부하게 하고 시험도 보게 한 뒤에 그 결과를 보면 자신의 적성도 알게 되고 그러면 불필요한 시행착오도 줄일 수 있다고 봅니다. 그렇게 되면 초중고를 거쳐 그렇게 오랫동안 입시 준비에 시간을 보낼 필요가 없는 거죠. 자기가 관심이 있는 것에 더 많이 책을 보고 공부하고 준비하는 게 더 도움이 될 수 있는 거잖아요? 그런 것들이 지금 같은 입시 병폐들을 좀 없앨 수 있을 테고요. 본질적으로 시스템을 통하여 온라인으로 그 안에서 마음껏 공부할 수 있게 기회를 주는 거죠. 대학에 들어가기 전 프리 컬리지pre-college라고 할까요? 고등학교에서 대학으로 가기 전에 고등학교 졸업 후 1년간 대학 1학년 교양과정을 온라인으로 무제한 맘대로 듣게 해주는 것입니다. 자기가 하고 싶은 분야에 가서 교양이든 전공이든 맛을 보면서 계속 공부를 해보라는 거죠. 그렇게 되면 학생들의 학습 기록이 남아 있으니까 어떤 활동을 했고 어떤 점수를 얻었고 하는 걸 다 체크할 수 있죠.

교육 부문에서 시급히 해결해야 할 과제: 사회를 알게 하라

그는 학교가 사회와 분리되어서는 곤란하고, 프로젝트 실행을 통해서 사회시스템을 이해하고, 역량을 기르는 방식으로 전환해야 한다고 주장한다. 그렇게 되면 미스매치 현상도 줄어들 것이다.

입시 문제가 왜 중요하냐고 하면 교육이 산업과 연결되어 있는 것이기 때문이지요. 이런 걸 부정하고 싶어도 할 수 없는 게 결국은 산업사회가 되면서 이런 교육이 만들어진 거였지만, 시대가 바뀌면서 사회가 요구하는 사람도 바뀌기 때문에 다시 들여다봐야 되는 것 같아요. 변화된 사회에 맞는 인력을 양성하지 않으면 취업 문제도 해결하기 어려워지기 때문이죠. 따라서 교육도 현실의 수요에 맞는 새로운 형태로 이루어져야 하는 거죠. 요즘 AI니 IoT니 하는 말을 많이 하죠. 이런 사회적 변화에 따른 지식을 초중고 때부터 기본으로 익히게 하면 좀 원활하게 취업을 할 수 있을 것으로 봅니다. 취업을 꼭 국내에서 할 필요가 없거든요. 사회가 변하다 보니까 수요가 많으니까 전 세계, 중국도 지금 개네들이 엄청나게 많은 인력들을 대학에서 키워나가고 있지만 AI쪽이나 컴퓨터 관련 분야와 같이 그런 나라들이 모자라다고 하는 영역으로 우리가 만들어서 거기로 보내면 되는데 왜 국내의 어려운 상황에서 힘들게 싸우는지 모르겠어요.

새로운 기술 혹은 새로운 방법의 도입에는 여러 가지 어려움이 있겠으나 들여다보면 학교나 공무원들이 비즈니스 하는 사람들을 좀 무시한다는 생각이 들어요. 낮게 보는 이유로는 과거부터 정부가 모든 경제계획을 주도해왔기 때문이에요. 그 생각이 남아 있는 것 같아요. 내가 지도해야 된다, 내가 위에 있다는 그런 생각. 정부는 룰만 세팅해주고 나머지는 각 기업들이 자유롭게 할 수 있는 기반을 만들어줘야 하는데 그것을 주도해서 하려고 하면 좋은 생각이 아니라는 거죠. 기업들이 나서서 하게 해주는 것이 좋다고 봅니다.

대학교육의 방향은 예전에 맥그로힐Mcgraw Hill에 있을 때 싱가포르 경영대학 나온 친구를 인턴으로 썼었는데 일을 매우 잘했어요. '너는 어떻게 실무를 그렇게 잘하냐?' 하니까 대학에 다니면서 실무와 관련된 프로젝트를 많이 해봤다는 거예요. 근데 우리는 프로젝트라는 것은 아마 대학원에나 들어가야 프로젝트라는 것을 해보지 대학 때부터 하는 건 거의 못 봤어요.

그 말은 학생들을 어떻게 교육시킬 것이냐와 매우 밀접해요. 대학을 상아탑이라고 해서 사회와 분리시킬 게 아니라 사회가 돌아가는 메커니즘을 이해하고 어떤 사람들이 필요한지에 대한 것들을 좀 이해시키면서 거기에 맞는 인재들을 키워내야 한다는 거죠. 지금도 기업에 있는 사람들은 좋은 인재를 뽑기 어렵다는 얘기를 해요. 근데 바깥에서는 취업이 안 된다고 아우성이죠. 무엇인가 미스매치가 있는 거죠. 이 미스매치는 기업은 당연히 좋은 인재를 뽑아야만 돌아갈 텐데 뽑을 사람이 없는 거죠. 요즘 기업들은 뽑아서 가르치려고 하지 않아요, 그 대가가 너무 크고 힘들거든요.

대학과 기업의 연결 방식: 들어가서 세상을 배우도록 하라

그는 기술만을 강조하지 않았다. 기획자가 더욱 중요해지고 있는데, 좋은 기획자는 인문사회를 통한 사람에 대한 이해가 필수적이다. 결국 사람에 대한 이해가 필요하다. 동시에 대학이 기업과 함께 인턴 프로그램을 만들어서 문제를 파악해보고 해결 방안을 고민해보고 실행하는 과정을 적용해볼 필요가 있다고 말한다. 현장에 대해 알고, 현장의 문제를 발견하고 그것을 해결하기 위해서 몸부림쳐보는 경험을 갖게 된다면 살아있는 학습을 경험하게 될 것이다. 탈맥락적, 탈현장적학습에서 탈피해야 한다는 것이다. 실행학습이 필요한 이유이다.

인문사회분야라는 게 결국은 사람에 대한 이해를 바탕으로하고 있잖아요. 이것은 일반 기업도 그렇고 IT 기업도 마찬가지예요. 그래서 기업은 기획자를 매우 중요하게 생각해요. 그런데 대학에서는 따로 기획자를 길러내지는 않아요. 사람을 잘 이해하면거기서 프로덕트에 아이디어가 나오는 거죠. 인문사회 쪽 지식과IT를 연결시킬 수 있다면, 그것이 대학교육이 된다면 저는 희망이 있다고 봅니다. 실제로 중국의 텐센트 회사에서 가장 월급을많이 받는 사람들이 기획자들이에요.
또 다른 방법은 기업에서 어떤 문제들을 대학에 던져주고,

그런 문제를 중심으로 대학의 학생들이 교수들과 함께 풀게 하는, 이런 실제적인 문제를 대학 기간 동안에 접하게 해보는 방법도 고려해 볼 수 있는데요, 그것보다는 기업에 학생들을 보내서 인턴을 한 6개월 정도 시키는 게 더 낫다고 봅니다. 그런 가운데 문제를 파악하고 학교에 돌아와서 새로운 기술과 지식을 배워서 어떻게 해결할지를 생각해보는 기회를 갖는 것이죠. 그러니까 현장에 들어가서 몸소 겪으면서 다른 관점으로 보는 기회와 경험을 가져야 한다는 것입니다.

김진수 대표는 삶의 고민과 질문을 학습으로 이어갔다. 그는 전통적인 방식의 교육시스템에 대한 한계를 지적했다. 학습 효과면에서도 고비용 저효율 구조이며 개인뿐만 아니라 사회에서도 그 효용성을 인정하기 어렵다는 시각을 견지했다. 학습 기록을 바탕으로 분석을 중시했다는 점에 주목할 필요가 있다. 온라인 학습은 대체재인가 보완재인가? 어떤 방식이든 학습의 효과를 극대화할 수 있는데, 한국의 현실은 너무나도 더디다. 그는 디자인 씽킹을 강조한다. 생각하는 능력을 사회적 맥락 안에서 길러야 한다. 동시에 사람과 사람의 관계에서 일하기 때문에 신뢰를 강조한다. 온라인 플랫폼 방식으로 공부한다면 현재의 교육 낭비 요소를 확실히 줄일 수 있다는 입장을 견지했다. 그러면서 프로젝트형 방식의 학습을 강조했다.

김진수 대표의 이야기를 듣다 보니, 한국 교육의 고질적 문제, 입시 병폐 등에 대해서 문제의식을 같이 했다. 동시에 우리 교육이 나아가야 할 방향은 2015 개정교육과정에서 제시한 역량과 다르지 않았다. 문제는 시스템이다. 물론 온라인 학습은 옳고, 오프라인 학습은 틀리다고 말할 수 없다. 각 개인과 학습 주제에 따라서 적절한 학습 방법을 채택해야 한다. 하지만 그의 관점에서는 우리 교육의 변화가 절실하다. 암기식, 주입식 교육으로 인재를 기르기에는 개인과 사회 차원에서 낭비 요소가 너무 크기 때문이다.

마을과 함께 학교가 살아나는 혁신

추창훈 • 소양중 교감

추창훈 교감은 완주 교육청 장학사를 거쳐 지금은 전북 완주군 소양중학교 교감으로 재직하고 있다. 추창훈 교감은 장학사 시절 〈로컬에듀〉라는 책을 써서 반향을 일으켰다. 지역 교육청의 장학사로서 완주 교육을 살리기 위해 지자체와 시민사회단체의 협력을 얻어 지역 교육력을 강화하는데 중심 역할을 했고, 장학사 임기 이후 완주의 소양중학교에서 로컬에듀의 구체적인 학교 모델을 만들기 위해 실천하고 있다. 우리 교육은 중앙집권적 특성을 지니고 있고, 수도권 중심 사고를 한다. "말은 태어나면 제주도로 보내고, 사람은 태어나면 서울로 보내라"는 말은 서울 중심적인 사고를 잘 드러낸다. 학교는 지역사회에서 고립된 섬처럼 존재해야 하는가? 추창훈 교감은 학교와 지역사회가 함께 상생할 수 있는 길을 고민했고, 실천했고, 가능성을 세상에 널리 알린 교육자이다. 그의 삶과 생각, 교육철학을 들어보자.

손뼉도 마주쳐야 소리가 난다

많은 사람들은 장학사가 교육청에서 많은 권한을 지녔다고 생각하지만 실상을 들여다보면 교육청 내에서 직급도 높지 않은 편이고, 권한도 제한적이어서 내외적 어려움을 적지 않게 겪는다. 권한은 별로 없는데, 업무 강도가 비교적 센 편이어서 장학사 생활을 오래하기를 원하는 경우는 드물다. 더욱이 교육지원청은 도교육청(본청)에 비해서 더욱 자체 권한이 없다. 그런 불리한 조건에도 불구하고 완주 교육청에서 적지 않은 변화를 만들어낸 것은 거의 기적에 가깝다. 그 동력은 무엇이었을까?

우선은 교육지원청의 관행을 먼저 깼다는 점에 주목할 필요가 있다. 유능하고 혁신 마인드를 가진 교육장 임기를 4년간 보장해주었기 때문에 지속가능한 지역교육 혁신이 가능했다. 그리고 장학사들 간 협업이 잘 이루어졌다. 추창훈 교감은 로컬에듀는 한 개인의 노력이 아닌 시스템과 전체 구성원들의 노력임을 강조한다. 로컬에듀의 성과를 본인에게 돌리지 않는 겸손함을 읽을 수 있다. 그의 이야기는 사실일 것이다. 교육지원청 장학사가 감당할 수 있는 일은 분명 한계가 있다. 이를 지원해줄 수 있는 리더십과 협력하려는 동료가 있을 때 변화는 시작된다.

교육청 장학사들은 업무를 돌아가면서 하는 문화가 있어요. 여느 조직처럼 힘든 일을 후임에게 넘겨주려는 이유도 있고, 또는 장학사가 학교 현장에 복귀할 때 대개 교장이나 교감으로 가기 때문에 학교를 잘 운영하려면 여러 가지 일을 해봐야 한다는 신념 때문이기도 하죠. 완주 교육지원청은 이러한 행정 중심, 또는 장학사 중심 관점을 탈피해서 장학사가 한 가지 업무를 최소 3년 이상 하도록 했어요. 이는 교육지원청이 행정을 위한 행정이 아니라 교육을 위한 행정을 한다는 믿음을 학교와 지역에 주었다고 생각해요. 저만 해도 교육과정 3년, 혁신학교 4년, 지자체 및 학부모 업무를 5년 담당하다보니 지역 사람들이 이 교육청은, 또는 이 정책은, 이 사람은, 믿을 만하구나 하는 신호를 줬어요.

그것은 여러 가지 복합적으로 영향을 줬는데, 일단 리더십이 작동했어요. 특히 완주 교육지원청에서 근무하셨던 윤덕임 교육장님은 전국 최초로 4년 교육장을 역임했는데(대부분 1년 반이나 2년이다), 단체장하고 임기가 같았어요. 그러다 보니 굉장히 협업이 잘되었어요. 어떤 상황이나 문제가 발생하면 바로 전화해서 찾아가거나 문제를 같이 해결하려고 적극적으로 움직였죠. 이렇게 교육장 리더십이 작동하면서 이 일이 장학사 개인의 업무로 여기지 않고 다 같이 붙어서 해결하려고 했어요. 협업이 제대로 작동한 것이죠. 저는 약간의 기여를 했던 겁니다.

혁신의 출발은 사람과의 만남!

교육자치와 일반자치의 불균형을 추창훈 장학사는 말한다. 예컨대, 일반자치단체장인 군수나 시장이 있고, 지역교육은 교육장이 존재하지만, 서로의 위상이 맞지 않는다. 군수나 시장은 선출직이지만, 교육장은 임명직이다. 교육지원청은 도교육청의 하부기관이기 때문에 독자적인 예산과 정책을 펼치지는 못한다. 이런 상황에서는 지역의 문제를 함께 고민하고 논의할 수 있는 거버넌스를 구축하는데 한계가 나타난다. 그러다 보니, 지자체 장들도 지역 관련 사안이 발생하면 교육장을 만나기보다는 교육감을 만나기를 원한다. 이러한 구조를 당장 바꿀 수 없다면, 최소한 교육장의 임기를 길게 보장해서 지속적인 협력을 촉진할 수 있는 구조를 만들어야 한다. 그러나 대체적으로 교육장의 임기는 2년을 넘기지 못한다. 교육지원청은 인력이 지속적으로 바뀌지만, 지자체는 바뀌지 않는다. 지역협력사업을 오랫동안 하다보면, 사업에 관한 노하우를 오히려 지자체 담당자가 더욱 많이 지닌 경우가 있다. 교육지원청 스스로 지역의 문제를 주도할 수 있는 권한과 기능이 별로 없다는 점은 자치와 분권을 논의하는 현 시점에서 중요하게 다루어져야 할 영역임에 틀림없다.

추창훈 교감이 지역으로 발령을 받고 가장 먼저 한 일은 사람을 만나는 일이었다. 통상 업무를 파악해야 하고, 전임자의 업무 폴더를 보면서 업무 인수인계를 받다보면 사람을 만나러 돌아다닐 여유는 별로 없다. 그런데도 그는 선생님들과 학부모, 지역주민들, 공동체, 시민사회단체 관계자들을 만나면서 그들의 의견을 들었다. 우선은 요구 사항과 불만, 애로점이 무엇인가를 먼저 파악했다. 그러다가 경기도 시흥의 혁신교육지구사업 사례를 접하게 되면서 여러 요구 사항을 해결할 수 있는 해법이 있겠다는 느낌을 받게 된다. 그러면서 지역사회에서 그것을 제안하면서 일이 시작되었다. 혁신은 책상에서 시작되지 않는다. 사람을 만나는 과정에서, 발끝에서 혁신은 시작된다.

하지만 현실은 만만치 않다. 기본적으로 주어진 일을 감당하면서 새로운 일을 추진하기가 쉬운 일인가? 추창훈 교감은 혼자하지 않았다는 점을 강조한다. 네트워크와 학습공동체를 통해서 많은 사람들과 소통하고 대화하고 협의하는 과정에서 생산적인 아이디어와 실천 전략들을 만들어낸다. 한두 번 만나고 마는 수준을 넘어 지속적인 학습공동체는 혁신과 실천의 원동력이다.

2013년도에 처음 완주 교육지원청에 전문직으로 와서 가장 많이 했던 일은 사람을 만나는 거였어요. 사실 장학사가 행정을 하다보면 주로 청에 있거나 도교육청에 찾아가거나 뭐 이런 일들을 많이 해야 되는데, 저는 사람을 많이 만났어요. 여기서 사람은 학교 안의 사람이나 밖의 사람인데요. 학교 안의 사람은 주로 선생님들을, 학교 밖의 사람은 학부모들, 지역주민들, 공동체들, 또 시민단체들을 많이 만났죠. 그러다 보니 이 사람들이 현재 어떤 상황, 어떤 지점에 있고 뭐가 필요하고 어떤 것들을 지원청이나 지역에서 풀어주면 좋은지가 감이 잡히는 거예요. 특히 선생님들 같은 경우는 교육과정이나 수업, 아이들한테 집중할 수 있는 시간과 여유를 원했고, 학부모들은 지역에 있는 학교가 아이들의 진로나 진학, 삶의 의미 있는 역할을 하지 못한다는 불신과 불안을 갖고 있었어요. 어떻게 풀까 고민이 많았는데, 풀 수 있는 방법들이 떠오르지 않았어요. 그러다가 2014년도에 우연히 경기도 혁신교육지구를 접했어요. 그때 혁신교육지구에서 이 두 가지를 풀 수 있는 실마리를 얻었지요. 특히 혁신지구에서 제가 가장 주목한 것은 사람을 학교에 넣어주는 거였어요. 예를 들어, 경기도에서는 행정 수업, 상담, 복지, 수업 협력 이런 사람들을 적게는 4명, 많게는 8명까지 학교로 넣어주더라고요. 그게 8대 2 정도 되는데요, 지자체가 8이고, 교육청이 2 정도 됐어요. 그걸 보고 지역에서 돌아와서 제안을 하고 다듬었어요. 경기도 혁신교육지구가 좋긴 한데 그대로 가지고 와서는 안 된다는 거였지요. 경기도와 우리는 상황이 다르니까요. 예산도 그렇고, 사람도, 학교도 다 그러니 우리 지역에 맞게 그것을 가공할 필요가 있었죠. 그렇게 새롭게 재설정한 결과가 로컬에듀예요.

추창훈 교감이 장학사 시절, 야심차게 준비했던 로컬에듀 플랜은 처음부터 성공했던 것은 아니었다. 당시의 지자체 사업과 예산의 관행으로 보아 로컬에듀를 이해하기는 어려웠을 것이다. 칸막이문화가 형성되어 있는 상태에서 평생교육이나 학교 시설의 일부를 지원하거나 대상자를 선정해서 지원하는 방식으로 진행했는데, 교육과정과 사람을 지원하는 취지에 대해 선뜻 공감하지 않았다. 가보지 않은 길이었고, 경험이 달랐기 때문이다. 학교와 교육청이 해야 할 일을 왜 지자체에 요구하느냐는 반응이 나왔다. 학교 역시 마을과 지역을 품기에는 버겁다. 단위 학교 교육과정을 운영하는 것만으로도 벅찬 상황이기 때문이다. 따라서 로컬에듀를 또 다른 하나의 사업으로 인식했을 가능성도 있다.

이제 그런 정책을 다듬고 지역에 제안하면서 가장 힘들었던 것은 아무래도 지자체죠. 왜냐하면 지자체하고 교육청은, 지금은 많이 달라졌지만, 2014년 당시만 하더라도 정확하게 별도의 방식으로 별도의 교육적 관점으로 교육예산을 집행하고 학교를 지원했거든요. 교육청은 초중등교육, 지자체는 미취학과 평생교육 그 다음에 부분적으로 초중등교육을 지원하는 형태였는데, 지자체가 부분적으로 지원하는 초중등교육에서 벗어나서 지역교육 전체를 본질적으로 같이 한번 만들어보자는 것이 로컬에듀의 맨 처음 취지였어요.

근데 이게 안 되는 거예요. 왜냐하면 한 번도 해본 적도 없고 또 살아온 과정이나 경험이 다르다 보니 의미가 이해가 안 되는 거죠.

학교에다가 사람을 넣어준다는 것은 선생님들이 교육과정에 또는 아이들에게 집중할 수 있는 시간과 여유와 공간을 확보한다는 의미가 커요. 방과후학교나 돌봄교실과 같은 업무를 추진하는 교사들의 행정업무 부담을 마을에서 덜어주는 거지요. 이를 통해 학교는 교육과정과 수업, 생활교육 등 본연의 역할에 충실하자는 겁니다. 그런데 지자체에서는 교육은 교육청이 책임지고 해야지 왜 지자체에 이러한 요구를 하느냐는 거였어요. 사실 이러한 생각은 지금도 전국의 많은 지자체가 가지고 있는 관점일 거예요. 게다가 학교도 어려움이 있었어요. 외부, 즉 학부모나 지역주민 등 마을에서 학교에 대하여 무엇인가를 요청하고 함께하려고 하면 왜 학교를 힘들게 하느냐는 반응이 많았거든요, 그러니 지자체 입장에서는 교육과정을 함께 지원하자고 했을 때 이해가 안 될 수도 있겠다는 생각이 들어요.

반전: 절실한 학부모들이 나서다

생각처럼 일이 잘 풀리지 않았다. 각 기관의 입장 차이로 인해 애초의 기획의도 대로 합의를 이루지 못했다. 그렇지만 약간의 진전도 진전이라는 인식을 가졌고, 무엇보다 외지로 떠나는 학생들이 많아지는 완주 지역에서 해법을 찾는 학부모들이 로컬에듀에 대해서 강력한 우군이 되어주었다. 지역 학부모 네트워크가 작동한 것이다. 지자체장은 학부모의 표를 의식할 수밖에 없다. 이러한 밀고 당기는 과정과 학부모의 지원을 통해 결국 로컬에듀가 첫발을 내딛게 된다.

이러한 사례는 교육문제를 풀어가는데 교육지원청 내지는 교사의 힘만으로는 역부족인 경우, 결국 깨어있는 학부모의 힘이 결정적 역할을 할 수 있음을 시사한다. 통상적으로 학부모라고 하면 자신의 자녀만 생각하는 협소한 시각을 지닌 모습을 상정하지만, 완주의 학부모들은 달랐다. 온몸으로 지역교육의 위기를 경험하면서 느낀 절박성은 아이들을 위해서 뭐라도 하라고 교육지원청과 지자체에 강력하게 요구했다.

　이러한 모습은 사전에 학부모들과 지속적인 만남과 교류를 통한 신뢰가 축적되었기 때문에 가능했을 것이다. 이후, 로컬에듀의 든든한 후원자요, 운영의 주체로 학부모들은 든든히 서게 된다. 학부모와 학부모 간 교류를 통해 자신의 학교에서 부족한 지점을 메우고, 다른 학교의 모습을 벤치마킹하면서 상호 발전하게 된다. 학부모를 교육의 주체로 세우는 과정이 조금씩 만들어진 셈이다. 자연스럽게 학부모 네트워크가 형성되고, 이후 지역축제를 학부모들이 주도하는 모습까지 나타난다. 일부 학교의 네트워크가 전체 학교의 네트워크로 발전하게 되면서 학부모의 힘이 형성되기 시작했다. 내 아이와 우리 학교를 넘어 지역 전체의 아이들과 지역을 품는 학부모들의 인식과 실천의 전환이 나타났고, 이것이 완주의 힘으로 작용하기 시작했다. 우리에게는 질문이 필요하다. 학부모를 주체로 세워본 적이 있었는가? 학부모들을 부담스러운 존재로 여기면서 봉사 내지는 동원의 대상으로 생각했거나, '불가근 불가원'의 존재로만 인식하지는 않았던가? 지역성과 공공성의 관점에서 혁신을 함께할 동반자로, 주체로 학부모를 어떻게 세워나갈 것인가를 고민해야 하는데, 완주의 사례는 그런 점에서 주목할 만하다.

　정책도 결국 사람이 만들고, 사람이 실천한다. 결국 사람들의 마음을 움직여야 정책과 사업이 왜곡되지 않는다. 완주 교육지원청의 실천이 비교적 성공을 거두었다고 평가를 받고 있는데, 그 원인은 무엇일까? 정책이 어려운 이유는 정책 효과를 단기간 내에서 파악하기 어렵기 때문이다. 정책은 크게 투입, 과정, 결과 세 가지로 나누어볼 수 있는데, 결과를 파악하기 어렵다보니, 주로 투입 지표를 살펴보는 경향이 있다. 회의를 얼마나 자주 했는지, 연수를 얼마나 많이 받았는지를 확인하는 방식이다. 이런 경우, 현장에서는 형식적 대응을 할 가능성이 크다. 요구하는 서류에 맞추어 결과를 낸다. 실제와 상관없이 누가 얼마나 보고서를 잘 썼는지, 포장을 잘했는지가 중요해질 수 있다. 추창훈 교감은 그러한 사업 방식을 문제 삼았다. 그러고 이 일을 왜 하려고 하는지를 충분히 설명하면서, 현장의 부담을 최소화하기 위해서 노력했다. 이 과정에서 교사들은 진정성을 마음으로 느끼게 된다. 하지만, 행정문법이 어디 그런가? 당장 의회나 도의회에서 요구하는 자료는 사업을 추진했으면 그에 따른 실적을 내놓으라고 닦달한다. 마땅한 실적이 없으니, 주로 무슨 행사를 몇 회 했고, 연수를 몇 명 시켰다는 식으로 보고를 한다. 정책과 사업의 본질과 목표가 무엇인지를 놓치면, 행사 사진과 영수증 증빙 서류, 그리고 화려한 보고서 몇 권만 남게 된다.

그런데 여기에는 우리가 처음부터 지금까지 놓치지 않았던 중요한 관점이 하나 있어요. 그것은 바로 학교에 실적과 성과를 요구하지 않는 거예요. 만약 우리가 일정한 예산과 프로그램을 학교에 지원했기 때문에 학교에 실적과 성과를 요구하면 학교는 문서상으로 그럴듯하게 포장을 하고, 형식적으로 흉내만 내죠. 사실 지금까지 교육부나 도교육청에서 행한 수많은 교육정책이 이런 식으로 학교에서 작동했죠. 그렇기 때문에 우리는 로컬에듀 초기 단계부터 단기간의 실적과 성과를 요구하지 않았어요. 예를 들어, 협의회나 토론회, 포럼 자리에서 항상 교육장님의 첫마디가 "여러분한테 뭔가 눈에 보이는 단기간의 성과는 요구하지 않습니다. 선생님들을 믿고 있습니다. 학교를 믿고 있습니다. 우리가 이러한 예산을 주고 이러한 정책을 펼친다고 바로 뭔가를 하려고 하지 마십시오."였어요.

이런 식으로 일관성 있게 펼치자 아, 이게 정말로 진실이구나, 진정성이 있구나 하고 받아들이기 시작했어요. 그러자 학교나 선생님들이 아이들한테 더 많은 시간과 더 많은 열정과 더 많은 에너지를 쏟기 시작하고 최소한 그런 분위기가 형성되자 변화가 나타나기 시작했죠.

완주 교육이 바뀌고 있다

추창훈 교감은 완주 교육이 바뀌고 있다고 말한다. 고경력 교사들이 많다 보니 역동성이 타지역에 비해서 상대적으로 떨어지는 상황이었는데, 혁신학교의 숫자가 늘어나면서 지역교육에 변화가 나타나기 시작했다. 정책의 지속 가능성이 나타난 측면도 있고, 현장을 지속적으로 지원하기 위한 움직임이 나타나면서 "완주에 오면 뭔가를 해야하는구나!" 하는 마음가짐을 지닌 교사들이 늘어나기 시작했다. 마을 교육과정을 만들기 위해서는 지역사회와 학교가 연계해야 한다. 12월과 2월이 바쁜 이유는 무엇일까? 차년도 교육과정을 만들기 위해서 미리 고민을 하고, 그것이 문서상의 교육과정이 아니라 실제로 작동하는 교육과정을 지향하기 때문이다. 어떤 교육과정과 어떤 단원에서 누가 들어오고 아이들이 어떻게 어디로 나아갈 것인가를 미리 연구하고 협의한다. 이러한 모습은 학교의 역동성으로 설명할 수 있는데, 실천의 가치가 지역 단위로 확산되었음을 의미한다. 한 사람, 한 학교, 한 지역의 실천은 민들레 홀씨처럼 퍼져나갈 것이다. 혁신교육의 바람이 그렇게 불고 있었다.

완주군에 있는 학교가 또는 완주군에 있는 선생님이 전주나 대도시, 서울 경기나 다른 곳에 비해서 월등하게 교육과정을 운영하거나 선생님이 바뀌었다고는 말 못하지만, 4년 전의 완주군의 학교와 4년 전의 선생님과는 전혀 달라졌어요. 기본적으로 완주군에 있는 중등학교 선생님들의 평균 연령은 50이 넘어요. 지금 우리 학교도 제가 밑에서 3번째예요 학교 평균 나이가 55살이거든요. 이 말은 선생님들이 새롭게 뭔가를 하기 쉽지 않다는 뜻이에요. 완주에 오면서 뭔가 도전하고 새롭게 시도하고, 꿈을 꾸기보다는 교직을 정리하고 마무리하려는 생각이 지배적이었어요. 아무래도 인근 대도시인 전주에서 가깝고 학생 수도 적다보니 충분히 그런 생각이 들 수 있었을 거예요. 그랬던 학교가 로컬에듀를 하면서 분위기가 바뀐 거예요. 아, 완주군에 오면 뭔가를 해야 하는구나. 완전히 다르구나. 거기에 매년 새로 전입해오는 선생님들한테 완주군의 교육의 철학, 방향, 정책 또 그동안의 과정, 우리가 뭘 지원하는지를 계속 이야기했죠. 그러다 보니 한해 두해 시간이 갈수록 선생님들의 마음가짐도 달라지기 시작했어요. 그 결과 2014년도에 8개였던 혁신학교가 지금은 23개가 되었어요. 그런데 전라북도에서는 혁신학교를 굉장히 엄격한 잣대로 재요. 그만큼 지원도 많죠. 특히 농어촌 같은 데서는 혁신학교만이 살 길이다 할 정도로 굉장히 지원을 많이 해줘요. 예산, 인사, 행정 세가지를 지원해주죠. 이 세 가지를 확보한 학교와 그렇지 않은 학교는 차이가 많아요. 일단 혁신학교에는 교육과정 운영 예산이 최소 3년 내지 최대 6년 동안 안정적으로 지원이 돼요. 학교 표준교육비와는 별도로 학교당 평균 잡아 2~3천만 원 정도 지원을 해주죠. 이 예산이 대략 일반 학교 표준교육비의 10%를 넘어요.

그리고 학급당 학생 수를 줄여주는 행정 지원을 하죠. 혁신학교는 비혁신학교에 비해 학급당 학생 수가 두세 명이 적어요. 우리 학교도 혁신학교를 하면서 혜택을 받았는데요. 혁신학교 이전에는 1, 2, 3학년이 한 반씩이었는데 혁신학교가 되면서 우리학교 같은 경우는 두 반씩 되는 거예요. 한 반과 두 반은 전혀 달라요. 원래는 한 반에 28명이 되어야 하는데 혁신학교로 지정이 되면 한 반에 열네 명씩 편성돼요. 아이들 수는 적지만 교사 수급은 많아지고 교육과정 운영에 탄력이 생기죠.

마지막으로 인사 지원인데, 혁신학교에서는 선생님이 두 명까지 전보 유예가 되거나 초빙을 할 수 있죠. 선생님 한두 명에 따라 학교가 완전히 흔들리잖아요. 혁신학교로 선정되면 학교가 많이 바뀌어요. 하지만 혁신학교로 선정되는 게 굉장히 어렵죠. 그런데 완주군에서 혁신학교가 8개에서 23개 학교로 확대되었다는 것은 완주군의 학교교육이 전반적으로 변하고 있다는 신호라고 생각합니다.

뿐만 아니라 다른 지역과 달리 완주군의 혁신학교는 마을을 비롯한 지역과 함께 교육과정을 운영했다는 거예요. 마을에 있는 전문가, 자원, 체험처, 직업인들을 발굴해서 네트워크로 묶고 학교에 넣어주는 과정을 동시에 진행했죠. 그러니까 대부분의 학교가 마을이나 지역과 함께 교육과정을 운영하는 형태가 된 것이죠. 지역의 전문가나 기관단체, 프로그램을 발굴해서 학교와 연결해주고 섭외하고 만나는 과정이 지금은 아주 자연스럽고 당연하게 받아들여지고 있답니다.

지역마다 마을마다 아이들이 다릅니다

추창훈 교감은 교육 패러다임의 전환을 말한다. 우리나라 교육은 중앙집권형, 국가주도형으로 볼 수 있다. 역대 정권이 바뀔 때마다 교육개혁안을 쏟아냈지만 그 결과는 시원찮았다. 추창훈 교감은 마을교육공동체, 지역교육의 중요성을 강조한다. 실제로 많은 이들은 지역에서 살아가고 있다. 서울로 대학을 보내는 것이 학교의 중요한 교육력으로 보고 있는 현실도 따지고 보면 중앙집중형 사고의 일환이다. 그는 이런 현실에 균열을 내고 있었다. 지역의 아이들, 지역의 학교를 교육부가 고민하기는 어렵다. 지역의 사정은 지역이 가장 잘 안다. 해법도 지역에 있다. 다만, 지역의 교육이 어떤 방향으로 나아가야 하는지, 무엇을 중시하는지 합의는 필요하다. 이러한 합의가 만들어지면 세부내용은 지역 단위에서 채워나갈 수 있다.

그는 국가주도형 교육과정의 한계를 지적한다. 국가주도 교육과정은 모든 아이들을 동일하게 보고 있지만, 지역마다 아이들의 특성과 속성이 다르다. 따라서 지역 교육과정이 필요하다. 그의 말처럼, 우리나라 교육과정에 아이들이 정말 있을까? 어른들의 이해관계 내지는 국가중심적 사고만 있지는 않았는지 생각해보게 된다. 지역에서 행복을 느끼고, 지역에서 의미를 느끼는 사람들을 교육과정을 통해서 우리는 얼마나 길러내었는가? 지역이 없는 교육과정은 결국 아이들로 하여금 지역을 혐오하게 만들고, 서울을 동경하게 만든다. 교육과정의 판이 바뀌어야 하는 이유이다.

교육의 궁극적인 모습은 로컬에듀 즉, 지역교육이라고 봐요. 국가주도, 중앙집중 방식으로는 교육의 변화, 지역의 변화, 그리고 삶의 변화를 이룰 수 없습니다. 학생들의 대부분은 다 서울 경기나 중앙으로 가기를 원하지만 제 경험이나 주변을 살펴보면 실제로 서울 경기나 중앙에 가서 살거나 종사하는 사람은 10~20퍼센트밖에 안 돼요. 그런데도 수많은 지역학교에서의 수업이나 교육과정은 그걸 지향하고 있죠. 서울에 대학을 보내는 것이 학교의 가장 중요한 교육 경쟁력으로 판단되고 또 그렇게 해야 학교가 빛이 나고요. 하지만 저는 우리나라 교육의 가장 큰 문제가 국가주도와 중앙집중이라고 생각해요. 이것을 약화시키거나 느슨하게 하거나 균열을 내는 것이 필요한데, 그것이 바로 지역교육이라는 것이죠. 지역이 교육의 주체가 되고, 지역이 교육의 내용이 되고 지역의 삶이 아이들한테 의미 있는 그런 경험이 될 수 있는 교육과정 말입니다. 이것이 결국 로컬에듀, 즉 지역교육입니다. 지역교육의 전체적인 방향과 가치, 철학은 같이 세우되 각자의 자리에서 각자의 역할을 하는 것이 매우 중요합니다. 즉 지역교육은 지역의 다양한 교육주체의 협업과 참여가 제일 중요합니다. 특히 이 과정에서 아이들이 교육의 주체로서 자신의 삶을 스스로 만들어나갈 수 있도록 다양한 경험과 기회가 보장되어야 할 것입니다.

미래도 결국 사람이 사는 세상!

추창훈 교감은 미래사회와 미래교육에 대한 담론이 많지만 두려워할 필요는 없다고 말한다. 결국 미래사회 역시 사람이 사는 세상이기 때문이다. 교육 자체가 미래를 대비하고, 그런 세상을 살아갈 수 있는 힘을 길러주는데 목적이 있다. 그 목적에 충실한 교육이 마을과 지역, 학교를 통해서 이루어진다면 아이들은 그런 세상을 살아갈 수 있는 힘을 가지게 된다. 그렇지만 추창훈 교감은 현재의 삶을 놓치지 않는다. 현재를 행복하게 보람있게 사는 삶 역시 중요하다고 말한다. 내일을 대비하느라 오늘을 불안하게 사는 삶이 아닌 오늘 행복하게 살면서 내일을 살아갈 수 있는 힘을 기르는 교육을 그는 말한다.

우리 교육은 아이들이 오늘과 내일을 살아갈 수 있는 힘을 길러주고 있는 것일까? 그런 교육과정을 담아내고 있으며 현장에서 실행하고 있는 것일까? 미래는 다가오는 것인가? 아니면 만들어가는 것인가? 미래사회에서 인간은 종속변수인가 아니면 독립변수인가? 교육은 미래사회를 고려하지만, 미래사회를 그릴 수 있는 힘이기도 하다. 미래사회에서 가장 적응을 잘하는 존재들은 누구일까? 동네를 구석구석 누비는 이들은 누구일까? 아이들, 학생들이다. 어른들이 아이들에게 배워야 할 점도 많다. 추창훈 교감은 어른들이 삶의 습성과 태도를 바꾸어야 하고, 그것을 아이들에게 가르쳐야 한다고 말한다.

저는 서울 경기나 조금 큰 단위에서의 미래교육에 관한 논의나 흐름은 잘 모르겠어요. 그렇지만 분명히 세상은 바뀔 거예요. 지금과는 다른 과학기술, 산업이 발달한 사회가 되겠지만 결국 그 시대도 사람이 살아가는 세상 아니겠어요. 저는 그래서 미래사회에 대한 환상이나 두려움, 기대 같은 걸 안 해요. 오히려 지금 이 시대를 잘 살아간다면, 아이들에게 지금 이 시대를 살아갈 수 있는 힘이나 역량, 가치나 태도, 덕목을 익히게 하는 것이 미래 사회를 살아가는 데 힘이 된다고 믿어요. 결국 궁극적으로 아이들 교육의 목적은 두 가지라고 생각해요. 하나는 앞으로 어른이 되었을 때 직업인으로 살아갈 때를 준비하는 것이고, 또 하나는 지금 행복하게 잘 사는 것이죠. 아이들이 초중고 12년을 학교에서 자신이 하고 싶은 일을 하면서 즐겁게 생활하고, 동시에 장래에 어른이 되었을 때를 대비해 충실히 배우고 준비하는 것, 이 두 가지만 우리가 놓치지 않고 학교에서 교육과정에서 수업에서 또는 마을과 넘나들면서 한다고 하면 결국 이 힘이 미래를 살아가는 힘이 되지 않을까 싶어요. 저는 일단 원론적이긴 하지만 딱히 미래라고 하여 새롭게 뭘 할 필요는 없을 것 같아요. 왜냐하면 자연스럽게 이 힘을 익힌다면 그때 가서 더 잘할 수 있을 것 같아요. 교육도 삶도 자신이 살고 있는 지역에 뿌리를 두죠. 그러니 아이들한테만 가르치려고 하지 말고 어른들이 생활을 바꿔야 해요. 아이들한테 가르친 대로 어른들이 살면 그것이 곧 교육이 되는 것이지요.

언제부터인가 우리는 지방에 대해서 '열등감'을 지니기 시작했다. 뭔가 열악하고, 뒤처지는 느낌을 갖기 시작했다. 실제 서울과 지방 간 물적, 인적 격차가 심하게 나는 것도 사실이다. 그렇다고 해도 지역의 가치가 열등감의 산물은 아니다. 지역에서 살아가는 사람들의 가치를 인정하고, 서울과는 다른 빛깔과 색깔을 지닌 고유성을 인정할 때 한국 사회는 다양해진다. 예컨대, 완주 지역이 강남을 흉내낼 이유는 없다.

오히려 강남에서 경험하기 어려운 영역을 교육의 요소로 활용하면 된다. 추창훈 교감은 지역교육의 가치를 드높이기 위해 인생을 걸었다. 그에게 지역은 열등감이 아닌 자부심이었다. 실제로, 완주 지역은 협동조합과 사회적 기업을 통해 사회적 경제가 활성화되었다. 로컬푸드는 지역 내에서 자생적으로 경제가 순환되는 구조를 상징한다. 경제의 영역에서도 협력과 신뢰의 시스템이 작동되는데 교육영역이 안될 이유가 있을까? 교육영역이야 말로 사회화와 변혁의 기능을 포함한 가능성의 영역이다. 희망과 가능성의 힘은 결국 사람과 사람의 만남에서 나왔다. 사람들을 만났고, 문제의식을 공감했고, 대안을 찾았고, 실천했다. 중간에 어려움도 있었지만, 사람들과 함께 풀었다. 그것이 가능한 이유는 무엇이었을까? 삶으로 보여준 진정성 때문이다.

돌이켜보면, 학창시절 지역에 대해 마을에 대해서 비중 있게 배워본 적이 없었다. 표준화된 평가시스템에서는 지역과 마을을 다루기 어렵기 때문이다. 마을의 역사와 숨결을 배워본 적이 없는 상태에서 공부를 잘하면 일단 서울에 있는 대학에 다 가야만 한다고 말한다. 그렇게 서울에 간 공부 잘하는 친구들은 다시 지역으로 돌아올까? 그렇게 해서 명문 대학교에 많이 보낸 학교가 지역에서 명문고 대접을 받는 것이 맞을까? 중앙의 관점에서 구성된 교육의 문법체계를 지방과 지역, 마을의 관점에서 재설계해야 한다.

한 명도 포기하지 않는 교육

최연수 • 한빛청소년대안센터 소장

학교 밖 청소년들을 위해서 평생을 걸어온 한빛청소년대안센터 최연수 소장을 만나보았다. 길거리 청소년 상담소로 시작하여 지금은 다양한 대안학교를 운영한다. 학교 밖 청소년들을 대상으로 검정고시를 준비시킨다. 제도화되기 이전부터 학교 밖 청소년들을 그는 품었다. 이제는 학교 밖 청소년들을 각 부처에서도 관심을 기울이기 시작했다. 도시형 대안교육 사랑의학교, 위탁형 대안학교 세움학교, 청소년 전용 그룹홈, 캠핑카 이동상담소, 청소년자립 휴카페, 청소년 마을축제, 120km 도보여행, 송파구청 청소년지원센터 꿈드림 위탁운영 등 청소년들을 위해 다양한 일을 벌리고 판을 키웠던 최연수 소장! 그의 인생, 실천, 그리고 교육에 관한 그의 생각을 듣고 싶었다. 양재 어느 카페에서 그를 만났다.

한빛청소년대안센터: 잃어버린 양 한 마리를 찾아서

한빛청소년대안센터는 학교 밖 청소년을 돕는 민간기관으로서, 상담과 교육을 시키고, 검정고시를 돕고, 자신의 강점을 찾아서 직업까지 찾도록 돕는 역할을 한다. 사범대학교를 마치고 전남에 있는 상업고등학교에서 교직생활을 하다가 결혼을 하게 되면서 서울로 상경했다고 한다. 학원강사를 시작했는데, 학부모들의 이런저런 요구에 대해 교육적 소신을 굽히지 않아 적응에 애를 먹었다. 그러다가 우연히 판자촌 세대를 들렀는데, 학교 밖 청소년들이 모인 아지트를 발견하면서 충격을 받았다. 성경을 읽다가, 학교 밖 청소년들이 그들만의 아지트에서 방황하는 모습을 보고 잃어버린 양 한 마리를 찾아야겠다는 생각으로 이어졌고, 그것이 인생 전환의 계기가 되었다.

　　마천동에 YMCA가 있어요. 거기서 학원 못 다니는 중학생 아이들을 대상으로 야간에 영어수업 자원봉사를 하게 됐어요. 그것이 계기가 되었지요. 그런데 한 아이가 3일 나오고 안 오는 거예요. 주변에 물어봐도 아무도 모른다고 하고요. 그래서 마음먹고 찾아가봤어요. 판자촌이었는데, 가봤더니 천장이 다 무너져내리기 일보직전인 집에서 그 아이를 비롯한 아이들 9명이 있었어요. 엄마는 아이가 어렸을 때 집 나가고 아버지는 벽돌 쌓는 일 때문에 지방에 일 가고, 그 마을의 형 누나들과 지낸다는 거예요. 그 판자촌은 제가 있었던 시골보다 더 못했어요. 그런 아지트가 7곳이나 있었어요. 정말 충격을 받았지요. 아지트에는 많게는 12명, 적게는 대여섯 명이 지내고 있었는데, 거기에는 학교를 중퇴한 아이, 학교에 흥미가 없는 아이들이 같이 섞여서 놀고 학교도 안 가고 그러고 있었어요. 합치니까 몇십 명이 되는 거죠. 신앙도 별로 없던 제가 누가복음 15장을 우연히 읽다가 딱 멈췄어요. 양 99마리보다 한 마리를 소중히 여긴다는 내용이었는데, 그때는 공교육 안에 있는 99마리의 양 아이들과, 학교를 벗어나서 벼

랑 끝에 있는, 거리에서 떠돌고 약물하는 아이들이 잃어버린 양한 마리로 딱 매치가 됐어요. 그것이 제 인생에서 결정적인 변화를 맞이하는 계기가 되었습니다. 그 뒤로 교육에 관심을 갖게 되었고, 한빛길거리상담소를 내게 되었습니다.

밑빠진 독에 물붓기, 10년

이런 저런 이유로 학교를 뛰쳐나간 아이들은 경제적, 정서적, 사회적 어려움을 많이 경험했을 것이고, 분노와 좌절도 경험했을 것이다. 그런 아이들이 쉽게 어른들에게 마음을 열까? 쉽지 않을 것이다. 그런 아이들에게 최연수 소장은 어떤 방식으로 접근했을까?

최연수 소장은 우선 음식으로 아이들에게 접근하면서, 그들의 이야기를 들어주었다고 한다. 그러면서 조금씩 신뢰를 얻고 대화를 하다 보니 아이들이 처한 어려움을 알게 되었다. 그래서 위기청소년들이 모일 공간을 우선 마련해주었다. 하지만 주변 이웃들이 불량 청소년들이 들락거린다며 곱지 않은 시선을 보냈고, 결국 6개월 주기로 옮겨다녀야 했다. 그나마 초등학생은 괜찮지만 중고등학생은 여러 선생님들에게 지적을 받거나 혼이 나면 감정적으로 폭발할 가능성이 크다고 말한다. 그렇게 해서 학교를 뛰쳐나간 아이들이었기 때문에 우선은 검정고시 합격을 목표로 도움을 주었는데, 그 아이들을 위한 일자리는 없었다. 그래서 취업과 일자리까지 고민을 했다. 최연수 소장은 방황하는 청소년에 대한 깊은 이해를 바탕으로 그들의 필요에 답하는 삶을 살고 있었다. 무엇을 해야겠다고 계획하지 않았지만, 순간순간 청소년들의 필요가 무엇인가를 파악했고, 문제를 해소하기 위한 실천을 했다. 그는 청소년들이 방황을 하지만 본인 스스로 인생을 고민하고, 탈출구를 찾으려는 시도를 할 때가 있는데, 이때 2년 정도 계속 비전을 심어주고 길을 보여주면 자기 인생의 길을 찾아간다고 말한다. 최연수 소장은 청소년들이 변화에 대해 갈망하는 시기를 놓치지 않았다.

한 10년 정도는 밑 빠진 독에 물붓기라는 생각이 들었습니다. 그래서 저는 빵이나 떡, 샌드위치를 준비해서 토요일에만 밤 1시까지 계속 아지트를 골라 찾아다녔습니다. 가보면 적게는 7, 8명, 많게는 10명씩 모여서 술을 마시고 있어요. 그래도 거기 들어가서 준비해간 음식을 나눠주면서 이야기를 들어주고 기도도 하고 했죠. 그러다 보니 아이들이 마음을 열고 대화를 하기 시작했어요. 쟤는 임신했어요, 우리 아빠 이혼했어요, 집 나온 지 며칠됐어요 등. 그런 이야기를 들으면 해당 아이들의 긴급한 문제를 해결해주었어요. 학교 잘리기 직전이라고 하면 학교를 찾아갔고, 임신한 아이는 관련 기관을 연결해 주고요. 그리고 또 다른 아지트가 발견되면 한빛길거리상담소에 한빛FC 축구팀을 만들어 함께 축구도 하고 그러면서 함께 하려고 애썼죠. 그렇게 나름 애쓴다고 썼지만 10년 정도는 그날이 그날 같고 아이들도 전혀 변화가 없는 것 같고, 이웃 사람들은 싫다고 나가달라고 하고… 그렇게 6달 주기로 옮겨다녔어요. 그때는 시청이나 구청, 학교 어디를 가도 이 아이들을, 왜 이 문제를 가지고 건드리냐 이렇게 나왔어요. 기도할 수밖에 없었지요.

처음 신학기에 30명을 복학시켰는데, 6개월이 지나자 6명이 남고, 24명이 학교를 때려치는 거예요. 가만히 들여다보니 이 아이들은 일반 학교에서는 적응이 안 돼요. 왜냐하면 엄마가 없고 아버지는 맨날 술만 먹고 이러는데 제때 아침에 깨워주고 밥 주는 부모가 없어요. 이러니 신학기가 되면 학교 선생님들은 아이들 군기 잡는다고 맨날 시범케이스로 이 아이들을 잡아서 3월 내내 공포분위기를 조성하는 거예요. 예를 들면, 초등학생인 경우는 1교시 때 따귀 한 대 맞으면 그만이지만, 중고등학교에서는 과목마다 선생님이 다르니까 1교시에 따귀 맞고 기분이 나빠 2교시에 엎어져 있으면 다른 선생님이 또 때리는 거예요. 이러다 보니 맞다가 책상을 던져버리고 유리창 깨버리고 나와 버리는 아이들도 있고…. 그런저런 이유로 30명 가운데 24명이 학교를 나와버렸어요.

그래서 그 아이들을 데리고 검정고시 합격까지만 하자고 목표를 세웠지요. 그런데 아이들이 검정고시 합격하면 뭐든지 다 할 것 같았는데 그렇지가 않은 거예요. 일자리가 없어요. 그리고 검정고시 합격하기 전까지는 난 죽어도 대학 안 간다고 하던 아이가 전문대라고 가고 싶어하는데, 돈이 없잖아요. 할 수 있는 일도 없고. 그래서 아이들 취업에까지 관여하게 되었어요. 그렇게 딱 10년이 지나니까 그 아이들이 일자리를 갖게 되더군요. 이제 그 아이들이 도리어 도움을 주고 있어요. 지금 초창기 때를 지나서 27년이 되었거든요. 처음 판자촌의 그 아이들이 지금은 30대 초반에서 40대까지 있습니다. 본드, 가스 하고 소년원에 들락거렸던 아이들이 지금은 어엿한 성인이 되어 제몫을 하고 있죠. 저는 아이들에게 그냥 동정만을 베풀지 않았습니다. 학교 밖에 버려진 아이들도 꿈이 있고 변화에 대한 갈망이 있습니다. 저는 그 아이들에게 검정고시를 보게 하면서 진짜로 너희가 뭘 하고 싶은

지 찾게 했습니다. 기술을 배우고 싶어하면 기술을 배우는 쪽으로 연결을 해주고 버틸 수 있도록 도와주었지요. 10년 뒤에는 네가 사장이 되는 것이라고 비전을 주면서요. 그냥 허튼 소리가 아닙니다. 예를 들어, 가락동 시장에서 일을 한다고 하면 10년을 못 버팁니다. 왜냐하면 밤일인데다 돈을 많이 주는 것도 아니고 거칠고 조금만 잘못해도 욕하고 그럽니다. 그런데 10년 뒤에 여기서 네가 사장이 되면 사장이 한 달에 돈을 얼마나 벌고, 거래처를 어떻게 대하는지 사전 연습하는 것이라고 말합니다. 그렇게 하니까 가락동 시장의 중간 도매인이 된 아이가 4명이나 됩니다. 2019년 올해까지 해서 5명이 됩니다. 정비, 설비, 에어컨 설치, 청소 그리고 여러 분야에서 오히려 어중간히 대학 나와서 다니는 친구들보다 이 아이들 수입이 훨씬 많습니다. 능력도 갖추고 있고요.

작은 성취 경험의 누적, 변화의 첫걸음

최연수 센터장은 지하 밑으로 내려간, 상처 입은 청소년들을 지상으로 서서히 끌어올리기 위해 노력하였다. 그런 청소년들에게 최연수 센터장은 작은 경험을 통한 성취를 중시한다. 악기 배우기, 바리스타 체험해보기 등의 과정을 통해 무엇인가를 해봤다는 경험이 자신감과 자존감 향상으로 이어질 수 있다고 생각했다. 그러면서 자신이 소중한 사람이라는 메시지를 끊임없이 주고 있었다. 인생의 귀중한 시간을 힘든 사람에게 투자하고, 농부의 마음처럼 조급해하지 않겠다는 그의 생각은 성과가 당장 나지 않는 상황에서도 이 일을 지속하게 한 힘의 근원이었다.

하지만 공교육은 어떤가? 기다림의 미학이 있는가? 아쉽게도 공교육은 방황하는 학생을 기다려줄 여유와 시간이 없다. 일정한 기준에 도달하지 않으면, 불량품 퇴출시키듯 너무나 빨리 판단한 채 청소년들을 내몰지 않았는지 성찰해볼 필요가 있다.

최연수 소장에게도 좌절의 시기는 있었다. 아이들을 위한 터전을 만들었지만 건물주가 나가라고 해서 이사를 할 때마다 심적으로 힘들었다고 한다. 20년간 만났던 청소년들 중에 자살을 하는 아이들도 8명이나 되었다. 그렇게 아이들을 떠나보낼 때마다 심적으로 힘들고 어려웠다고 한다. 그러나 그는 좌절하지 않았다. 청소년들에게 실패는 없다. 어떤 아이들이든지 계속 품는 마음으로 누군가가 다가가 준다면…

사단법인 한빛청소년대안센터는 최연수 소장이 청춘을 다 바친 일터이다. 그런 그에게도 위기가 찾아왔다. 육체적으로, 심리적으로 어려움이 계속 찾아오면서 안면마비 증상이 나타났다. 밤바람을 맞으면서 청소년들을 만나러 다니면서 나타난 현상이었다. 병원 의사도 길거리 상담을 중단하라고 권유하였다. 그러면서 문득 내가 죽으면 이 조직과 아이들은 어떻게 될까 하는 생각이 들었고, 조직에 대한 고민으로 이어졌다. 한마디로 지속가능한 시스템을 모색하기 시작한 것이다. 사람을 키우고 리더를 발굴했다. 조직을 체계화하면서 중간 리더들을 세우기 시작했고, 본인의 실천 경험을 박사학위 논문으로 기록했다. 시스템화하면서 재정을 투명하게 운영했고, 팀장들을 키우기 시작했다. 이제 그는 성인이 된 제자들이 좋은 부모 역할을 하면서 살기를 바란다.

처음에는 이렇게 조직을 크게 할 생각이 없었습니다. 작은 것이 더 행복합니다. 일주일에 한 번 거리에서 아이들 만나서 문제를 해결해주고 주변에 집 없는 아이들 검정고시를 보게 해주고 하는 이 사이즈로 가는 것이 어떻게 보면 아이들한테는 더 도움이 될 수도 있습니다. 그런데 제가 한 8년 전에 안면마비가 심하게 왔어요. 지금도 후유증이 있지요. 안면마비가 심하게 오면서 병원에서는 야간 거리 상담을 중단하라고 하더군요. 그렇게 한 1년 동안을 침 맞고 다른 사람들에게 부탁하면서 지내다보니 한빛청소년대안센터가 그대로 없어지겠더라고요. 자원봉사자들이 많이 오지만 갑자기 너가 한번 해볼래? 이럴 수도 없잖아요. 그래서 시스템을 고민하기 시작했어요. 리더를 발굴하고 키워야겠다고 생각했죠. 그렇게 이제는 위탁형대안학교와 도시형대안학교도 하고, 청소년 전용 그룹홈도 만들고 캠핑카 아동상담소와 송파구청소년지원센터 꿈드림까지 위탁운영을 하게 되었습니다. 그러면서 제가 특히 신경쓴 것은 재정을 투명하게 하는 것과 팀장을 키워내는 것이었습니다. 그때부터 웬만한 것은 다 위임하고 그들이 책임질 수 있도록 하였습니다. 그렇게 하나씩 만들어가고 정리가 되고 있어 뿌듯합니다. 그리고 저는 이제 그 다음 일을 해야지요. 뭐냐고요? 우리 아이들이 가정을 꾸려 좋은 부모, 좋은 남편, 아내가 될 수 있도록 양육하는 것입니다. 저와 인연을 맺은 이 아이들이 끝까지 행복하게 사는 모습을 봐야지요.

공교육이 치열하면 치열할수록 아이들은 병든다

최연수 센터장은 공교육을 어떻게 바라볼까? 그의 문제의식은 무엇일까? 최연수 센터장은 다양성을 인정하지 않는 획일화된 문화와 체제를 가장 큰 문제로 인식했다. 학생 한 명이 지닌 고유성과 개성을 인정하지 않고 하나의 획일화된 잣대로 줄을 세우니, 일부의 승자와 대다수의 패자를 만들어낸다는 것이다. 각자의 특성을 고려한 평가 방식을 모색해야 하는데, 공정성과 객관성을 이유로 한 가지 잣대로만 평가를 하는 것도 문제다. 그는 공교육이 치열하면 치열할수록 아이들이 병든다고 말한다. 벽돌공장처럼 아이들이 획일화된다. 퍼즐처럼 각자가 지닌 고유함으로 아름다운 퍼즐을 만들어갈 수는 없는가? 승자가 모든 것을 독식하는 메리토크라시의 사회 문법은 결국 교육을 황폐화시키고 있다. 언제까지 이러한 게임을 반복할 것인가? 그렇게 경쟁에서 내몰린 아이들을 평생 돌보았던 그는 공교육 주체에게, 정책 관계자들에게 질문을 던진다. 언제까지 이런 시스템을 유지할 것이냐고….

아이들은 정말 각자 다르게 지어졌는데, 교육은 같은 틀에서 통제하는 방식으로 하고 있어요. 동물농장에 비유해서 말한다면 물개도 있고, 다람쥐도 있고, 다양한데 달리기 한 종목만으로 우열을 가리고 승자와 패자를 가리고 있으니 다양성은 사라지고 대다수 아이들을 패자로 만들고 있습니다. 아이 한 명 한 명이 모두 다 소중하고 귀한 존재입니다. 생김새만큼이나 각자 인생도 다르고요. 획일화할 수 없다는 것이죠. 그런데도 공교육은 서울대 몇 명 갔나 연대 몇 명 갔나 이런 잣대로 학교를 평가하고 아이들을 평가하고 있으니 공교육이 치열하면 치열할수록 아이들은 병들어 가는 것입니다.

저는 이제 학교도 다양해져야 된다고 생각합니다. 일관적으로 벽돌로 찍어내듯이 아이들을 교육하는 것에서 벗어나야 합니다. 아이들은 벽돌이 아니라 오히려 하나의 퍼즐입니다. 각자 역할이 다 있고 다르지요. 우리 교육도 이제 이런 다양성을 존중하는 쪽으로 바뀌었으면 합니다.

힘없는 사람들은 부끄러워하지 권리로 인식하지 않는다

다행히 최근들어 한빛청소년지원센터에 각 기관들이 협력 요청이 많이 들어온다고 한다. 그런데 학교 밖 청소년은 교육과 복지 영역의 사각지대였다. 어느 부처에서도 이 문제를 자신들의 과업으로 여기지 않는 풍토가 강했다. 노인문제든 보육문제든 목소리를 높여서 권리를 얻어가는 경향이 강했지만, 상대적으로 학교 밖 청소년들은 그렇지 못했다. 어떤 이유에서든 학교 밖으로 나갔다는 사실 그 자체는 개인, 또는 가정의 결함이나 결핍으로 치부되었다. 돈 있는 사람들은 자녀를 해외로 유학시키지만, 돈 없는 사람들은 그렇게 하지도 못한다. 권리로 인식하고 개선을 요구하는 목소리가 별로 없게 되니 정책도 방치 상태에 이르게 되었다. 최연수 소장은 이 부분을 안타까워했다.

그는 이제 프레임 전환을 시도한다. 학교 밖 청소년들이라고 해서 학교 밖에서 교육받을 이유는 없다. 학령인구가 감소하고, 실제로 학교로 나가는 청소년들이 적지 않은 만큼, 본래 투입되어야 할 예산과 시설의 일부를 학교 밖 청소년들에게 돌려주자는 것이다. 학교의 유휴 공간을 학교 밖 청소년들에게 활용하고, 이들에게 의미 있는 관심과 프로그램을 제공한다면 정책의 효과는 더욱 커질 것이다.

그런데 요즘 각 기관들이 저희에게 자꾸 뭘 요청합니다. 같이 하자고도 하고요. 하지만 정작 정책을 담당하는 공무원은 정말 적고, 이것은 꼭 해야 되겠다고 발 벗고 나서는 사람도 없습니다. 이것을 복지로 인식하기 때문에 가장 보수적으로 흘러갈 수밖에 없습니다. 2015년 학교 밖 지원법이 만들어지기 전에는 교육부에서도 행정부에서도 어디에서도 학교 밖 아이들에 대해서는 거론조차 되지 않았습니다. 교육 대상도, 복지 대상도 아닌 사각지대였던 것입니다. 노인문제는 자기 문제고 보육문제는 힘 있는 사람들도 자기 문제로 만들고 해결하는데, 학교 밖 청소년 문제는 늘 뒷전이었습니다.

돈 있고, 힘 있는 사람들은 아이가 말썽을 부리면 해외로 유학을 보내든 무엇이든 할 수 있죠. 하지만 가난하고 힘 없는 부모의 자녀들은 그렇게 할 수 없습니다. 그런데 이것을 부끄러워하지 않고 국민의 권리로 요구하는 사람이 없다는 것입니다. 그동안 이것이 그렇게 방치된 것입니다. 그래서 저는 이렇게 했습니다. 학교마다 남아도는 시설을 이용하여 학교 밖 아이들이 당당하게 찾아올 수 있는 공간을 확보하는 것이죠. 공교육의 학교 유휴공간은 아니지만, 송파구 청소년독서실 한 곳을 리모델링하여 송파구 청소년지원센터 꿈드림을 독립된 학교 밖 청소년들의 전용 공간으로 꾸몄습니다. 그랬더니 아이들이 찾아옵니다.

발굴-상담-교육-보호-자립을 위한 시스템 구축, 미래교육의 길

그는 미래사회에서 필요한 역량을 변화하고, 결합하고, 조합하고, 상생하고, 소통하는 능력이라고 말한다. 이러한 능력을 과연 공교육에서는 길러주고 있는 것인가? 이러한 역량을 잘 길러낼 수 있는 교육과정과 시스템, 관계성은 어떻게 가야하는가를 지금보다 치열하게 연구하고 고민해야 한다. 그는 이제 청소년을 넘어 청년의 삶을 고민하고 있다. 고등학교 이후에도 삶의 방향을 잡지 못하는 청년들이 적지 않다. 그들에게는 자립이 필요하다. 이 자립을 위한 지원을 누가 하고 있는가? 이러한 자립을 위한 네트워크를 그는 구축했다. 단계별 맞춤형 지원전략을 그는 적용하고 있었다. 그는 박사학위 논문에서 발굴-상담-교육-보호-자립 시스템을 강조했는데, 논문처럼 삶을 살고 있었다. 그는 조급해하지 않았지만, 청년들의 필요에는 민감하게 바라보고 있었다. 그들의 고민과 필요를 끊임없이 생각하며, 길을 열어갔다.

누가 그런 이야기를 했습니다. "미래는 앞으로 50% 이상이 장기적인 일보다는 프리랜서로 전환될 것이다." 그 이야기는 뭐냐면, 다양한 모습 속에서 고정된 공무원, 철밥통들이 없어질 것이고, 자기의 강점을 가지고 끊임없이 변화하고 결합하고 조합하고 상생하는 것, 자기 영역의 반대편 쪽과 소통할 수 있는 능력이 미래를 이끌어나갈 거라는 말이죠. 옛날에는 내 영역만 보더라도 해결이 가능하였는데 이것을 매개로 한다면 끊임없이 상생하고 결합할 수 있는 능력이 필요하다고 봅니다.

우리나라의 교육, 복지는 아동복지법 안에 묶여 있습니다. 고등학교 졸업 후에는 어떤 것이든 알아서 해야 합니다. 지금 청년 창업이나 청년실업 문제가 25살에서 30살에 맞추어져 있습니다. 스무 살이 넘어서 검정고시를 보거나 고등학교에 못 간 아이들에게도 맞춤형으로 무엇인가 일자리를 연결해줄 수 있는 고리가 필요합니다. 그래서 그동안 송파구와 함께 후기청소년자립지원을 위한 송파구 청소년내일찾기센터를 전국 시군구 지자체 가운데 최초로 설립하여 저희 한빛이 민간위탁을 받아 새로운 모형으로 운영을 준비하고 있습니다. 자립하기 전까지 케어링 식으로 20살까지 25살 아이들이 창업을 하거나 일자리에 들어가도록 다양하게 연결해서 이 아이들이 지역사회에서 계속 자립을 하게 돕는 것입니다. 최소한 그 안에서 자리까지 다 케어가 되도록 해야 한다고 생각합니다. 이것이 대안학교를 여러 곳에 세우는 것보다 이 아이들을 자립과정까지 해서 제대로 작동되도록 시스템화 시켜 놓는 것이 사회경제적으로도 효율적이라고 생각합니다.

한빛청소년대안센터 최연수 소장은 학교 밖 청소년이라는 한 가지 테마를 인생의 주제로 붙들고 실천했다. 정책적 지원이 열악했던 상황에서, 국가가 방치했던 사각지대를 민간 영역에서 그 결핍을 삶의 눈물로 메웠는지 모른다. 그는 오랫동안 학교 밖 청소년들을 만나면서 그들이 왜 학교에서 내쳐졌는지 구구절절 가슴아픈 사연을 들었다. 그의 진단은 공교육 주체들로서는 뼈아프게 느껴지지 않을 수 없다. 학교 밖 청소년들의 변화는 쉽지 않았다. 교사들도 감당하지 못한 그들을 최연수 소장이라고 해서 쉽게 감동시키고 변화시킬 수 있었을까? 그는 끝까지 실망하지 않았고, 기다렸다. 다가가는 기다림이었다. 이 과정에서 아이들은 조금씩 마음을 열기 시작했다. 자신의 인생에서 내 편이 되어줄 단 한 사람이 있다면 그들은 무너지지 않는다. 그는 단순히 상담에 그치지 않았다. 그들의 필요를 읽고 맞춤형 지원 서비스를 제공했다. 검정고시를 넘어 취업까지 그는 고민했다. 이를 위해서 그는 송파구에서 네트워크를 광범위하게 구축했다. 공교육보다 훨씬 열악한 조건 속에서 그가 몸부림쳤던 인생의 주제들을 공교육 주체들은 어떻게 받아들여야 할까? 미래형 학교와 미래형 교육은 과연 무엇일까? 아무리 시대가 바뀌어도 놓칠 수 없는 삶의 본질은 여전히 존재할 것이다. 결국 미래교육은 기본에서 시작된다. 기본은 곧 사람과 사람의 만남이고 교감이고 믿음이다.

기업인이 교육혁신에 뛰어든 사연

이찬승•교육을바꾸는사람들 대표

이찬승 대표는 능률교육을 오랫동안 운영하면서 얻은 수익을 사회에 환원하기로 하였고, 그 일환으로 '교육을 바꾸는 사람들(교바사)'이라는 교육단체를 만들어 왕성한 활동을 하고 있다. 사비를 들여서 해외교육학회를 찾아다니면서 해외교육 동향을 살피기도 하고, 좋은 책들을 번역하여 관련 지식과 정보를 널리 알리기도 한다. 교육 관련 이슈를 살펴보는 자체 세미나를 진행하기도 하고, 자체 매체를 통해 교육 쟁점들을 날카롭게 지적한다. 기존의 시민단체와는 다른 방식으로 일하는 느낌을 받는다.

이찬승 대표는 깐깐한 유림의 이미지가 먼저 떠오른다. 호락호락하지 않은, 그러나 누구 앞에서도 옳은 말을 하는, 하지만 공부를 열심히 하는 세계화된 유림과 같은 모습이다. 교단에 서지 않았지만 한국교육을 고민하며 자신의 인생을 걸었던 그의 이야기를 들어보자.

연구하고 토론하고 공유하기 그리고 환원의 모델 보이기

이찬승 대표가 '교육을 바꾸는 사람들'이란 조직을 만든 계기는 산업시대에 맞추어 형성된 학교 제도를 시대의 흐름에 맞추어 바꾸고 싶었기 때문이었다. 이를 위한 전략 중 하나는 세계교육의 흐름과 조응하는 것이었다. 그는 학습한 내용을 온오프라인 채널에 공유하는 과정이 필요하다고 보았다. 그는 자신이 창업했던 기업을 젊은 경영인에게 물려주고, 수익의 상당 부분을 사회에 환원하겠다고 다짐했다. 통상적으로 장학재단을 만드는데, 그의 선택은 달랐다. 정책활동과 연구활동에 집중하기로 했다.

두 가지 이유가 있었습니다. 하나는 출판사를 하면서 해외 교육학회(예: AERA)를 매년 거르지 않고 참가하곤 했는데, 20세기 말부터 학회에서 '21세기 교육에 대한 새로운 준비'가 강조되기 시작했죠. 그 주된 내용은 산업시대에 맞춰 만들어진 학교제도가 21세기 지식기반 사회에 맞게 근본적으로 바뀌어야 한다는 것이었고 이런 발표 내용이 제게는 매우 신선하게 다가왔습니다. 자연스럽게 "아, 이런 내용을 한국 사회와 공유하자" 하는 생각을 하게 되면서 21세기 한국의 학교교육을 어떻게 바꿔나가야 할지에 대해 연구하고 토론해서 이를 사회와 공유하는 것이 교바사의 주요 역할 중 하나가 되었습니다. 그때부터 관련 글과 책을 읽으며 주요 내용을 온오프라인 채널을 통해 한국 사회와 공유하게 된 거죠.

제가 교육 분야 공익사업에 관심을 갖게 된 또 다른 이유는 제 나이가 60이 되던 해 제가 창업하고 키워오던 기업(지금의 능률교육)을 더 젊은 경영인에게 물려주고 저는 기업 운영을 통해 번 돈을 사회에 환원하기로 한 것과 관련이 있습니다. 이는 갑작스런 결정은 아니고 기업 운영을 하면서 제가 번 돈의 상당한 부분은 사회에 환원하겠다는 다짐을 제 자신과 가족에게 해왔었고, 공익사업의 시작은 이를 실천하는 과정이었던 거지요. 저처럼 건강하고 근면하게 태어난 사람은 그렇지 못하게 태어난 사람들을 도와 더불어 살아가는 사회를 만들어가야 하고, 이는 가진 자의 시혜이거나 선택 사항이 아니라 의무란 생각을 강하게 가지고 있었습니다. 그리고 기업가가 번 돈을 제대로 환원하는 모델을 하나 만들어보고 싶은 욕구도 있었던 것 같습니다. 한편 환원하는 방법으로는 흔히 많은 사람들이 택하는 장학금 등으로 내놓기보다는 교육을 바꾸는 정책활동이나 연구활동을 통해 제가 직접 그 돈을 귀하게 써보고 싶었습니다.

교육 발전에 기여할 수 있는 길 찾기

이찬승 대표는 쉽고 편한 길을 선택하기보다는 교육 영역에서 취약한 영역이 무엇인가를 살펴보면서 그 공백을 메우는 작업을 시작했다. 다양한 활동을 시도하면서 조직의 정체성을 조금씩 형성하기 시작했는데, 그의 작업의 핵심은 공유였다. 공부하고 연구하는데 그치지 않고, 이를 공유하기 위한 토론회, 출판, 온라인 저널 등 다양한 방식을 시도했다. 단순히 연구에만 그치지 않는다. 지역아동센터에 주목하고, 아이들의 학습을 지원하는 프로그램을 적용하고 있었다. 이 작업을 감당할 수 있는 전문가를 기르고 있었다. 교육의 사각지대를 메우는 작업을 병행하고 있었다. 뇌 기반 교수학습을 연구하여 학습의 효율성과 체계성을 높이기 위한 시도를 하였다. 해외의 교육정책 관련 도서를 번역하여 널리 보급하고, 정책의 방향을 매체를 통해서 끊임없이 제시하였다. 교육부나 교육청이, 국책연구기관이 해야 할 일을 스스로 자처해서 감당하고 있었다. 그는 이상을 꿈꾸되 현실에 천착하여 변화를 만드는 청년 정신으로 조직을 일구고 있었다.

교바사 설립 당시 어떤 성격의 조직을 만들 것인가에 대해 많이 고민했었지요. 연구소를 할지, 교육재단을 설립할지, 교육 분야 시민운동을 조직할지 등. 초기 제가 아는 것이 적었기 때문에 실제 체험해보면서 결정하기로 하고 연구소 역할, 타 조직을 후원하는 재단 역할, 교육 분야 비판적 목소리를 내는 시민운동 역할, 양서 출판 등을 조금씩 다 해보기로 했어요. 설립 후 교바사가 교육시민단체의 한 멤버로 인정을 받는 것이 시급한 과제라고 생각하고 열심히 토론회를 정기적으로 열었고, 이는 제가 교육문제에 대한 이해를 높이는 과정이기도 했습니다. 교육과 관련된 양서들을 매월 한 권씩 선정해 번역한 다음 핵심 내용을 주제로 토론회를 열면서 교육계와 그 내용을 공유했죠. 이것이 매우 신선하다는 평을 받았고, 이를 통해 교바사의 고유한 정체성을 조금씩 드러내고 시민단체의 일원으로 인정받을 수 있었다고 생각됩니다.

그동안 교바사가 한 일 중에 큰 의미가 있었던 것은 이 외에 또 있습니다. 교바사가 지역 아동센터에 아동교육프로그램(예: 잉어빵)과 이를 전문적으로 가르칠 수 있는 훈련된 교사를 공급해온 일입니다. 그 반응이 매우 좋아 지금은 이를 표준화하여 서울 이외의 지역까지 공급한 후 수퍼바이징하고 있습니다. 이 사업 팀을 2년 전 사단법인 '희망배움'으로 독립시켰고, 지금은 활동가 수가 교바사를 능가하고 활동도 교바사보다 더 활발하죠. 교바사는 공익사업을 인큐베이팅하고 그 다음 홀로서기를 하게 하는 방식으로 리더와 사람을 키우고 있으며, 이는 매우 바람직한 방식이라고 생각됩니다.

또한 제가 개인적으로 많은 관심을 갖고 직접 담당했던 분야가 있는데 뇌 기반 교수학습brain-based teaching & learning 원리를 한국에 전파하는 사업이 그것입니다. 21세기 초부터 해외 주요 학회에서는 '뇌가 어떻게 작동하는가?', '뇌가 어떻게 학습하는가?'에 대한 내용이 자주 소개되었고 그 내용이 매우 흥미롭고 유익했기에 이를 한국에 전파할 가치가 충분하다고 판단했죠. 21세기 들어 뇌 영상 촬영 기술brain imaging technologies이 발달해서 사람이 학습할 때 뇌의 변화나 작용에 대해 직접 들여다볼 수 있게 되었기 때문이죠. 그때부터 뇌 기반 교육에 대해 세계적 권위자가 개최하는 해외 워크숍에 부지런히 참여하면서 배운 내용을 교사 연수를 통해 한국 교육계에 전파해왔는데 이는 매우 의미 있는 일이라 생각합니다. 뇌가 작동하고 학습하는 원리에서 보면 현재 한국의 학교교육에는 비효율적인 점들이 매우 많아요. 뇌가 어떻게 학습하는지도 모르고 수업 계획을 짜고 학생들을 지도하는 일은 마치 엔진의 기능도 잘 모르면서 자동차를 설계하는 것과 같습니다.

교사도, 학자도, 시민운동가도 아니었던 그가 교육운동에 뛰어들었을 때 쉽지 않았을 것이다. 기업과 학교의 공기는 엄연히 다르다. 생활 문법도, 목표도, 조직 문화도 다르다. 기업에서 오랫동안 생활했던 그가 학교 조직과 교육 분야를 바라봤을 때, 얼마나 낯선 장면들이 많았을까? 그 낯설었던 장면들은 분명 우리에게 성찰과 반성의 지점을 줄 수 있다. 물론, 각자 고유의 문화와 풍토를 이해하지 않고 일방적인 잣대를 들이대는 것은 위험할 수 있다. 하지만 익숙해진 장면을 낯설게 보는 시각과 관점은 내부 성찰이 결합된다면 혁신의 첫걸음이 될 수 있다. 그의 말대로 교육 문제는 복잡계이다. 합의 도출이 쉽지 않고, 이해 관계자가 많으며, 교육을 바라보는 인식 차가 세대 간, 주체 간에 다르기 때문이다. 우리 교육이 이래야 한다는 주장과 당위는 많이 있지만, 실천 담론은 취약하다. 그는 연구와 비전의 중요성을 강조한다. 그는 질문을 던진다. "학교는 치열한가?"

주어진 과업에 대한 치열한 고민이 없이도 생존이 가능한 구조, 주인이 없는 구조에서 책임교육이 실현되기는 어렵다. 기업에서 배워야 할 점이 있다면 배워야 한다고 그는 말한다. 그는 학교장에 대해서도 이야기를 했는데, 그러고 보니 교장임용 방식에 대한 논의는 무성하지만, 교장은 어떤 사람이고, 무엇을 감당해야 하는지에 관한 논의는 상대적으로 취약했다. 학교장에게 필요한 리더십과 직무역량을 규정하고, 그것을 익힐 수 있는 시스템이 우리에게는 있는가?

　　교육운동을 하면서 경험한 한계와 어려움은 매우 많았어요. 우선 교육이 그 나라의 고유한 문화를 바탕으로 정치적으로 관리되고 있으며 사회경제적 문제와도 긴밀히 연관되어 있기 때문에 변화가 어렵죠. 특히 답답했던 것은 교육부는 물론 교육운동계조차도 현재의 제도를 조금씩 수선하려는 한정된 변화에 그 생각이 머물고 있다는 점이었습니다. 21세기 사회에 맞게 근본적인 재디자인을 해야 한다는 말은 추상적인 구호 수준에 머물러 있고, 구체적인 연구, 방법, 실천에 관한 담론은 좀처럼 찾아보기 어려웠습니다. 근본적인 재디자인이란 것이 하루아침에 기존 것을 뒤집어엎자는 것은 아니거든요. 적어도 탄탄한 기초연구를 바탕으로 10년 내지 20년 후 우리가 꿈꾸는 교육을 비전으로 설정하고 이를 향해 한 걸음씩 나아가야 하는데 우리 교육이 이런 식의 변화를 제대로 시도하거나 경험해보지 못했죠. 민원처리 수준의 땜질식 처방만 있었다고 해도 과언이 아닙니다. 5·31교육개혁이 그나마 큰 그림을 먼저 그리는 형식을 취하기는 했지만 의지만 강했지 비전을 실천할 수 있는 역량과 여건 마련을 하지 못했기 때문에 겉만 바꾸고 속까지 바꾸지는 못했죠.

30년간 기업을 운영했던 저에게 기업 영역과 교육 영역의 차이는 매우 흥미롭게 다가왔습니다. 교육운동을 하면서 가장 먼저 느낀 점은 만약 학교가 기업이라면 한국에 망하지 않을 학교는 100개도 안 될 거란 생각이 들었습니다. 투자는 많은데 성과는 늘 투자보다 훨씬 적다는 생각이 들었기 때문입니다. 그래서 학교가 제대로 교육을 못하면 망할 수 있도록 긴장감을 주는 방법은 없을까 하는 생각이 들 때가 많았죠. 학교와 기업의 가장 큰 차이는 학교는 주인이 없다는 데 있습니다. 그리고 국가가 망하지 않는 한 망할 일이 없습니다. 즉 적자를 낸다고 학교를 문닫고 월급을 주지 않는 일도 없습니다. 그러나 기업은 계속 적자를 내면 회사는 문을 닫아야 하고 구성원들은 일자리를 잃습니다. 그러니 회사의 모두가 엄청난 책임을 공동으로 지죠. 이런 점에서는 학교도 기업을 닮아야 한다고 생각합니다. 학생의 성장과 발달에 대해 도전적인 성과목표를 정하고 이를 반드시 달성하게 해야 하죠. 적자를 내는 사업을 흑자로 전환해야 합니다. 학교교육의 경우 수업을 따라가기 어려운 학생에 대해선 어떤 수를 써서라도 기초를 갖추게 해서 정상적인 학습이 가능하게 해줘야죠. 모든 학교들은 현재처럼 학습부진아동에 대해 눈감거나 학습부진을 가정 배경 탓으로 돌려서는 안 되죠. 교육자들의 경우 기업의 운영방식이 교육에는 적용될 수 없다는 생각이 강한 것 같습니다. 이는 잘못된 생각입니다. 세계의 공익단체들은 대부분 관리가 약해 성과가 낮다는 얘기를 많이 합니다. 그래서 공익단체들은 기업의 관리방식을 배웁니다. 핀란드가 좋은 예입니다. 핀란드의 경우 비전 문서를 보면 기업의 방식을 그대로 활용합니다. 비전Vision 달성을 위한 관리 프로세스에 기업이 쓰는 '핵심성공요인Critical Success Factor: CSF'과 같은 용어를 그대로 사용합니다. 저는 일부 학교에서 세계적으로 가장 널리 사용되고 있는 성과관리 도구인 BSCBalanced Score Card(균형성과표)를 사용하고 있다는 것을 알고 깜짝 놀라기도 했습니다. 한국의 학교에서는 학교장이 어떤 관리 도구도 갖고 있지 않습니다. 그러니 학교를 효과적으로 경영하기 어렵고 누가 교장이 되어야 하는가에 대해서만 논의가 무성할 뿐입니다. 학교 경영은 교장 한 개인의 역량을 훨씬 뛰어넘는 일이죠. 핀란드처럼 학교가 기업경영 방식에서 배울 가치가 있는 것은 배우는 것이 좋다고 생각합니다. 예를 들면 학교장은 교직원을 5~6개의 작은 팀으로 나누고 학교의 실질적 운영을 교사가 하게 합니다. 이때 BSC라는 조직경영 도구가 큰 도움이 될 수 있습니다. 이는 비전과 목적 실행의 도구이고 소통과 위임의 도구이기 때문입니다. 그리고 이는 매우 복잡한 학교 업무를 4~5개의 관점으로 간명히 정리할 수 있습니다. 교장, 교감이 학교 관리에 있어서 위임의 도구를 갖지 못하면 교사는 교장이 권위적이어서 문제라 하고 교장은 교사가 책임감이 부족하고 변화하지 않는다고 불만을 털어 놓는 일이 지속될 것입니다. 교장은 있되 '교장 없는 학교'를 지향해야 하고 이를 위해 학교는 위임과 소통의 새로운 도구가 필요하다고 생각합니다.

해외교육의 동향은 포용교육 그리고 웰빙

해외교육을 다각도로 살펴본 그에게 해외교육의 동향에 대해서 물어보았다. 형평성, 지속가능성, 통합, 웰빙을 강조하였다. 이러한 흐름은 한국사회에서도 예외는 아니다. 사회적 양극화와 불평등 심화는 한국사회의 지속가능성을 떨어뜨리고 있다. 한마디로 임계점에 도달했는데, 이를 해소하기 위해서는 공동체적 관점을 가져야 하며, 탐욕을 버리면서 배려해야 한다. 한편, 개인의 웰빙을 넘어 사회의 웰빙을 강조하는 흐름을 그는 이야기한다. 한국 교육에서 웰빙은 늘 유보적 개념이었다. 미래의 행복을 위해 오늘 고통을 참아야 하는 교육이었다. 아니면, 부유한 소수가 누리는 권리로 인식했는데, 특정 개인과 집단이 아닌 사회적 웰빙을 모색하는 단계로 나아가고 있다. 한국 사회에서 탁월성은 소수에게 적용되는 개념이었다. 모두를 위한 탁월성 교육은 불가능한가? 포용 국가와 사회에 관한 비전은 교육 영역에서 예외가 아닐 뿐만 아니라, 먼저 실현되어야 한다.

　　해외 주요국들도 나라마다 사정이 다르기 때문에 정책의 내용도 그 특성이 다른 경우가 많죠. 그러나 21세기 세계 주요국들이 지향하는 교육 변화의 공통적 방향은 '교육의 형평성equity 제고를 위해 공정하고 포용적인 교육inclusive education을 지향하고 강조한다'는 점입니다. 이는 21세기 신경제, 세계화, 기술의 발달로 인한 부의 편중과 불평등의 심화로 인해 지구촌이나 국가 공동체가 수많은 갈등에 직면하고 있어 더 이상 지속가능한 발전이 어렵다는 위기의식의 반영이라고 봅니다. 이런 인식은 필연적으로 교육의 새로운 역할을 요구하며 교육이 통합된 사회를 구축하는데 주요 역할을 해야 한다는 점을 강조합니다. 이제 교육이 개인의 성공과 개인적 욕망의 실현에 초점을 맞추기보다는 개인의 성공뿐만 아니라 개인이 속한 공동체의 유지 발전에도 힘써야 함을 강조하고 있습니다. 이런 흐름을 잘 보여주는 것이 최근 OECD가 수행하고 있는 'Education 2030' 프로젝트입니다. 이 연구는 21세기 교육의 새로운 변화 방향은 특히 교육의 내용과 목표 측면에서 역량의 강조를 넘어 개인의 웰빙wellbeing, 사회의 웰빙을 교육의 최종 목표로 삼아야 함을 강조하고 있습니다. 2015 개정교육과정의 총론은 OECD가 2002년에 발표한 DeSeCoDefinition and Selection of Competencies 역량 모델적 접근에서 벗어나지 못하고 있습니다. 캐나다 온타리오주 등은 벌써 수년 전에 교육의 새로운 비전과 목표에 공정하고 포용적이며 탁월성을 추구하는 교육excellence through equity과 웰빙을 포함시켜 실천해가고 있습니다.

최근 IBInternational Baccalaureat[16]에 관한 논의도 있고, 일부 시도교육청에서는 도입 흐름도 있다. 이를 둘러싼 논쟁도 있다. 엘리트 교육으로 흐를 가능성이 있고, 적지 않은 비용이 소요된다는 점, 한국 교육의 정체성에 관한 문제까지 우려하는 시선도 있다. 그렇기 때문에 이찬승 대표는 공교육체제를 IB체제로 전환하는 것은 불가능하다고 본다. IB프로그램이 개별 교육과정을 운영하고, 표준화된 성취 기준이 없다는 점에서 개인별 맞춤형교육으로 전환하는데 유용한 시사점을 제공할 수 있다고 보았다. IB프로그램들은 기본적으로 자신의 생각 만들기를 중시한다. 평가시스템 자체가 상당히 체계적인 특성을 지니고 있다. 지식을 주입하는 방식을 탈피해야 한다는 목소리는 높지만 어떤 방식으로 바꾸어야 하는가는 늘 막연한 문제로 남아 있었다. IB프로그램은 그런 가능성을 제시하고 있다는 점에서 주목해볼만하다는 것이다. 꼬리를 통해 몸통을 흔들 수 있을까? 평가가 바뀌면 수업과 교육과정이 바뀔 수도 있다. 우리나라의 경우, 수능에 교육과정이 종속되어 있는데, 그렇다면 수능 평가 패러다임 자체를 바꾸면 어떻게 될까? 사교육 시장만 확장시키는 결과를 만들까, 아니면 공교육 정상화에도 기여하고 학생들의 성장과 행복에 기여하는 교육시스템을 만드는 트로이의 목마가 될까?

　IB는 IB만의 고유한 특성과 생태계를 가지고 있죠. 따라서 한국의 공교육체제 전체를 IB로 바꾸는 것은 불가능한 일입니다. 다만 각 시도교육청에서 일부 학교에 한해 IB프로그램을 도입하는 것은 생각해볼 수 있다고 생각합니다. 그러나 도입 목적이 고

액의 등록금을 부담할 수 있는 부유층 자녀들의 해외 일류대 진출을 위한 것이라면 바람직하지도 않고 엘리트 교육이란 비판에 휘말려 확장도 어려울 것입니다. IB프로그램은 어떤 측면에서는 혁신학교가 당면한 것과 비슷한 문제점을 가질 것이라 생각합니다. 다시 말해 일부 학교만 혁신할 것이 아니라 모든 학교가 혁신되어야 하듯이 IB프로그램도 일부 학교에만 도입하는 것은 시범사업으로는 긍정적 의미를 가질 수 있지만 일반 학교와 구분되는 특별한 학교로 존재하기 위한 것이라면 바람직하지 않죠. 그러나 저는 미국에서 저소득층 자녀들이 많은 학교에 IB프로그램을 도입해서 일반 학교보다 저소득층 학생들이 더 많이 대학에 진학하는 사례와 모델은 검토해볼 가치가 충분히 있다고 생각합니다.

IB프로그램에 대해 한국 교육계가 주목할 점은 개인별 교육과정 운영이라고 생각합니다. IB에는 한국의 교육과정이 제시하는 표준화된 성취 기준이 없습니다. 이는 한국의 학교교육을 포함해 21세기 학교교육이 지향해야 할 큰 방향이죠. 우리는 막연히 개인별 맞춤교육을 추구하고 있지만, 현재와 같이 국가가 엄격히 운영하는 표준화된 국가 수준의 교육과정이 운영되는 한 또 수능과 같은 고부담 표준화된 시험이 존재하는 한 개인별 맞춤교육의 추구는 위선적인 구호일 뿐입니다. IB는 탈표준화를 통한 개인별 맞춤교육을 어떻게 구현할 수 있는지를 보여주는 좋은 사례라 생각됩니다.

멀쩡한 환자만 돌보고, 진짜 아픈 환자를 내친다고 상상해보라

그는 한국의 교육에 대해서 안타까워했다. 교육에 관한 리더십이 보이지 않고 있는데, IB를 벤치마킹해서 수능체제도 바꾸어야 한다고 생각한다. 그는 한국 교육의 목표와 방향이 여전히 분명하지 않으며, 모든 아이들의 잠재력을 향상시킬 수 있는 교육을 꿈꾸어야 한다고 말한다. 동시에, 사적 욕망에 충실한 교육을 넘어 더불어 사는 사회를 지향해야 한다고 강조한다. 그는 격차 해소, 협력의 가치를 중시했다. 그러면서도 목표와 비전 없이 표류하고 있는 현실을 비판했다.

한국 학교교육의 한계와 문제점은 수없이 많지만 크게 세 가지를 지적하고 싶습니다. 하나는, 입시중심교육이지요. SKY대를 향한 교육열은 앞으로도 줄어들지 않을 듯합니다. 한국에서 태어나 한국의 학교에 다니는 한 이것이 숙명적인 현실인데, 이를 개선할 방안을 찾지 못하고 개선을 이끌 리더십도 존재하지 않는다는 점이 안타깝습니다. 저는 IBDP가 한국의 대입시가 지향해야 할 방향의 하나를 보여준다고 생각하죠. IBDP는 개인별 교육과정과 학생중심교육을 지향하는 일종의 입학자격시험이잖아요. 한국의 입시중심교육도 IB의 특성을 벤치마킹할 필요가 있다고 생각합니다. 한국의 수능도 약 10년에 걸쳐 질 높은 입학자격시험으로 바꿀 수 있죠.

다른 하나의 문제점은, 교육자들의 도덕적 목적이나 신념moral purpose의 부족을 지적하고 싶습니다. 세계 주요국들의 경우처럼 "모든 아동은 성공적으로 배울 수 있다", "격차를 줄인다"라는 교육의 큰 목적purpose을 한국의 교육에서는 찾기 어렵습니다.

그래서 한국의 학교는 멀쩡한 환자만 돌보고 진짜 환자는 내팽개치는 이상한 병원과 다르지 않습니다. 이제 한국 교육도 세계 주요국들처럼 '모든 아동'의 잠재력을 최대치로 키워주기 위한 탁월한 교육시스템을 갖추는 일excellence through equity에 매진해야 하죠. 한국 교육의 또 다른 문제점은 학교가 홍익인간이라는 교육이념과는 상관없이 개인의 사적 욕망 실현을 위한 각축장이 되었다는 점입니다. 이제 학교교육은 이제 '더 큰 목적을 위한 교육 teaching for purpose'을 지향해야 합니다. 교육은 통합된 사회 속에서 더불어 살아갈 수 있는 그런 사회를 만드는데 기여하는 것이 되어야 하죠.

우리 교육의 돌파구는 중간 리더십에 있다

우리 교육의 돌파구는 어디에 있을까? 왜 교육정책은 표류하는가? 그는 제도의 변화를 정책의 이름으로 추진하는 방식은 한계에 부딪쳤다고 본다. 하향식으로 추진되는 방식이 얼마나 많은 한계에 부딪쳤던가? 그는 시스템 전반의 개혁을 목표로 하면서 중간 리더십에 주목할 필요가 있다고 말한다. 교육청과 학교, 학교와 지역사회 등 그동안 주목하지 않았던 영역에 주목한다. 혁신교육은 단위 학교의 혁신을 교육청과 연계하였는데, 그가 말하는 중간 리더십의 관점에서 설명할 수 있는 사례로 보인다. 국가 단위에서 지역과 학교의 연결 단위가 중요하고, 이 층위에서 다양한 실험과 실천이 필요하다. 이렇게 되면, 교육부는 현장을 탓하고, 현장은 교육부를 탓하는 비난의 악순환 구조에서 벗어날 수 있다. 목표와 비전을 세우고, 각자의 영역에서 실천할 수 있는 내용을 채워가야 한다. 그의 문제의식을 이어받으면 새로운 리더십은 학부모, 교사, 교육청, 지자체가 공동의 비전을 향해 적극적으로 협력하고 소통하는 일에 초점을 맞출 필요가 있다.

우리 사회가 교육 변화에 실패하는 이유는 여러 가지 각도에서 분석할 수 있지만 저는 마이클 풀란의 주장처럼 일차적으로 '변화의 원리'를 모르기 때문이라고 생각합니다. 이를 좀 더 구체적으로 말하면, 교육부·교육청 모두 충돌하는 이해관계를 타협에 이르게 하는 방법을 모르는 것 같습니다. 대입제도 개선안을 공론화에 붙인 것이 대표적인 예죠. 아직 교육 변화에 대한 한국 사회의 인식 수준은 매우 낮습니다. 아직도 교육개혁이란 새로운 정책 아이디어를 내고 예산을 배정하고 법을 개정하며 실행을 명령하는 일이라고 인식하고 있으니까요. 정부나 교육청이 추진하는 변화의 대부분이 제도의 변화에 주안점을 둡니다. 국가교육위원회를 만들어 교육 문제를 해결하려는 것이 '교육 변화=제도를 바꾸는 것'의 발상에서 벗어나지 못하는 대표적인 예라 생각됩니다.

교육 변화의 핵심은 교사를 변화의 주체로 세워 학교의 집단적 역량과 책임감을 키워 학교문화를 바꾸는 것입니다. 여건과 역량의 구축 없이 구조만 바꾸는 일은 교육 문제를 점점 더 복잡하게 만들 뿐입니다. 교육현장은 말할 수 없이 복잡해졌습니다. 그런데도 한국의 교육 거버넌스는 중앙정부, 교육청, 학교로 내려오는 하향식 위주로 운영됩니다. 이제는 세계 주요국 혹은 일부 주에서 긍정적인 성과를 내고 있는 '시스템 전반의 개혁system-side reform'을 목표로 중간 리더십Leadership from the Middle의 도입에 주목할 필요가 있습니다. 중간 리더십을 소개하면 아래 인용문과 같습니다.

　"중간의 역량을 키우고 내적 연계성과 일관성을 확보하고 조직의 성과를 향상시키기 위해 매우 신중히 고안된 전략으로서 위로는 주정부 아래로는 학교와 지역사회 간에 효과적인 파트너십을 발휘하는 것"[17]

　"상층부(주 정부)가 중심이 되어top down 전체 시스템을 이끌기에는 한계가 있다. 상향식 전략bottom up도 제대로 작동하지 않기는 마찬가지인데 변화에 일관성이 없기 때문이다. 따라서 위와 아래를 이어주고 정책의 일관성을 유지시키는 중간 역할이 필요한 것이다."[18]

　"시스템 전체를 변화시키려면 기존과는 다른 성격의, 다른 질서의, 다른 규모의 리더십이 필요한 것은 의심할 여지가 없다. 시스템 전체의 변화에 성공하려면 시스템의 모든 수준에서 리더십을 발휘하는 것이 중요하다."[19]

　교육부는 스스로 변화하려는 노력도, 학습도 하지 않으면서 교육청이 변화하길 바라고, 교육청 역시 자체 변화나 학습에 적극적이지 않으면서 학교현장만 변화하라고 하는 식의 현 접근방식으로는 교육을 개선시키기 어렵다고 봅니다.

미래교육으로 퉁치지 말고 현실의 문제점을 먼저 바꿔라

그에게 미래교육에 관해 물었더니 의외의 답변이 돌아왔다. '미래교육'에 대해서 거부감이 든다고. 그는 미래는 현재와 연결되어 있고, 오늘의 선택이 미래를 만든다고 말한다. 동시에 미래교육은 우리의 이상을 담아낸 표현이라면서 거창하게 시작하지 말고, 당장 2015 개정교육과정 총론의 내용을 어떻게 현장의 실천으로 이어갈 것인지, 각종 문서에 제시된 교육목표들을 구체적으로 어떻게 해소할 것인가를 모색하라고 조언한다. 결국, 미래교육의 시작은 현실과 괴리를 좁히는 과정으로 안 되고 있는 영역, 해결해야 하는데 놓친 영역에 먼저 주목해야 한다고 강조하였다. 실천이 미래를 만든다는 사실을 다시금 깨닫게 되는 조언이었다.

저는 개인적으로 '미래교육'이란 용어 사용에 다소 거부감을 가지고 있습니다. 영어권에서는 미래교육이란 용어 대신 '21세기 교육'이란 말을 주로 사용하고 있습니다. '미래교육'은 20세기에 어울리는 용어라고 생각됩니다. '미래교육'을 논하는 교육청들을 보면 미래교육은 지금의 교육과 매우 다른 교육이라고 생각하는 것을 자주 봅니다. 이는 매우 위험하기까지 한 발상입니다. 마치 현재 교육을 개선하지 않고 미래로 나아가는 길이 있는 것처럼 말입니다. 미래는 이미 우리 곁에 와 있고, 오늘 더 좋은 결정과 선택을 하는 것이 미래를 결정짓습니다. 저는 미래교육은 수십 년 전부터 우리가 그토록 이루고 싶어 하던 교육을 구현하는 교육이라고 생각합니다. 실체도 불확실한 미래교육을 허황되게 추구하지 말고 지금의 교육과정 총론에 나와 있는 교육 이념과 목적을 제대로 구현하는 것, 학생 각자의 재능과 잠재력을 발견하고 이를 최대한 키워주고 자신이 속한 공동체에 기여하는 사람이 되도록 교육하는 것이 진정한 미래교육이라고 생각합니다.

그가 바라보는 혁신학교는 어떤 모습일까? 혁신학교는 실험학교로서 그 위상을 가졌으며, 공교육 정상화를 위해서 노력했다. 교사들의 자발성에 기초하여 변화를 일구었다. 이제는 전국 단위로 확산되고 있다. 그러한 성과를 그도 인정했다. 그러면서 두 가지를 문제 삼았다. 혁신학교가 좋은 학교라면 모든 학교를 그렇게 만들어야 한다. 혁신학교는 세계의 주요국 기준에 비교해본다면 그들에게는 당연한 일상에 불과하다. 따라서 한국 교육이 해소하지 못했던 과제들을 돌파해야 한다. 그런 점에서 양적 확대에 집착하는 모습은 바람직하지 못하다.

양적인 확산은 질적 성장으로 이어지는가? 공교육 정상화만으로 혁신학교의 목표는 도달한 것인가? 모든 학교를 혁신학교처럼 만들 수는 없는가? 세계적인 수준의 혁신학교 모델을 어떻게 만들 수 있을까? 그의 이야기는 뼈아프게 다가왔다.

혁신학교의 실험은 충분히 되었습니다. 이제 모든 학교가 혁신학교가 되어야 하죠. 그리고 한국의 혁신학교는 혁신학교가 아니라 지극히 정상적인 학교입니다. 세계 주요국들의 기준에 따르면 한국의 혁신학교는 그리 혁신적이지 않다고 생각됩니다. 지극히 당연한 교육을 하고 있을 뿐이죠. 혁신학교란 용어를 사용하려면 기존의 '한국적 혁신학교'를 뛰어넘는 학교가 되어야 하죠. 예를 들어, 학교와 교실의 물리적 구조부터가 친교육적인 것이어야 하고, 교장이 있지만 교장이 없는 듯이 운영되는 학교, 교육과정은 플랫폼이나 프레임 역할만 하는 학교, 탈표준화된 개별화 교육과정 운영을 통해 진정한 학생중심교육이 이뤄지는 학교, 진급이나 졸업 자격을 다 갖추게 하는 학교, 교사가 공부 잘하는 학생보다는 학습에 어려움을 겪는 학생들에게 더 많은 시간과 에너지를 쏟는 인간적인 학교, 학생 간의 성취도 격차를 줄이기 위해 노력하는 학교, 교사가 교단의 현장 자리에서 내려와 학생과 함께 리서치하고 배우는 학교, 졸업할 때까지 모든 학생이 자기가 속한 지역사회 문제를 하나 이상 해결해 공동체의 발전에 기여하게 하는 학교 정도가 되어야 혁신학교라고 부를 수 있다고 생각합니다.

국가수준의 표준화된 교육과정을 경직적으로 따르며 수많은 아동들이 수업에서 일상적으로 배제될 수밖에 없는 학교를 혁신학교라 부르는 것 자체가 어울리지 않는 일이라고 생각합니다. 오해 없기 바랍니다. 기존의 혁신학교 운동은 매우 비정상적인 학교를 정상적인 학교로 돌리기 위한 노력이므로 매우 소중합니다. 그러나 이런 노력이 모든 학교에서 이루어지는 것이 되어야 하죠. 만약 교육감이 일반학교 혁신보다 혁신학교 수를 늘리는 일에 더 신경을 쓴다면 이는 매우 잘못된 일이라고 생각합니다.

교육은 관계이다

이 시대의 교사는 어떤 존재여야 하는가? 교사도, 학생도, 학부모도 아픈 시대이다. 그런 시대에서 교사가 져야 할 삶의 무게가 만만치 않다. 그는 우선 학생 다양성이 급증하고 있는데, 여기에 대처하지 못하면 배제와 소외 현상이 나타날 수 있다고 본다. 결국, 교사의 정체성의 문제로 귀결되는데, 그는 교사가 학생의 학교 밖 삶을 알아야 한다고 본다. 교사는 단순히 지식을 가르치는 사람에 한정해서는 시대적 소명을 다하기 어렵다. 학생의 삶을 돌봐야 한다. 교육은 삶이고, 삶은 교육이다. 관계는 삶과 삶을 연결한다. 가르침이 있었다고 해서 배움이 일어나지 않을 수 있는데, 배움이 일어나지 않는 원인 중 하나는 교사와 학생의 관계성이 무너져 있기 때문이다. 교사는 누구인가? 그의 이야기를 들어보자.

21세기 학교의 교실에는 학생 다양성이 급증하고 있습니다. 이런 다양성에 대처할 수 있는 교사만이 교사로서 자격이 있다고 생각됩니다. 다양성에 대처하지 못하는 교사는 수많은 아동을 학습과 성장에서 배제시키는 불공정하고 비인간적인 수업을 할 수밖에 없기 때문이죠. 이것이 가능하려면 학생에 대한 이해가 지금보다 훨씬 더 넓고 깊어야 하고 "교사는 누구인가?"라는 질문을 다시 던지며 교사 정체성을 새롭게 수립해야 하죠. 교사가 학생의 학교 밖 삶이 어떤지를 알지 못하고는 학생에게 긍정적 영향을 미치기 어렵다고 생각됩니다. 핀란드 교육 탐방을 갔을 때 한 중학교 교장선생님이 했던 말씀이 매우 인상적이었습니다. 교사란 "첫째, 아동의 삶을 돌보는 사람, 둘째, 가정과 소통하며 협력을 이끌어내는 사람, 셋째, 가르치는 사람"이라는 말씀은 한국의 교사들도 본받아야 할 정체성이라고 생각되었습니다.

그런데 한국은 교사의 대부분이 "교사란 가르치는 사람"으로 자기 정체성을 규정하고 있는 듯합니다. 뇌 기반 교수원리에서 보더라도 학생의 삶을 돌보지 않는 교사는 가르치기는 할 수 있지만 배움이 일어나게 할 수는 없습니다. 학생을 이해하지도 못하는 교사와 좋은 관계가 형성되기 어렵고 관계가 좋지 않으면 그런 사람 사이에서 배움이 제대로 일어나지 않죠. 교사가 누구인가 정체성부터 다시 정의하고 이에 맞게 교사를 양성해야 한다고 생각합니다. 21세기 교사는 교실 내 다양성 변화에 잘 대응할 수 있고 격차를 줄일 수 있는 역량을 갖추는 것이 급선무라 생각합니다.

대학은 공동체를 위한 혁신의 실험실이어야 한다

우리나라 대학은 위기인가? 취업률은 낮고, 학령인구는 감소하고, 사립 의존도는 높다. 대학 경쟁력 역시 높지 않다. 그에게 한국의 대학이 나아가야 할 길에 대해서 물어보았다. 그 역시 대학에 대해 위기에 직면했다고 진단한다. 당장의 생존의 문제에 직면해 있고, 교육의 질 자체가 높지 않다는 것이다. 그는 해법으로 대학 특성화와 산학 협력을 말한다. 대학이 지역사회 발전의 운동력으로 자리매김해야 하고, 지역 단위를 중심으로 다양한 실험을 전개하고, 그 과정에서 역량을 축적해야 한다. 이러한 노력이 선행될 때 대학을 공공재로 인식하게 될 것이다. 서열화에 안주하던 대학에 변화가 필요한데, 그는 지역사회의 문제해결에 적극적으로 뛰어들어야 한다고 말한다. 대학은 지역을 바라보고 있었는가? 국민의 세금으로 운영되고 있는 국립대학은 지역에 어떤 기여를 했는가? 지역을 품고 있는가?

현재 한국의 대학이 직면하고 있는 위기로는 크게 세 가지를 들 수 있겠습니다. 첫째는 생존의 위기이고, 둘째는 취업준비기관으로 전락한 교육의 질 문제이고, 셋째는 대학의 공공성 강화와 사회적 역할 문제라고 봅니다. 대부분의 대학이 직면한 생존의 위기는 일차적으로 학령인구 감소와 등록금 동결로 인한 재정 위기라고 할 수 있으며, 취업준비기관으로 전락한 교육의 질 문제는 대학의 노력만으로 풀 수 있는 문제가 아니란 점이 딜레마죠. 사회(혹은 대학이 속한 지역사회) 비전과 긴밀히 연계된 대학 비전을 설정하고 대학의 특성화와 질 높은 산학협력으로 풀어가야 할 문제라고 봅니다. 마지막으로 대학의 공공성 강화와 사회적 역할 문제에 있어서는 대학 본연의 사명인 학문과 진리 탐구 외에 한국사회의 지속가능한 발전을 뒷받침하기 위해 튼튼한 기초연구와 인재육성에 충실히 할 필요가 있고 국가나 지역사회는 대학이 혁신기지로서의 역할을 다할 수 있도록 재정적 뒷받침을 해줘야 합니다.

어디서부터 실마리를 풀어가야 할까를 생각해볼 때 대학을 지역사회 발전의 원동력이나 R&D 센터로 삼는 전략을 모색할 수 있습니다. 대학이 비전을 "새로운 것에 도전한다. 성공경험을 쌓는다. 공동체의 발전과 웰빙 증진에 기여한다." 등으로 잡고 대학을 혁신의 실험실laboratory for innovation로 만들 필요가 있습니다. 모든 학생들이 4년간 전공 중심의 학문탐구 외에(전공 필수 과목의 부담을 줄여줄 수 있도록 졸업 요건의 유연화 병행) 대학이 소재한 지역사회의 발전과 나아가 인류의 지속가능성과 웰빙 증진을 위한 새로운 프로젝트에 동료와 함께 팀을 이루어 도전하는 것을 졸업의 필수요건으로 하는 것을 검토해볼 필요가 있습니다. 프로젝트의 주제는 전공과 연계되면 더 좋겠지만 이런 제약은 과감히 풀어 지역사회의 문제해결을 통한 일자리 창출이나 경제적 발전과 연계한 것도 좋고, UN이 2015년 발표한 지속가능한 발전을 위한 목표Sustainable Development Goals 17개 중 하나를 선택하게 하는 것도 생각해볼 수 있습니다. 이런 문제해결 자체가 사회가 직면하고 있는 도전적 과제를 해결하면서 동시에 일자리를 창출하는 과정이 될 수 있습니다. 대학에 들어오기까지는 나만의 삶에 관심을 집중했다면 이제 성인 대학생으로서 자신과 대학이 속한 공동체의 지속가능한 발전과 나아가 인류의 발전에 기여하는 경험을 하도록 하는 것은 그 어떤 것과도 비교할 수 없는 소중한 배움과 삶의 과정이 될 것이라 생각합니다. 또한 이런 도전을 통한 실패와 성공의 경험이 지역사회 발전을 위해 활용될 때 이는 공동선의 추구를 통한 최선의 취업 준비가 될 수도 있습니다. 이상의 접근과 함께 인문학적 소양을 탄탄히 쌓고 도덕적이고 윤리적인 삶의 지혜를 배우는 과정이 강화되어야 합니다.

이찬승 대표는 교육계에서는 이방인이었는지 모른다. 하지만 시간이 지나면서 그는 교육계에서 영향력 있는 어른으로 자리매김했다. 그는 남들이 하지 않는 일에, 빈 공간에 주목했다. 누가 초빙하지도 않았는데, AERA의 각종 학회장을 홀로 다녔다. 누구보다도 세계 교육의 흐름을 민감하게 읽으면서 한국 교육의 변화를 촉진한다. 연구의 대중화를 시도하면서 변화와 혁신의 저변을 형성하였다. 우리 교육에서 소외된 이들을 사실상 방치하는 교육시스템을 가슴 아파하면서 개인의 사비를 털어 솔루션을 개발하였다. 교육전문가라고 자처하는 이들을 그는 부끄럽게 만든다. 머리는 세계를, 발은 지역과 소외된 학교를 그는 품는다. 미래교육은 어디에 있는가? 현실의 문제를 해결하지도 못하면서 미래교육을 이야기하는 이들을 그는 비판한다. 그의 냉철한 현실 진단은 교육계에 오랫동안 몸담지 않아서 가능했을지도 모른다. 무뎌진 비판의 칼날을 각자의 실천 공간에서 다시 갈아야 하며, 베어진 그 자리를 각자의 실천으로 메워야 할 때다.

거꾸로교실,
교육 패러다임 전환의 비상구

정찬필 • 미래교실네트워크 사무총장

정찬필 미래교실네트워크 사무총장은 대한민국에 〈거꾸로교실〉을 최초로 소개하였고, 실험에 옮긴 전 KBS 다큐멘터리 PD이다. 그는 2013년 2학기에 부산에서 시도한 거꾸로교실의 성공에 큰 영감을 받았고, 방송을 뛰어넘어 위기에 처한 교육을 실질적으로 바꾸기 위해 적극적인 역할을 해오고 있다. 2014년 〈21세기 교육혁명, 미래교실을 찾아서 3부작〉, 2015년 〈거꾸로교실의 마법, 1000개의 교실 4부작〉, 〈학교의 진화 2부작〉 등 교육혁신 시리즈를 연속 실험, 제작하였고, 이 과정에서 교육혁신을 꿈꾸는 선생님들을 연결해, 소통과 협력 공간을 만들기 위하여 〈미래교실네트워크〉를 교사들과 함께 설립하였다. 이와 함께 선생님들끼리 서로 수업 아이디어를 전수하는 〈거꾸로교실 캠프〉를 기획하고, 각 지역과 과목을 엮는 네트워크를 구축, 끝없이 수업을 진화시키는 기반을 만들도록 하였다.

수업방법론 개선을 넘어 교육혁명을 꿈꾸다

거꾸로교실과 미래교실네트워크 사무실은 대학로에 위치한 공공그

라운드 3층에 위치하고 있다. 지금은 '거꾸로교실'이 거의 보통명사처럼 사용될 정도로 많이 알려졌지만, 정찬필 사무총장이 운영했던 거꾸로교실은 무엇인지, 어떻게 시작하게 되었는지 궁금했다. 많은 사람들은 거꾸로교실을 수업 전에 영상을 미리 보여주고 학습하는 차원으로 이해한다. 그러나 정찬필 사무총장은 그렇지 않다고 잘라 말한다. 거꾸로교실 그러면 주로 수업하는 형태로 생각하기 쉬운데, 그런 방법론을 넘어 교육패러다임 전환의 관점에서 이해해야 한다는 것이다. 이를 꿈꾸는 사람들이 이미 모여들고 있다고 말한다. 정찬필 사무총장의 혼자만의 주장이 아니라 그와 함께 꿈을 꾸는 교사들이 있다는 사실에 주목해볼 필요가 있다.

미래교실네트워크 이전에 제가 KBS에 있는 동안 했던 실험 다큐멘터리들이 있습니다. 이것은 2013년도 초에 기획을 했던 것인데, 21세기 교육혁명이 그 주된 콘셉트이지요. 즉, 21세기 교육의 패러다임 전환과 관련해서 당시에 어떤 문제에 봉착하였는지 이것의 돌파구가 무엇인지 찾아보려고 하는 다큐멘터리를 기획했죠. 2013년 2월에 기획을 하고, 리서치를 하는 가운데 아주 흥미로운 상황을 발견했습니다. 이미 21세기 초반부터 글로벌 수준에서는 이 시대 교육위기의 근원이 무엇인지, 다음 세대에 어떤 능력을 길러주는 교육을 해야 하는 건지 선명한 해석을 하고 있었고, 이를 설명하고 실현하기 위한 프레임이 일관되게 존재한다는 걸 알게 됐어요. 문제는 왜 바뀌어야 하는지, 무엇을 바꾸어야 하는지는 모두가 다 아는데 어떻게 바꾸어야 할지, 그 방법은 제대로 보이지 않는 거였습니다. Why와 What은 존재하는데 뚜렷한 솔루션 How가 없었던 거죠. 물론 수없이 많은 솔루션이 있긴 했어요. 프로젝트 학습, ICT, STEAM 이런 것들인데, 문제는 이것이 현실 교육에서 지속적으로 실현된 성공사례가 보이지 않았어요. 그런 문제의식을 갖고 있다가 2013년 6월, 미국 샌 안토니오에서 열린 초대형 교육 컨퍼런스 ISTE에 취재차 참여했는데, 거기서 플립러닝Flipped learning이라는 주제로 100여 개의 세미나가 동시에 열리고 있는 걸 봤어요. 그래서 주목하게 되었죠. 대체 저게 뭔데 이렇게 큰 판이 벌어졌을까? 한국에서는 용어조차 들어보지 못했는데 말이죠. 그래서 관련 자료를 계속 찾아보다가 큰 가능성이 있겠다는 판단을 하게 됐죠. 미국에서 망가진 교실에서 성공했다면 한국의 붕괴된 교실에서도 똑같이 적용될 수 있겠다는 생각을 하게 된 거고, 이 개념을 응용한다면 큰 돌파구가 만들어지겠다는 생각이 들었어요.

2014년 봄에 '거꾸로교실'에 대한 방송이 나갔는데, 굉장히 많은 대학에서 관심을 보였어요. 그런데 저희가 접근한 것과 방향이 많이 달랐어요. 저희는 플립러닝 자체에 관심을 두었던 것이 아니었어요. 그 작동원리를 이용해서 교육 패러다임 전환의 프로세스를 만들어낼 수 있겠다고 생각한 거죠. 그래서 독자적인 해석과 응용을 통해서 한국의 교육 현실 속에서 현장 교사들이 적용할 수 있는 방법을 만들고, 진화시킨 거예요. 그런 이유로 '〈거꾸로교실〉은 〈플립러닝〉이 아니다'라고 말하곤 합니다.

그런데 방송에서 거꾸로교실의 실제 효과가 워낙 강력하게 나오니까 곳곳에서 그 원형인 Flipped Learning을 찾아서 복제를 하려고 하는 거예요. 우리말로도 '플립러닝'이라는 표기에 집착하는 경향도 보였고요. 어쩌면 그런 표기는 영어의 원래 의미로도 정확하지 않은 것인데도 말이죠. 저는 그 현상이 오히려 본질은 사라지고 껍데기만 가져오는 게 아닐까 우려해요. 말씀드리기 조심스럽지만, 우리나라에서 대학교육혁신의 방법으로 혹은 대학교육학계의 담론으로 '플립러닝'을 다루는 방식은 제 입장에서 종종 당황스러웠습니다. 이는 제가 실제로 원조 Flipped Learning 개념이 적용된 미국 학교의 수업현장을 직접 보았고 그 통찰을 응용해 한국에 적용하며 생생한 사례를 경험했기 때문입니다. 예를 들자면, 플립러닝은 애초에 모형이 존재할 수가 없는, 모형이라고 말하기도 힘들 정도로 너무 단순한 그런 것이거든요. 오히려 이것은 마인드셋 전환 혹은 완전히 새로운 수업 플랫폼의 개념에 훨씬 더 가까워서, 이것을 모델화시키고 있는 것이 무슨 의미가 있을까 생각하는데 계속 그쪽으로 연구결과라며 제시되는 현상 같은 거죠.

그에 비하여 저는 거꾸로교실을 교육혁신의 본체가 아니라 패러다임 전환의 중요한 트리거가 될 수 있겠다고 생각한데서 출발했습니다. KBS에서 프로그램을 처음 기획했을 때부터 대주제는 '21세기 교육혁명'이었어요. 그래서 선생님들 연수를 할 때 강조하는 말이 있어요. 거꾸로교실을 단지 수업혁신의 방법으로 생각하고 있다면 실제로 얻을 수 있는 것에 비하여 10분의 1도 못 얻는다고요. 왜냐하면 이것을 활용해서 어떻게 전면적인 교육 패러다임의 전환으로 갈 것인가를 우선 이해해야 단위 수업 안에서의 방향 전환과 혁신도 가능해지거든요. 처음 거꾸로교실 실험을 방영하고 나니 아주 많은 분들이 수업 이전에 제공하는 동영상 강의에 집중을 했어요. 하지만, 실제 거꾸로교실에서 동영상 강의의 역할은 학생들을 협력적 학습으로 끌어들이는 마중물 역할을 하는 것이지, 수업의 본질이 아닙니다. 다시 말해서 동료학습, 협력적 학습을 유도하는 것이 핵심적인 방향이자 목적이라는 점을 강조한 것입니다.

첫 실험이 2013년도 2학기, 정확하게 9월 4일부터였는데, 실험은 모두가 예상했던 수준을 다 뛰어넘어버린 대성공이었습니다. 기획자인 제 입장에서도 너무 충격적인 결과들이 나와서 방송에서 오히려 걸러야 할 정도였으니까요. 2014년도에 3편의 시리즈로 방송을 했는데, 납득이 가능한 수준까지만 이야기를 했어요. 실험에서 나타난 모든 현상, 예컨대 발달장애 아이한테서 나타난 놀라운 변화 등등을 다 이야기했다가는 오히려 아무도 안 믿을 것 같아서 수위조절을 한 거죠. 대신 교사들이라면, 혹은 교육전문가들이라면 알아볼 수 있는 코드를 곳곳에 숨겨두었어요. 일반 시청자들은 무슨 의미인지 모르고 지나가겠지만 교사들이라면 '어, 저런 일이 일어난다고?' 하며 놀랄만한 에피소드들이었죠.

대신 2014년도에 두 번째 프로젝트를 하면서 양적으로 검증을 끝내려고 했어요. 1,000개의 샘플을 만들고 입증하면 더 이상 의심은 사라지지 않을까 하는 생각이었죠. 그래서 만든 것이 '거꾸로교실의 마법, 1,000개의 교실' 시리즈였습니다. 학교급, 교과, 지역적인 특성뿐 아니라 학생들의 수준도 가리지 않고 같은 방식을 투입했을 때 유사한 결과가 나온다는 것을 증명해보려는 시도였어요. 기획할 때 1,000개의 교실이라고 했지만 실제로 전환되어 같은 효과가 나온 교실은 1,413개로 나타났습니다. 500여 명 정도의 교사가 참여, 추적 취재했고요. 결과는 예상대로였습니다. 모든 조건에서 긍정적인 결과가 나왔고, 대신 특성에 따라 각각 다른 양상을 읽어낼 수 있었습니다. 보편성과 특수성을 확인한 겁니다.

저희 입장에서는 방송으로 보여진 것보다 이 과정에서 확보된 데이터의 가치가 정말 중요하다고 생각해요. 수업의 변화만으로 어느 정도의 교육혁신이 가능한지, 이를 위해 무엇이 필요하고, 어떤 방식이 유효한지 읽어낼 수 있게 된 거죠. 예컨데 '인성교육'이 한편으로 중요한 화두인데, 실험 경험 속에서 이미 소위 문제 청소년으로 분류될 수 있는 학생들이 수업 전환만으로 극적인 변화가 일어나는 것을 수많은 사례에서 발견하게 되었어요. 또한 이 과정에서 소위 21세기 핵심역량이 놀라운 속도로 성장하는 현상도 보았어요. 때문에 저희는 역량교육이나 인성교육이 별도로 분리될 문제가 아니라, 수업의 방향 전환으로 이루어내는 것이 가장 성공 가능성이 높고, 효과적인 전략이라고 생각합니다. 돌이켜보면 2015교육과정에서도 역량교육을 중요하게 내세우고 있지만 실제로 현장에서 그리 실현되기 어려운 상황으로 보이는데요. 문제는 교육정책이 아니라, 수업의 방법이라는 것을 계속 확인하게 되었습니다.

그리고, 이렇게 알게 된, 그리고 진화된 방법을 단지 방송으로 끝낼 것이 아니라, 실제 교사들에게 전달해 직접적인 전환을 이끌어낼 방법을 찾게 되었고요. 그래서 경험을 바탕으로 교사들을 위한 연수 프로그램을 개발했습니다. 그게 바로 〈거꾸로교실 캠프〉입니다. 2014년도 8월에 처음 방송용 기획으로 200여 명의 교사를 대상으로 연수를 하고 선생님들을 네트워크화 시켰죠. 이것이 미래교실네트워크의 시작입니다.

그런데 여기서 끝나지 않았습니다. 첫 연수 직후부터 교육청들이 주목하기 시작거든요. 특히 대구 교육청은 방송용으로 기획했던 〈거꾸로교실 캠프〉에 장학사가 직접 참여하고는 그 의미와 효과를 바로 인정했어요. 그러고는 곧바로 교사에 대한 직무연수를 요청해, 대구 교사 120명을 대상으로 캠프를 열었습니다. 또 다시 대성공이었죠. 그 뒤로 거의 모든 교육청에서 연수 요청이 들어오면서 현재 70차까지 진행했습니다.

거꾸로교실은 이렇게 생각보다 훨씬 빨리 초기부터 공식적인 교육혁신 아젠더로 인정받고, 연수프로그램으로 확산되었습니다. 이것이 그간 성과와 확산에 큰 힘이 된거죠. 또한 그렇게 연수에 참여하신 분들 중에 보다 의미있는 변화를 만든 선생님들을 묶어낸 것이 미래교실네트워크의 핵심 교사들 150여 명입니다. 저희는 이분들을 '주번교사'라 부릅니다. 선도가 아니라 다른 교사보다 조금 먼저 변화를 시작한 이들이라는 의미입니다. 저는 이분들을 세계에서 가장 혁신적이고 모험적이며 실험정신이 강한 교사들이라고 생각합니다. 그만큼 수업 진화를 위한 고민도 많이 하고 자발적, 열정적입니다. 이런 선생님들이 많아진다면 전혀 다른 수준의 교육이 가능해질 수 있다고 봅니다.

21세기 교육 실험학교 〈거꾸로캠퍼스〉는 바로 그런 선생님들을 보면서 생각한 겁니다. 이미 혁신을 실현하고 있는 교사들이 한 곳에 모여 이상적인 학교교육 모델을 만들어보는 것이 목적이었어요. 즉, '21세기에 최적화된 학교교육의 모델'을 만들어보겠다는 것이죠. 이것이 저희가 지금까지 해온 〈거꾸로교실〉, 〈미래교실네트워크〉 그리고 〈거꾸로캠퍼스〉의 히스토리입니다.

교육 변화의 주체는 교사

KBS PD라는 안정적인 직장을 버리고, 그는 왜 모험을 시도했을까? 쉽지 않은 선택을 한 셈인데, 무엇 때문에 그는 어려운 길을 택한 것일까? 그것은 삶이 바뀌고 변화되는 아이들과 교사들을 본 것이 결정적인 계기였다. 일종의 삶의 터닝포인트를 만난 것이다. 삶의 기득권을 버리고, 새로운 시도를 했던 만큼 그는 학교교육의 변화의 주체를 교사라고 했다. 교사가 바뀌면 교육은 바뀐다.

회사(KBS)를 나오고 나서 보니 그만한 직장이 없는 거예요. 안정적인데다 자율성 있고 창의적으로 무언가도 할 수 있었으니까요. 그렇지만 제가 2013년 이 프로젝트를 시작하면서 처음에 봤던 아이의 얼굴들이 계속 떠올랐어요. 첫날 실험에서 전혀 기대하지 않았던 아이들이 눈앞에서 훅 하고 바뀌는 현상, 그리고 바뀐 표정들요. 실험 전 첫인상은, 저 아이들은 나중에 커서 무엇이 될까, 부모님들은 정말 속 터지겠다고 생각했던 아이들이 갑자기 바뀌고, 두 달, 세 달 뒤에는 상상할 수 없는 수준으로 성장했거든요. 성적만이 아니에요. 종합적으로 역량이 성장했죠. 그런 현상을 눈앞에서 보면서 저는 이 프로젝트를 중단하기 어렵겠다고 생각했어요.

저는 이 경험을 통해 교육 문제 해결의 열쇠는 결국 교사들에게 있다는 걸 확인했어요. 교육학자들 혹은 교육정책 관계자들 중에 문제의 원인을 교사에서 찾는 경우가 많았어요. 대한민국의 교사는 변화하려고 하지 않는다는 말을 흔하게들 하시죠. 그런데 제가 본 것은 전혀 반대되는 현상이었어요. 그렇게 무기력하고 아무엇도 안 할 것처럼 보였던 선생님들이 어느 순간 바뀌면서 정말 빠른 속도로 진화하는 것이 보였거든요. 그래서 생각했어요. 그동안 제대로 된 솔루션을 교사들에게 준 적이 없었던 것 아닐까? 그냥 변해야 한다는 당위만을 이야기하거나, 실제 효과가 나기 어려운 방법을 주면서 교사가 하지 않는다고 말해온 게 아닐까?

여전히 회의적인 분들에게는 미래교실네트워크의 워크숍을 보여주고 싶어요. 어느 순간 아이들이 변하는 것처럼 교사들도 자기효능감이 크게 느껴지는 순간 변화의 폭이 폭발적으로 일어나거든요.

미래교실네트워크는 정말 이상한 조직이에요. 교사들이 자기 돈과 시간을 투자해서 모여 자발적인 에너지로 작동하는 구조거든요. 스스로 자기 존재를 확인하는 것이죠. 저는 교사들의 변화와 성장을 쭉 지켜보면서 교사들에 대하여 가지고 있던 부정적인 통념들이 다 무너졌어요. 이렇게 교사가 변하면 기존의 학교에서 사회적 문제를 일으키는 아이들, 또는 학교 밖으로 뛰쳐나갈 가능성이 있다고 여겨지는 아이들이 학교교육을 통해서 학교에서 안착할 수 있다고 봅니다. 변화를 만들어나가는 것은 결국 교사일 수밖에 없고, 교사가 믿고 의지하며 경험을 나눌 수 있는 것도 결국 동료 교사들입니다.

편견없이 시도해보기, 직관적으로 바라보기, 그리고 패턴을 연구하여 진화시키기

거꾸로 학습과 관련된 시도 속에서 일으킨 열풍의 원인과 실제 적용에 들어갔을 때 접근법에 대한 수정, 보완, 성찰 혹은 시행착오가 있었는지를 확인했다. 그는 교육전문가가 아닌 저널리스트였지만 편견 없이 현장을 들여다보았다. 편견없이 시도해봤고, 직관을 가지고 현상을 바라봤고, 시행착오의 패턴을 지속적으로 분석하면서 방법을 진화시켜나갔다. 교육자만이 교육에 관한 모든 것을 감당할 수 있다는 관점은 오만과 편견일 수 있다. 새로운 시각을 가진 이들과 함께 협업할 때, 우리가 놓쳤던 사실을 재발견하고 재해석할 수 있고, 우리에게 익숙해진 현상을 바꾸기 위한 시도가 가능해지지 않을까?

저는 교육자도 아니고 교육적인 백그라운드가 있는 것도 아닙니다. 시사적인 프로그램에 전문성이 있는 저널리스트 입장이었죠. 그래서 오히려 편견없이 학교에서 일어나는 일들을 그대로 볼 수 있었고, 교육의 문제가 어디에 기인하고 있는지, 그리고 어떤 메커니즘으로 작동하는지 등을 편견없이 볼 수 있었다고 봅니다. 덧붙여서 저널리스트의 특성상 외부의 정보를 빨리 읽어내는 능력이 있었죠.

거꾸로교실 프로젝트의 파괴력은 두 번째 프로젝트를 실시하기 전에 이미 확인이 되었어요. 첫 방송이 나가고 난 뒤에 이미 500명 이상의 선생님들이 저희에게 직접적으로 장문의 피드백을 보냈어요. 주로 '방송 보다가 펑펑 울었다. 우는 이유는 방송에 나온 망가진 교실이 내 교실하고 똑같다. 내가 사실 우리 아이들과 그렇게 무너진 수업을 하고 있었다. 그런데 방송을 통해 가능성이 보여서 다음 프로젝트를 같이 하고 싶다.' 이런 내용들이었어요. 그만큼 교사들이 수업의 변화에 목말라 있다는 걸 느꼈어요.

'거꾸로교실' 수업방식이 소개된 후, 대학이나 초중고 교육에서 이를 활용하기 위한 노력이 많이 일어났다. 이 수업방법을 대규모로 소개한 정찬필 사무총장이 보는 교사의 바람직한 변화, 새로운 교수학습 방법에 교사를 적응시키기 위한 연수 방법에 대하여 들어보았다. 그는 수업과 아이들을 바라보는 관점과 철학의 변화에 주목한다. 그의 주장은 교육의 목적, 관계, 교사의 역할, 수업에 대한 디자인이 더욱 중요하고, 그것을 위한 수단으로서 테크놀로지를 접목하고 있다는 의미로 해석된다.

저희가 연수 프로그램을 운영하는 이유는 교사들의 마인드셋을 바꾸기 위함입니다. 이틀 동안 교사들이 구체적인 수업방법을 배우기도 하지만, 주로 다른 선생님들의 거꾸로교실 수업을 학생 입장에서 참여해보고, 끝없이 수업에 관한 이야기를 하면서 마인드셋이 바뀌도록 만들어보는 것이죠. 교사들이 기존에 가지고 있던, 자신들의 경험과 굉장히 강한 관점 때문에 놓지 못하는 교수방법을 이틀 동안 버릴 수 있도록 하는 것이 핵심이었습니다.

거꾸로교실은 ICT 활용 수업이 아닙니다. 처음 실험할 때부터 아이들에게 영상은 보여주지만 수업에서 컴퓨팅 디바이스의 활용은 하지 않고 아날로그 상태로 수업활동을 하는 것을 주요 조건으로 했습니다. 그런데도 초반에 많은 오해가 있었습니다.

거꾸로교실 수업 시 동영상을 시청한다고 하니 테크놀로지를 사용해서 무언가를 한다고 오해한 거죠. 저는 테크놀로지를 굉장히 중요하게 생각하지만, 그것이 교육을 바꿀 수 있다고 생각하지 않아요. 반대로 교육의 패러다임을 바꾸면 오히려 테크놀로지를 활용하는 수업이 훨씬 더 편해지고 수준이 올라간다고 생각하는 거죠. 이를 위한 실험 조건으로 아날로그 기반의 수업 디자인을 먼저 해서 수업의 방향 전환을 먼저 한 후, 여기에 테크놀로지를 어떻게 활용할 것인가 생각하게 된 겁니다. 이렇게 수업을 하면 아이들도 흥미로운 현상을 보여요. 일정한 시간이 지나고 아이들이 몰입상태를 보이고, 스스로 활동을 주도하는 모습이 보이면 그때는 디바이스를 쓰든 말든 자유롭게 맡겨도 됩니다.

처음에는 실수로 아이들에게 ICT 디바이스를 수업 전에 나누어 주는 일이 있었는데, 특히 초등학교에서는 디바이스를 나누어주자마자 아이들이 다른 짓을 하기 시작했어요. 수업과 상관없이 다른 것을 하기 시작하죠. 그런데 이것을 순서를 바꾸어 아이들의 학습 참여 상황을 먼저 만들어놓으면 그런 현상이 거의 없어요. 주어진 학습목표를 달성하기 위해서 모든 것을 활용하는 상태로 바뀌는 것이죠.

거꾸로교실이 ICT교육을 활용하기 좋은 것이 아니고 거꾸로교실이든 다른 교육방식이든 교육의 방향을 틀어서 아이들이 스스로 교육에 몰입하는 상태를 만들면 ICT를 활용할 때 질이 훨씬 더 높아져요. 예컨대, 저희 실험학교 〈거꾸로캠퍼스〉 같은 경우에는 아이들에게 아무런 통제를 안 해요. 와이파이도 다 열려있고, 스마트폰도 제한하지 않고, 학교 들어올 때 아예 노트북도 준비해서 들어오라고 해요. 수업시간에도 그냥 둡니다.

거꾸로캠퍼스의 목적

정찬필 사무총장은 거꾸로캠퍼스 실험을 대학로에서 진행하고 있다. 거꾸로캠퍼스는 공교육 교육과정을 일정하게 활용하면서도 학생들의 자기주도 학습을 상당히 강조한다. 특히 공교육에서 이탈한 아이들에 주목하는데, 통상 공부를 못하는 아이들이 사고를 치거나 부적응으로 이탈하는 경우가 많다고 생각하지만, 상위권 학생들 역시 공교육에 답답함을 느끼는 아이들이 제법 있다. 표준화된 공교육시스템에서의 아이들은 '참는 아이들'과 '뛰쳐나가는 아이들'. '나가고 싶은 아이들'로 구분된다. 개인의 고유성이 인정되지 않기 때문이다. 그런 아이들이 거꾸로캠퍼스에서 창의적 학습을 통해서 살아나고 있다. 공교육은 학생들을 배움을 주체로 인정하는가? 세워본 적이 있는가? 배움의 주체가 되어 실행해본 경험을 우리 모두는 가져본 적이 있는가? 아이러니하게도 공교육에서 추구하는 2015 개정교육과정의 철학이 공교육 밖에서 이루어지고 있는 것은 아닐까? 그것은 교사 개인의 문제인가? 시스템의 문제인가?

거꾸로캠퍼스에 오는 학생 가운데는 기존 학교에서 최상위 그룹에 있던 아이들이 15% 가량 있습니다. 일반고의 최상위권이거나 외고, 특목고에 있던 아이들인데, 그곳에서 이탈한 것이지요. 이 아이들은 기존 학교에서 제공하는 교육이 답답한 아이들이에요. 최상위권의 성적을 가지고도 학습에 대한 강박 때문에 자살 시도를 한 경우도 있었으니까요. 상당수는 원래 있던 학교의 교육과정에서 낙오된 아이들이고요. 저희는 양쪽의 아이들이 모두 섞여서 창의적인 학습이 가능하도록 하고 있습니다. 그 과정에서 기존의 학교에서 불가능할 거라고 여겼던 아이들의 변화를 많이 봅니다.

거꾸로캠퍼스는 교과만으로 수업하지 않습니다. 주제중심, 융합, 문제해결, 프로젝트 교육을 하기 때문에 교과학습을 하더라도 모든 교과가 유기적으로 한 주제를 가지고 연결되어서 움직이는 구조를 취하고 있지요. 우리는 이것을 주제중심모듈교육이라고 표현하는데, 이것이 거꾸로캠퍼스의 기본적인 학습 구조입니다. 공교육에서 국영수사과 등으로 나뉘어져 있는 교과학습을 주제를 중심으로 융합식으로 가르치는 것입니다.

역량교육의 본질은 개인의 삶에 대한 디자인이다

거꾸로 학습의 원리에 따르면 교사의 역할이 제한적인 것처럼 보인다. 강의를 주도하던 역할에서 교사의 정체성은 분명하지만 거꾸로 학습과 같이 학습자 주도로 변화할 때 교사는 학습의 촉진자 역할로 전환이 불가피하다. 하지만 교사의 수업 디자인 기능은 중요해질 수밖에 없는데, 이는 다시 학생의 삶에 대한 디자인과 연결된다. 개인의 생애를 함께 고민하면서 그의 역량을 촉진하고 키우는 과정은 교사의 역할을 새롭게 재구성할 수밖에 없다. 즉, 거꾸로 학습에서의 교사의 역할은 수업설계 정도에 그칠 수 있지만 길게 보면 한 사람의 생애, 진로 등 큰그림을 보면서 관련된 역량을 키워주는 교육이라고 할 수 있다.

흔히 거꾸로교실 학습방법에서는 교사를 촉진자facilitator로 많이 이야기합니다. 초반에는 그 말이 무슨 말인지 잘 이해가 안 되었어요. 말은 좋은데 그래서 교사가 하는 역할이 무엇인지 의문이 들었지요. 그러면서 저희가 발견한 것은 디자이너로서의 교사의 역할이 중요하다는 거였어요. 처음에는 수업을 디자인하는 것이라고 생각했어요. 즉, 교사는 수업활동을 만들고 아이들의 움직임을 예측하고 어떤 자극들을 통해서 학습이 이루어지도록 학생들을 움직이는 거라고요. 지식학습을 전제로 한 이러한 구상을 하고 그것을 수행하는 역할이라고 봤습니다. 그런데 조금 더 차원을 올려보면 교사가 수업과 자기 교과에서의 수업 디자인뿐 아니라 학생 한 명에 대하여 교육 전반에 대한 디자인 혹은 일종의 개인의 라이프 디자인과 관련된 것까지 고려해야 한다는 걸 알게 되었습니다.

교사의 역량교육의 본질을 이해하고 그런 교육을 왜 해야 되는지를 생각하면 각각의 역량들이 실제로 진짜 삶과 어떻게 연결이 되는지, 그리고 그런 역량을 학교 밖에까지 확장시켜 보면 결국 개개인의 삶 전체를 볼 수밖에 없는 것이지요. 그렇지 않으면 역량교육도 마치 특정 교과 커리큘럼처럼 되기 쉬워요.

거꾸로캠퍼스에서 추구하는 인간상: 협력적 문제해결

거꾸로캠퍼스가 주장하는 내용은 많은 면에서 수긍이 가는 것들이다. 그렇지만 그들이 추구하는 교육과정과 프로그램을 온전히 받았다고 할 때, 여느 교육철학처럼 그들 나름대로의 인간상, 핵심역량을 중시하는 사람이 될 가능성이 크다. 그들은 미래 인간상을 어떻게 그리고 있는 것일까? 그는 협력적 문제해결을 핵심역량으로 보았다. 홀로 고립되어 주어진 문제와 씨름하는 외로운 능력자가 아닌 구성원들과 함께 주어진 문제를 해결할 수 있는 사람 말이다. 그는 세계교육의 동향을 살펴보았는데, 지향점이 유사하다고 평가한다. '협력적 문제해결'은 한국사회에 너무나도 절실한 가치이며 교육목표일 수 있다. 경쟁이라는 이름하에 시험문제를 잘 푸는 인재를 한국사회는 원하지 않았던가? 경쟁보다는 협력이, 성적보다는 역량이 중요하다고 말은 하지만 우리의 입시위주의 경쟁 풍토에서는 이상적인 용어에 불과하다. 하지만 전 세계가 그런 가치에 주목하고 변화를 시도하고 있는데, 한국사회는 여전히 박물관에 보내야할 과거의 유물을 붙들고 있는 것은 아닐까?

거꾸로캠퍼스의 교육에는 많은 요소들이 있겠지만, 궁극적으로 '협력적 문제해결'로 좁혀집니다. 혼자가 아니라 협력을 통한 문제해결 능력을 기르는데 집중하는 거죠. 그 과정에 교육의 모든 것이 들어 있다고 봅니다. 협력적 문제해결이라는 목표를 설정하면 교과, 사회감성적 능력, 소통, 비판적 사고 등 핵심역량의 필요한 여러 요소들은 따라 붙는 것이죠.

저는 21세기 가장 핵심적인 역량은 협력적 문제해결력을 키우는 것이라고 생각합니다. 예컨대, OECD에서 21세기의 선도적인 학교 모델들을 추출하고 저희 쪽과 사례들을 이야기해보면 지향하는 방향이 똑같다는 걸 알게돼요. 다만 어떠한 수준으로 가는가, 그런 것을 교육에서 풀어나가는 방식이 얼마나 유효한가 정도의 차이가 있지요.

미국 매릴랜드 주의 앤 아룬 델 카운티Anne Arundel County

의 예를 들어보겠습니다. 카운티 교육청에서 지역 내 STEAM 교육하는 학교들을 대상으로 이 협력적 문제해결 지향의 교육기법들을 시도했어요. 저도 가서 보았는데, 저희가 하고 싶었던 교육들을 막 하고 있더군요. 교육청하고 현장 교사들하고 코드를 맞추어 놓으면 얼마나 재밌는 교육을 할 수 있는지 거기서 본 거죠. 그 뒤에 미국에서도 아주 혁신적인 교육을 한다고 하는 하이테크하이HTH: High Tech High, 영국의 School 21 이런 곳들을 봐도 별로 신기해하지 않기 시작했어요. 새로운 교육을 한다는 것들을 보면 다 동일한 목적지와 비슷한 방법론들을 공유를 한다는 것을 알게 되었기 때문이지요. 그래서 교육혁신을 한다고 하면서 북유럽에 가서 교육모델을 찾는 걸 보면 좀 답답해요. 그쪽도 이미 한계치에 도달해서 이것을 어떻게 바꾸어야 할지 고민하고 있거든요. 세상 어딘가에 교육 유토피아가 있을 것이라는 기대를 버려야 합니다. 지금은 누구도 정답이 없어 창의적으로 문제를 해결해야만 하는 상황입니다.

미래교육은 없다. 지금 해야 되는 일을 해야 할 뿐

미래교육, 미래학교에 대한 논의가 많다. 미래교육을 논할 때 주로 전통교육과 학교를 비판하면서 새롭고 획기적인 무엇인가를 기대한다. 한편에서는 기술을 강조하고, 또 한편에서는 불안감을 자극한다. "빨리 적응하지 않으면 당신은 뒤처질 수 있다"는 메시지가 끊임없이 확대 재생산된다. 한편에서는 AI가 대체할 수 없는 영역은 인간이고, 결국, 인간의 상호작용능력, 인성, 시민교육을 강조하는 흐름도 동시에 나타나고 있다. 정찬필 사무총장 역시 미래교육을 말하기 전에 먼저 지금 해야 할 일부터 해야 한다는 입장이었다. 그에게 미래는 아이들이었다. 그는 기능적이고 처방적인 접근, 쉽게 말해 어떤 문제의 현상에 주목하기보다는 기존에 누적된 문제의 근본 해결을 추구하는 과정이 더욱 중요하다고 말한다.

제가 KBS에서 첫 번째 프로젝트를 할 때 가제로 잡았던 것이 '미래교육은 없다'였습니다. 사람들은 미래라고 하면 무언가 이상하고 화려한 것들을 꿈꿔요. 방송을 위해서 사전 조사하면서 발견한 것은 이게 무슨 꿈꿔야 하는 어떤 것이 아니라 지금 단계에서 지금 필요한 교육을 해야 되는데 그것을 못해서 발생한 담론이라는 생각을 하게 되었습니다. 현재 교육의 문제를 해결하지 못하니, 현재의 문제를 회피하기 위해 실현하지 않아도 되는 미래의 교육을 자꾸 이야기하는 게 아닌가 생각한 거죠. 그래서 '미래교육이 아니라 지금 해야 되는 것을 하는 것이 필요하다'는 메시지를 방송을 통해서 내놓으려고 했었어요. 그래서 '미래교육은 없다'라고 제목을 잡았다가 나중에 너무 센 제목인 것 같다고 해서 긍정적으로 바꾸었죠. 〈21세기 교육혁명, 미래교실을 찾아서〉 이렇게요.

지금도 관점은 같아요. 여기서 지금 이 학교, 거꾸로캠퍼스를 21세기 교육 실험학교라고 이야기하고 한편으로는 미래학교라고 표현하는데, 역설적으로 21세기 교육실험학교라는 말은 21세기가 지금이잖아요. 지금 교육에서 할 수 있는 것까지 최고로 적합한 것을 만들어보겠다고 하는 것이 핵심 아이디어라서 여전히 미래교육은 아이들의 미래를 위한 것이지 교육시스템의 미래는 아니다라는 생각을 하거든요.

이 질문과 관련해서 미래에는 무언가 다른 것들이 필요해, 그래서 인간 상호작용 현상, 그리고 시민교육이 강조되고 많이들 관심 가지시죠. 하지만 사실은 이게 미래에만 필요한 것이 아니잖아요. 과거에도 필요했고 또 현재에도 강조되어야 하고요.

그런데 인성교육을 왜 그렇게 강조하나 생각해보면 사실은 예전보다 인성이 더욱 나빠졌으니까 그런 것 아니겠어요? 예전보다 아이들이 훨씬 정서적으로 사회적으로 문제가 많이 발생하니까 이것을 해결해야 하겠네 하면서 조절하는 거죠. 역설적으로 의문을 가져야 할 것은 학교나 사회적인 시스템이 도대체 어떻게 변화되었기에 아이들이 갈수록 더 망가질까 하는 거예요. 이것은 새로운 약이 필요한 것이 아니라 이 시스템 자체가 이미 병의 원인이라는 관점을 가져야지 풀릴 수 있어요. 실제로 저희가 했던 실험들에서 수업의 방법을 전환하고, 교육에 대한 관점을 전환하면 인성도 수업을 통해서 자연스럽게 치유되는 것을 봤어요. 그 후, 그런 것이 주는 메시지가 아주 강하다고 생각했지요. 즉, 인성교육이 매우 중요하지만 그런 문제를 푸는 방식은, 그것을 강조해서 무엇을 해서가 아니라 기존에 있던 교육 문제를 해결하면 자연스럽게 해결된다는 것이지요.

거꾸로교실이 대세가 된 이유

우리 교육의 고질적인 문제로 학벌사회, 입시위주의 교육, 주입식 교육, 경직된 시스템 등을 꼽는다. 그러나 이러한 문제에 대한 지적과 인식은 있으면서도 예전 교육 방식을 고집하는 학부모들이 많아서 변화가 어렵다는 자조 섞인 목소리도 있다. 변화를 만들어내기 위한 다양한 시도가 분명히 있었지만, 그 열풍이 오래 지속되지 못했고 그 파장 역시 크지 않았다. 그렇다면 거꾸로교실은 훗날 어떤 평가를 받을까? 초기 반짝했다가 시들해질 것이라고 기대했지만 지금도 많은 교사들이 선호하는 인기 연수가 되었으며, 관련 학습조직과 네트워크가 구축되었다. 그 방향성 역시 공감대를 형성했다. 거꾸로교실이 대세가 된 이유를 들어보았다.

거꾸로교실 실험 초반에는 한편에서는 지나가는 유행이 될 거라고 대수롭지 않게 생각했어요. 특히 교육 관련 전문가들은 잠깐 반짝했다가 시들어질 것이라고 전망했죠. 그런데 거꾸로교실은 현재 공교육 혁신의 가장 핵심적인 아젠더로 자리잡고 있어요. 교육청이나 교육부에서 수업 관련 교사 수상 리스트를 뽑아보면 거꾸로교실을 주제로 하거나 키워드를 사용하는 수업들이 거의 싹쓸이해요. 어떤 의미로든 대세를 바꾸는 것에는 성공을 했다고 봅니다. 가장 주목할 만한 혁신적인 교육 방법이라는 데에는 큰 이견이 없는 상태가 된 것이죠. 심지어 교육부에서는 대학 교육혁신에 대해서도 이것을 키워드로 이야기해요. 결국은 2014년부터 던졌던 화두가 일단 광범위하게 받아들여졌고 적용하든 안하든 최소한 이 방향으로 가야한다는 것에는 이견이 없는 것 같습니다. 그런 의미에서 저희가 중요한 역할을 했다고 생각합니다. 일반적인 학교현장에서 할 수 없는 수준의 실험들과 교육을 이야기하고 있으니까요.

학교체제 밖에서 교육의 변화를 시도하고자 하는 그의 안목은 혁신학교의 한계를 다른 차원에서 보게 한다. 하나는 혁신학교 주체들이 갖는 어떤 폐쇄성이 있는데 그것은 우리가 잘하고 있다는 생각에서 나온다. 혁신은 곧 성찰에 따른 실천의 동의어가 아닐까? 혁신학교는 현행 공교육체제 내에서 변화를 시도한다는 점에서 과감한 실험이 어려운 게 사실이다. 그런 점에서 혁신학교 내지는 혁신교육 3.0 시대를 새롭게 고민할 필요가 있다.

> 우리 교육 혁신에 혁신학교가 매우 중요한 역할을 하고 있고, 또 굉장히 좋은 성공 사례도 만들었다고 봅니다. 다만 단위학교 내부에서의 혁신이라는 방식으로 갔던 게 한계점을 만들지 않았을까 하는 생각을 합니다. 저희가 의미 있는 결과를 만들어냈던 방식은 국내뿐 아니라 해외의 혁신 사례들을 다 끄집어 와서 응용할 방법들을 찾은 데에 있습니다.
>
> 저는 혁신학교도 좋은데, 뭔가 체제 안에서의 실험은 어떤 의미에서든지 한계를 가질 수밖에 없다고 봅니다. 혁신학교는 그런 면에서 아주 파격적이기는 했지만, 여전히 시스템이라는 제약이 존재하지요. 예컨대, 미래교육이라고 말을 하거나 교육의 패러다임 전환이라는 말을 하자면 기존의 틀을 완전히 벗어나는 실험이 있어야 하는데, 이미 정해진 교육시스템을 전제로 그 안에서 변화를 시도하면 그게 가능하겠냐는 뜻입니다.

정찬필 사무총장은 교육계의 이단아일지 모르겠다. 전통적으로 교육학을 전공했거나 교단에 선 사람이 아니기 때문이다. 방송국 PD라는 직업을 관두고 제2의 인생을 살아가는 그의 주장과 실천의 내용은 우리에게 익숙해진 내용을 낯설게 바라보게 한다. 통상적으로 어떤 프로그램을 개발하면 개발의 주체자 혼자서 스포트라이트를 받다가 그가 사라지면 프로그램도 사라지는 경우를 종종 본다. 하지만 미래교실네트워크는 놀랍게도 그와 뜻을 함께 하는 핵심교사들 150여 명과 전국 2만여 명의 교사들이 지속적으로 학습하고 연구하고 실천하고 있다. 이들은 수업 기법을 넘어 교육철학과 인식, 패러다임의 변화를 바라본다. 단순히 ICT 등 수업 기법의 문제로 환원하지 않고, 학생들의 주도성과 교사의 촉진성을 결합한 시도는 기존의 공교육이 지녔던 한계에 대한 성찰과 반성, 실천 요소를 우리에게 제공한다.

　　수업혁신을 위한 다양한 시도가 있었지만 현장에서는 그것을 방법론으로 좁게 해석해서 받아들이는 경향이 있다. 하지만 새로운 시도는 결국 인식과 철학이 변화될 때 가능해진다. 우리 교육은 그동안 여행으로 따지면 패키지 상품을 제공했는지 모른다. 반대로 거꾸로교실은 배낭여행처럼, 스스로 결정하고 정보를 찾으면서 시행착오의 과정에 주목하고 있는 것 같다. 그러한 방식은 거꾸로교실이 아니어도 우리 교육이 가야할 길이 아니겠는가? 지금 우리 학교의 교육과정과 수업은 배낭여행과 패키지여행 상품 중 어떤 방식을 제공하고 있는가?

마음을 사로잡는 멘토링

고원형 • (사)아름다운배움 대표

교육은 선생님들만의 몫일까? (사)아름다운배움의 고원형 대표를 만나보았다. 아름다운배움은 1,400명의 후원으로 운영된다. 아름다운 배움은 농어촌 지역이나 소외 지역의 학교를 찾아서 대학생 멘토링을 통해 학생들의 꿈을 찾아주는 단체이다. 학교 밖 선생님, 또는 멘토의 역할을 하고 있다고 볼 수 있다. 교육의 중심에 서 있지는 않지만, 변방에서 공교육을 짝사랑하는 단체라는 느낌을 받았다. 그들은 무엇을 꿈꾸고 있는가? 무엇을 시도했고, 무엇을 얻었고, 무엇에 좌절했는가? 스포트라이트를 받지는 않지만 묵묵히 학교를 지원하는 그들의 이야기를 들어보았다.

불평등을 가속화시키는 제도, 기회가 없는 아이들

그는 본래 법학을 전공하였는데 대학원 시절에 멘토링에 참여하면서 교육불평등 문제가 해소되지 않은 채 뭔가 불합리한 시스템으로 작동되고 있는 현실을 목도하면서 교육에 관심을 기울이게 되었다. 사회적 기본권이 학생의 삶에서 보장받지 못하고 있는 현실이 그에게는 가슴 아프게 다가왔다.

　　원래 인권에 좀 관심이 있었습니다. 근데 여러 가지 일을 겪으면서 법이라는 게 인권을 보호하는데 사후 처방 같다는 생각이 들었어요. 그런 면에서 사회학적으로 예방하고 뭔가 준비할 수 있는 것이 교육이라는 생각이 들었지요. 정치적인 기본권이 침해되면 언론에 보도도 되고 눈에 보이지만, 사회적 기본권에 대해서는 우리가 침해되는 것들이 가시적으로 잘 보이지 않죠. 교육과정도 사실 공부 잘하는 아이들 중심으로, 중상위권 중심으로 돌아가는 경향이 있어요. 이 점에서 눈에 보이지 않는 사회적 기본권이 교육과 인권의 영역에서 나타날 수 있겠다는 생각을 했어요.

　　제가 교육을 인권 침해의 관점에서 바라본 계기가 있었습니다. 대학원생들과 함께 한부모 아이들을 대상으로 복지관에서 멘토링을 했어요. 아마 그 당시에 적극적으로 펼쳤던 정책 중 하나가 방과후교실이었어요. 초기였는데, 방과후교실 취지가 교육불평등 문제를 해결하자는 취지잖아요. 제가 만난 멘토링 아이가 수업을 하는데 자꾸만 조는 거예요. 왜 그러냐고 물어봤죠. 방과후수업으로 축구를 한다는 거예요. 넌 공부도 부족한데 왜 축구를 하냐고 물었어요. 그랬더니 그 아이 답이, 자기에게는 그런 기회를 학교에서 안 준다는 거예요. 왜냐하면 방과후교실이 세팅이 되면 폐강이 안 되려면 아이들의 숫자를 채워야 해요. 그런데 학교 선생님이 운영하는 교실에 공부 못하는 애가 끼어 있으면 불편하잖아요. 그래서 공부 잘하는 애들은 국영수하고, 학원 가고, 공부 잘 못하는 애들은 축구하고 체험활동하고 이런다는 거예요.

어려운 아이들에게 도움을 주려고 시작한 제도가 오히려 불평등을 심화하고 있는 방과후교실 운영을 보면서 이건 아니다고 생각했죠.

멘토, 그 이상을 꿈꾸다

그는 멘토링을 교육생태계의 판을 흔들 수 있는 좋은 실천 도구로 생각한다. 처음에는 대학생들의 교육 기부를 통해서 학생들의 어려움을 돕고, 공부를 잘할 수 있도록 돕자는 취지로 시작했지만, 이 과정에서 학교 교사들의 시각에도 변화가 나타났다. 대학생들의 열정과 학생들에게 다가가려는 모습을 보면서 자극을 받고, 그들 스스로 교육과정과 수업을 바꾸기 위한 노력으로 이어졌다는 것이다. 동시에 학부모들을 향해서 메시지를 던진다. 단순히 남들이 알아주는 직장인의 삶을 꿈꾸기보다는 사회에 공헌하고 더불어 살아가는 삶의 모델이 있음을 자신들을 통해서 보여준 것이다.

처음에는 대학생들이 가지고 있는 재능을 교육 기부를 통해서 아이들을 도와주려고 시작했어요. 지금은 전형과 비전형의 교육생태계를 흔들어보고 싶은 고민으로 이어졌지요. 지금 우리는 학교에서만 멘토링을 하고 있어요. 그 이유는, 멘토링하는 아이를 돕는 것도 있지만 학교 선생님들의 변화를 바라기 때문이에요. 실제로 규모가 작은 학교에 가면 학생 수가 적은데도 조는 아이들이 많아요. 그런데 전문성이 부족하다고 무시했던 대학생들의 도움으로 아이들이 졸지 않고 활동에 참여하는 모습들을 보면서 교사들이 수업하는 방식이나 진행 방식을 바꿔보기도 하고, 가르치는 것 위주에서 프로젝트수업, 학생참여중심수업 같은 것도 시도하고 그래요.

또 부모들한테도 좋은 대학 보내고, 돈 많이 버는 직종이 아니라 이렇게 봉사하는 대학생들 봐라, 돈을 많이 버는 직장뿐만 아니라 사회에 공헌하고 함께 더불어 살아가는 직장을 가질 수 있다. 이런 생각을 가질 수 있게 실천한 것이죠. 뿐만 아니라 단순히 대학생 멘토와 아이의 만남에 그치지 않고 이 만남을 통해서 학부모들의 인식을 어떻게 바꿀 것인가, 학교의 패러다임을 어떻게 바꿀 것인가, 지역사회를 어떻게 살릴 것인가 하는 생각도 합니다. 우리가 모든 것을 확 바꿀 수 있는 역량은 안 되겠지만 그래도 판을 흔들어보고 싶고 그 역할은 해보려고 하고 있습니다.

청년을 돕는 교사들, 어른들

그러나 교육이 어디 의지만으로 이루어지는 것인가? 대학생 멘토링은 수익을 내기 어려운 구조이다. 봉사를 하겠다고 해도 학교에서 쉽게 문을 열어주지 않는다. 그런데도 20명 이상의 직원을 거느린 단체로 10년 가까이 이 조직을 운영할 수 있는 비결은 무엇일까? 그는 그들을 도와준 어른들, 특히 선생님들이 있었다고 말한다. 그들의 가치와 진정성을 알아주고, 그들이 자리잡을 수 있도록 도와주고 연결시켜주는 인생의 선배들 때문에 일을 시작할 수 있었다고 말한다. 검증되지 않은 단체였고, 성과가 나오지 않으면 추천과 연결을 해주었던 어른들은 그동안 쌓아온 신뢰가 무너질 수도 있었는데 그 부담을 기꺼이 감내해주었다. 아름다운 뜻과 가치를 가진 청년들이 무엇인가를 시도할 때, 그들을 도와주는 조직과 어른은 누구인가? 우리사회는 얼마나 그들을 도와주었을까?

　　사실 지금이라면 못할 거 같은데요. 무식하면 용감하다고 그때 겁이 없었던 것 같아요. 제가 그 일을 할 수 있었던 가장 큰 힘은 사람들이었습니다. 좋은 교육을 꿈꿨던 공교육 교사들이 다리 역할을 많이 해주셨어요. 학교라는 조직이 폐쇄적인 속성을 지니고 있어 쉽게 문을 열지 않는데, 그 안에서 변화와 희망을 꿈꾸는 교사들이 기존의 기득권 내지는 보수적 집단들과 싸움을 하면서 길을 열어주셨어요. 좋은 교육을 꿈꾸는 교사들의 희생이 있었던 거죠. 사실 교육이라는 건 눈에 보이지 않는 서비스잖아요. 당장 물건을 만들어서 주는 게 아니니까요. 프로그램이 학교에 들어왔을 때 아직 증명되지 않는 것들이잖아요. 그런데도 젊은 친구들이 뭔가 해본다고 하니까 기꺼이 도와주셨어요. 만약 잘못되면 뒷감당을 해야 하는 부담을 기꺼이 감내하신 거죠. 멘토링을 해보려는 청년들이 있다, 내가 보니 교육청에는 일방적으로 추진했던 기존의 멘토링과는 다른 거 같다, 뭔가 연구를 한 것 같다는 논리로 학교와 기관들을 연결시켜 주셨어요.

분석과 차별화를 위한 시도들

대학생 멘토링은 지속 가능성과 효과성, 전문성 차원에서 의문을

제기할만하다. 교대와 사범대에서 교원자격증을 따기 위해서 적지 않은 과목을 들었던 교사들도 버거워하는 학생들이 적지 않다. 이런 학생들을 과연 대학생들이 얼마나 감당할 수 있을까? 이미 많은 멘토링 프로그램이 있는데, 군이 아름다운배움에게 멘토링을 맡겨야 할까? 아름다운배움의 멘토링은 무엇이 다른가? 이에 대한 답변은 간단했다. 연구와 분석을 통한 차별화였다. 그는 대한민국의 멘토링 프로그램을 거의 다 분석했는데, 결론은 멘토링은 양이 아니라 질이다. 이를 통해 성공할 수 있는 요소 10가지를 추출했다고 한다. 일대일 멘토링보다는 집단 멘토링 방식으로 전환을 시도했다. 그는 한 개인의 멘토에게 맡기는 방식이 아닌 다수와 다수가 만나는 방식을 시도했다. 서류상으로, 형식적으로 이루어지는 멘토링의 문제점을 그는 비판한다.

동시에, 나름 사연을 가진 어려운 아이들이 멘토 프로그램으로 연결될 가능성이 높은데, 대학생 개인에게 맡겨놓는 방식이 문제였다고 보고, 이를 추진하는 단체의 전문성과 기획 능력이 중요하다고 말한다. 멘토링은 단순히 멘토링 단체와 학생의 매칭 서비스 이상의 고민과 기획, 실천 역량이 필요하다는 것이다.

서비스의 양이 부족한 것도 있지만, 결국 서비스의 질에 문제가 있다고 생각해서 기존에 있는 멘토링들을 분석하고, 기존에 교육청에 참여했던 멘토들을 섭외해서 인터뷰를 했습니다. 그렇게 6~7개월 정도 분석한 후 성공할 수 있는 멘토링 요소 10가지를 추출했습니다. 예를 들면, 일대일 멘토링은 안 된다는 것입니다. 불완전한 대학생들에게 불완전한 청소년들을 일대일로 맡기는 방식은, 형식적으로 흐르거나 실패할 확률이 높습니다. 그런데 대부분의 교육청에서 하는 멘토링이 이런 방식이에요. 학교 교사들도 멘토링이 오면 자원봉사인데 알아서 하겠지 하면서 대학생들에게 아이 하나를 맡겨버려요. 그러면 아이들도 학교에서 억지로 시키니 하기 싫다고 연락 안 되고. 대학생들도 연락 안 되고… 아이들도 멘토링 하기 싫고 대학생은 멘토링 해야 돈이 나오니까 짜고 치는 고스톱을 한 거죠. 아이들은 만났다고 하고 대학생도 만났다고 하고 활동비만 받아가는… 서류상으로만 그렇고. 실질적으로 이 친구들이 어떻게 하고 있는지 잘 모르는 거죠.

대학생 한 명에게 아이 한 명을 책임지게 하는 일대일 멘토링은 하지 않으려고 해요. 불완전하거든요. 우리는 집단 멘토링, 5대 5, 6대 5 멘토링처럼 한 공간에 모여서 같이 멘토링을 진행하죠. 일대일 멘토링은 알아서 만나는 방식이기 때문에 대학생이나 아이들이 준비되어 있지 않은 경우가 많아요. 하지만 우리는 집단 또는 그룹 멘토링을 하면서 학습보다는 아이들의 꿈이나 동기부여할 수 있는 프로그램들, 그리고 체험 중심의 문화예술 프로그램으로 들어갑니다. 그리고 멘토 관리를 어떻게 할 것인가 하는 고민들을 담아냈어요.

어른 친구가 생겼어요!

그가 말하는 멘토링은 멘토의 개인기에 의존하는 방식이 아니라 사전 교육, 질 관리 시스템 등을 모색한 것이었다. 그런데 왜 멘토링 방식을 채택한 걸까? 그것은 아이들이 외로움을 느끼고 있기 때문이란다. 멘토링은 이 외로움에 반응하는 과정이다. 나와 너의 만남이 이루어지고, 이 과정에서 나의 이야기를 들어주고, 나의 존재에 대해서 인식해주는 어떤 존재를 경험하게 되는.

고원형 대표의 이야기 중에서 뼈아픈 대목이 있다. 선생님들이 워낙 바쁘기 때문에 아이들에게는 먼 존재로만 느껴질 수 있다는 것이다. 교육은 스승과 제자, 친구와 친구, 사람과 사람의 만남이고, 관계이고, 이해의 과정인데, 입시 위주의 교육, 경쟁과 행정 중심의 학교 풍토는 아이들과 교사들이 만날 수 있는 물리적, 정서적, 시간적 공간을 축소시킨다. 가정의 위기는 아이들의 위기로 찾아온다. 이 외로운 존재를 만나는 과정이 고원형 대표가 말하는 멘토링이다.

왜 멘토링이냐고요? 그것은 사람을 바라보는 제 철학이에요. 철학자 자크라캉에 의하면 아이들의 성장은 나라는 사람은 너를 경험하면서, 너는 나라는 사람을 경험하면서 자아를 형성해나갑니다. 저는 우리나라 아이들이 '너'를 경험해 보지 않기 때문에 무기력해진다고 생각해요. 그러니까 실질적으로 아이들 주변에는 많은 사람들이 존재하지만 우리나라 아이들은 그 사람들을 너라고 인식하지 않는다는 거죠. 우리가 핸드폰에 수많은 사람들이 있지만 이 모든 사람들과 연락하면서 너라고 인식하지는 않잖아요. 그러니까 아이들도 학교 선생님이 존재하고 상담 선생님이 존재하지만, 그 사람을 너로 인식하지 않는 거죠. 멘토링을 하면 우리 청소년들이 저희한테 하는 말이 그거예요. "저한테 어른 친구가 생겼어요!" 아이들이 친구가 없는 거예요. 친구가 없는, 너라고 인식하지 않는 학교 선생님들은 존재하지만, 저 사람이 나랑 밀접한 관계가 있는 너라고 인식할 수 있는 사람이라고 생각하지 않는 거죠, 존재하지만 인식하지 않는…. 어른 친구란 표현은 학교 선생님들은 워낙 바쁘기 때문에 아이들은 나를 봐라봐주길 원하는. 왜냐하면 집에서도 맨날 공부해라 뭐해라 하고, 공부하는 기계처럼 여기니깐 내가 없는 겁니다. 나를 봐달라는 거죠. 나를 봐달라. 그런데 누구도 자기를 봐주지 않고…. 한마디로 요즘 아이들이 외로운 겁니다. 이 지점이 어른들이 이해를 못할 수 있지요. 왜 외롭냐는 반문을 할 수 있지만, 모든 학생들이 다 외로워하고 있습니다. 자기도 이야기하고 싶고 자기 생각도 이야기하고 싶은데, 누구도 자기 존재에 대해서 귀 기울여주지 않는, 자기 존재에 대해서 귀 기울이지 않는 상황에서 외로움을 느끼는 것입니다.

학생을 분석하려 들지 말고, 만나고, 이야기하고, 반응하라

여전히 궁금했다. 전문성이 없는 대학생들이 어떻게 아이들을 만나서 감동을 주고, 변화를 이끌어내는 것일까? 공교육의 빈자리를 무명의 대학생들이 메운다는 것이 가능할까? 그는 전문성을 다르게 해석한다. 아이들의 특성과 속성을 분석하는 전문성이 아닌 아이들에게 다가가고 만나고 공감해주는 전문성, 아니 인간과 인간이 진심으로 만나는 과정 자체가 가장 중요한 전문성이라고 말한다. 한 가지 재미있는 사실은 멘토링 프로그램에서 효과가 좋은 경우를 보면, 사범대나 사회복지, 심리학과보다는 공대생이라고 한다. 분석하고, 원인을 찾으려하기보다는 단순하게 아이들을 만나고, 놀아주기 때문이다. 세월호 참사 이후, 생존 학생들을 그는 도왔는데, 그때에도 학생들의 어려움을 분석하기보다는 함께 울고, 밥 먹고, 그들의 곁에 머물러주었다고 말한다. 아이들에게 최고의 전문가는 누구일까? 아이들 곁에서 그들과 교감하며, 머물러주는 사람이다. 아름다운배움 고원형 대표는 머리로 만나는 전문성 이전에 가슴으로, 삶으로 만나는 전문성이 우선되어야 하고, 그 이후에 분석과 처치가 필요하다고 한다.

전문가들은 분석, 진단, 평가하는 게 역할이죠. 아이에 대해서도 마찬가지로 분석하고 평가하고요. 그런데 대학생들은 사실 그런 전문성이 없어요. 제 경험에 의하면, 우리 단체에서 역대 멘토링을 제일 잘하는 학생이 공대생이었어요. 상식적으로 생각할 때는 사범대나 사회복지학과 심리학과 학생들이 멘토링을 잘할 것 같잖아요? 그런데 이 학생들도 전공지식을 가지고 아이가 지닌 문제점을 분석하면서 문제를 해결하려고 해요. 문제점과 원인에 집중하다 보니까 아이와의 만남에 집중하지 못합니다. 일반화하기는 어렵습니다만, 공대학생들은 상대적으로 교육이나 상담능력은 부족한지 모르지만, 아이들과 잘 놀아줘요.

세월호 참사가 발생했고, 생존 학생들을 돕기 위해 내로라하는 전문가들이 많이 오셨지요. 전문가들도 대학생들을 내심 무시해요. 너희들이 뭘 할 수 있다고 왔어? 이런 거죠. 전문가들이 원인을 분석하고 진단하고, 해법을 찾으려할 때. 우리는 친구 보고 싶어? 그럼 나랑 보러 가자. 분향소 가서 같이 울고, 안아주고, 같이 밥을 먹었습니다. 그러니까 전문적인 지식이 오히려 편견과 선입관으로 작용해서 사람을 보기 때문에 인간적인 교류와 만남을 방해할 수 있다는 겁니다.

멘토링을 바라보는 학교의 두 가지 반응: 폐쇄 vs 혁신

진정성과 전문성, 열정을 지닌 청년들이 학교를 돕겠다고 나설 때, 학교의 반응은 어떠했을까? 환영했을까? 아니면 경계했을까? 지금은 아름다운배움이 알려지면서 호의적인 태도를 보이는 학교가 많아졌지만, 여전히 학교 문을 열지 않는 곳이 많다고 한다. 그러면서 여러 학교와 함께 프로그램을 진행하면서 들었던 공교육의 아쉬움과 한계에 대해서 토로한다. 그렇지만 협력과 연대를 통해서 학교의 변화 가능성 역시 존재한다고 말한다.

기본적으로 학교는 다른 단체와 조직과 연대하고 협력하는데 익숙하지 않다. 교과전문성을 교사들이 지니고 있다 보니 교육은 교사들이 감당해야 할 몫으로 인식한다. 동시에 외부단체와 협력하여 일을 하다가 안전사고 등이 발생하거나 교육의 질을 담보하지 못하는 상황에 대한 두려움이 작동한다. 학교 내부에서 교육과정을 완결하려는 경향이 강하다. 고원형 대표는 아름다운배움이 단위 학교와 협력을 하려고 할 때, 학교에서 보인 복잡한 반응에 대해 설명했다. 크게는 폐쇄적 태도를 고수하는 것이다. 안타까운 지점은 학교 내부의 교육과정이나 수업의 질이 높지 않음에도 불구하고 자칫 외부단체와 비교될 수 있다는 우려 때문인지 아예 프로그램 도입 자체를 원천봉쇄한다는 것이다. 다행히 요즘은 학교의 문제와 한계를 인정하고, 교육과정의 협력과 협업 구조를 통해서 혁신을 시도하는 사례도 나타나고 있다고 한다. 학교 내부의 위기, 그리고 학생들이 처한 한계 상황을 도울 수 있는 시스템을 구축하기 위해서는 학교 내부에서 치열한 논의가 필요하고, 교육과정과 연계하고, 상호 협력하는 모습이 필요하다. 그러나 내부의 위기를 위기로 인식하지 않고, 문제를 문제로 바라보지 않을 때 변화와 혁신은 찾아오기 어렵다. 고원형 대표는 학교의 폐쇄적인 모습과 반응을 보면서 때로는 좌절했고 상처를 받기도 했다. 하지만 학교 내부에서 변화를 열망하는 교사와 학부모들을 통해서 조금씩 변화의 사례를 축적하고 있었다.

기본적으로 많이 반대를 합니다. 왜냐하면 기본적으로 연세가 많은 교장선생님들은 살아오면서 외부집단이 학교에 들어온 걸 본적이 없어요. 예를 들면, 1박 2일, 2박 3일 프로그램들은 많이 있지만 대학생들이 들어와서 학교에서 먹고 자는 이러한 프로그램들을 경험해본 적이 없는 거죠. 두 번째는 자존감과 실력있는 교사들도 외부집단이 들어오는 것을 두려워합니다. 어쨌든 내 새끼들이다는 관점을 고수하기 때문에 공간이 나오지 않습니다. 그런데 실력과 자존감이 떨어지는 교사들도 저희를 싫어해요. 비교집단이 생기기 때문이죠. 아이들이 새로운 사람을 만나게 되면서 교사들과 저희들을 비교할 수도 있거든요. 그 외에는 편의주의입니다. 멘토링이나 캠프가 들어오면 학교에서는 일이 생기는 거잖아요. 선생님들은 대개 방학 때 나오기 싫어하는데, 저희는 방학 때 하기 때문에 귀찮아하죠. 학교 입장에서는 멘토링을 안 해야 할 이유를 교사가 만들기 시작하면 수백 가지를 만들더라고요. 예를 들면 이런 거죠. 어떤 지역의 학교는 기말고사 끝나고 애들 생활관리가 안 되는 거예요. 학교 선생님들도 딱히 할 일이 없어서 맨날 비디오만 틀어줘요. 아이언맨, 어벤져스 같은 영화들이죠. 그런데 영어 선생님도 아이언맨 틀어주고 수학 선생님도 아이언맨을 틀어주는 거예요. 비디오 틀어주는 건 좋은데 교무실에서 합의하면 안 되나요? 이런 이야기가 나와서 학교 학부모들이

나 깨어 있는 교사들이 기말고사 이후 비디오 틀어주고 놀릴 거면 멘토링을 하자고 건의를 했어요. 그런데 의외로 아이들이 엄청 좋아하고 열정이 생기니까 학교들이 오히려 싫어해요. 그러면서 이후에 이리저리 핑계를 대더군요. 수업시수가 부족하다, 이런 거요.

　　이런 사례도 있어요. 너희는 너희고 우리는 우리다. 이러면 안 되겠다. 우리 새끼들을 대학생한테 맡기냐. 그래서 평소에 2주를 하는데 3일 간은 학교 선생님들이 대학생들과 섞여서 협력수업을 했어요. 예를 들면, 혼자 못하는 수업 있잖아요. 과학 원리를 적용해서 아이스크림 만드는 수업을 해보고 싶은데 그게 뭐 쉽지 않으니까 대학생들하고 미리 만들어가지고 하는 방식. 그러면서 수업이 바뀌는 사례를 만들어내는 학교도 있어요. 그러면 저희 역량도 있지만, 교사들의 역량이 달라지는 거죠.

왜 시골인가: 선순환을 꿈꾸다

아름다운배움은 대도시나 도시보다 농어촌 지역을 중심으로 활동한다. 왜 그 어려운 길을 걷고 있는지 물었다. 그는 먼저 인프라가 부족한 지역의 열악한 상황을 일깨워주었다. 그런데 시간이 지나면서 멘토 프로그램에 참여했던 학생들이 멘토를 자처한다는 것이다. 그는 지역의 아이들이 서울로, 도시로 떠나려 하는 상황을 안타까워하면서 자신이 살고 있는 지역에 대해서 애정을 느끼게 만들고, 그들이 다시 지역에서 기여할 수 있는 시스템을 모색하고 있다. 시골을 강남처럼 만들 수는 없지만, 다른 방식으로 아이들을 기를 수는 있다. 멘토링 프로그램이 자칫 시골의 아이들이 도시의 대학생을 만나서 '어서 나도 대학생이 되어 이 지역을 떠나야지' 하는 생각을 할 수도 있다. 이러한 우려를 반영하여 아름다운배움은 가능하면 지역 인근의 대학생들을 모집하여 지역의 학생들과 연결시킨다. 이는 곧 선순환과 지역의 자기 재생의 일환으로 이해할 수 있다. 단순히 치고 빠지는 멘토링 프로그램이 아니라 지역과 함께 호흡하고, 지역의 아이들을 기르고, 지역과 함께 성장하는 방식으로 전환했음을 시사한다.

시골 학교에서 우리 프로그램을 하는 가장 큰 이유는, 방학 때 할 게 없어서 그래요. 특히 방학 때는 아이들이 거의 방치되어 있어요. 시골에 있는 학교 아이들이 도시 아이들보다 게임중독률도 어떻게 보면 높아요. 그래서 학교 선생님이 아이들을 위해 뭔가를 해보려고 시도했어요. 그런데 처음 10명을 모아서 수업을 했는데, 첫날에는 10명, 둘째 날 9명, 셋째 날 7명, 마지막에는 1명만 남더라는 거예요. 재미가 없었던 거죠. 그런데 대학생들이 들어오니 달라지더라는 걸 경험하고는 방학 때 방치 상태에 있거나 돌봄이 부족한 학생들에 대한 고민을 선생님이 하면서 저희와 연결이 된 겁니다.

교육은 사회와 분리될 수 없기 때문에 현재 제가 가지고 있는 고민들은 대한민국의 지역 불균형을 어떻게 할 것인가예요. 실제로 지금 작은 학교들은 거의 다 무너지고 있고, 학교 인원도 빠지고 있어요. 저는 이것을 교육으로 해결할 수 있다고 생각해요. 인구절벽의 시대에 사라져가는 지역과 고향을 어떻게 살릴 것인가 하는 고민들을 교육과 연결하고 있습니다. 그 희망을 우리 프로그램에 참여한 아이들이 자기 지역을 폄하하거나 더러운

곳, 낙후된 곳이라 생각하지 않고 자부심을 느끼는 것에서 확인해요. 보통 중학교 1학년만 되어도 지역을 떠나려고 하거든요. 여기 있으면 되는 게 하나도 없으니까요. 그런데 혁신학교와 저희가 키운 아이들은 지역을 오히려 자랑스럽게 생각하고 지역에 대해서 뭔가 이익이 된다고 생각해요. 그래서 그 아이들이 이제 대학생이 돼서 고향 후배들을 돕는 선순환 구조를 꿈꾸고 있습니다.

외로움과 모멸감을 느낄 때, 힘들어요

그들이라고 해서 항상 웃었을까? 힘들고 어려웠던 경험을 물어보았다. 교육 분야에서 아이들을 함께 품고 있고, 공교육과 학교를 돕는데 자신들의 사명이 있다고 생각했지만, 곁을 내주지 않는 교사와 학교 때문에 때로는 외로움을 느낀다고 말한다. 물론, 그들을 적극적으로 돕고 후원해주는 교사들이 훨씬 많다. 아름다운배움은 분명 공교육에서 변화를 모색하는 교원 지원 그룹의 힘에 의해서 성장했다. 그러나 이들에 대해서 제대로 알기도 전에 어떤 판단을 내리고 모멸차게, 심지어는 잡상인이나 업자 취급을 하면서 내몰릴 때 견딜 수 없는 마음의 어려움을 겪는다고 말한다.

처음에는 외로움을 느꼈어요. 저도 같은 교육을 고민하고 있는데 우리나라에서 교육단체의 임원들은 주로 교사 출신이 맡죠. 그러니까 교사가 아니면 뭔가 쉽게 교육에 대해 말하기 어려운 게 우리 사회 분위기입니다. 그리고 학교 선생님들이 저희를 믿지 않아요. 심하게 말하면 사기꾼이 아닌가 하는 의심도 하지요. "왜 너희들이 돈을 들여서 프로그램을 아이들에게 제공하나?" 때로는 잘 아는 선생님이 학교를 연결해줘서 가도 막상 들어가면 잡상인 취급을 하기도 해요.

인간적인 모멸감을 느낀 경우가 상당히 많았어요. 일반 봉사 학생들은 더 심하지요. 교사들한테 모멸감을 느낀 경우도 있고, 학교의 갑질을 경험하기도 했어요. 그래서 우리 구성원들이 힘들 때 농담 삼아 이런 말을 해요. "대표님, 차라리 아프리카 아이들을 돕죠. 우리나라에서 일하는 게, 학교에서 일하는 게 너무 어렵습니다. 이 에너지를 차라리 아프리카 아이들을 돕는데 쓰자."

그런데도 왜 이들은 이 일을 지속하는 것일까? 고원형 대표는 주저 없이 힘들고 어려운 아이들, 부정적 언어에 사로잡힌 아이들에게 우산이 되고 싶다고 말한다. 힘들고 어려운 아이들은 우산이 되는 한 명만 있어도 절대로 무너지지 않는다고 말한다. 그는 적어도 한 명 이상은 살렸다고 자부한다. 그래서 이 일에서 재미와 의미와 보람을 느낀다고. 그는 현장에서 선생님들을 만날 때 연예인을 만나는 것처럼 가슴이 뛴다고 한다. 혁신학교와 혁신교육은 현장에서 위기의식을 느꼈고, 이를 해결하기 위한 실천의 과정이다. 아이들을 중심에 놓고, 그들의 삶에 도움을 줄 수 있는 해법을 선생님들은 모색했을 것이고, 어떤 선생님들은 아름다운배움이라는 단체를 떠올렸을 것이다. 그래서 고원형 대표는 조연을 자처한다. 교육목표를 이루는데 공교육이 중심이 되고, 선생님이 주연이 되고, 그들을 돕는 이들로 남고 싶다고. 목표를 함께 이루는 것이 중요하다. 스타는 아니지만 현장에서 아이들의 삶을 놓고, 고민하고, 실천하는 선생님과의 만남이 이 일의 보람이라고 말한다.

우리가 항상 그러잖아요, 정말 단 한 사람 나를 신뢰하고 나를 밀어주는 단 한 사람만 있으면 인생은 살아갈 만하다. 저는 아이들한테 그 한 사람이 되고 싶었고, 만들어주고 싶었어요. 아이들은 정말 끈끈하고 밀도 있는 인간관계를 경험하면 자존감이 회복되고 의욕을 되찾더라고요.

저는 개인적으로 잘 모르겠지만 내가 죽을 때 그래도 한 명은 살리고 죽었구나. 그러면 참 이 세상을 의미있게 살았다는 생각이 들 것 같아요. 근데 제가 단언할 수 없지만 한 명 이상 살린 것 같습니다. 제 직업이 나쁜 일은 하는 건 아니잖아요. 뭔가 선한 영향력을 끼칠 수 있는 직업이다 보니 직업 자체가 가지는 매력이 있습니다. 제가 누군가와 투쟁하는 것도 아니고, 저의 어떤 행동들이 누군가에게 나쁜 점, 부정적인 영향을 미치는 것도 아니니 우리가 학교랑 잘 조인하면 좋은 것밖에 없죠. 대학생들도 우리를 통해서 성장하고, 저는 개인적으로 제가 좋아하는 일이고 하고 싶은 일이라서 의미와 보람을 느낍니다.

사실 제가 제일 행복한 것 중에 하나가 정말 평범한 훌륭한 교사를 만나는 겁니다. 제일 행복한 일이고 연예인 만나는 것처럼 가슴 뛰고 그렇습니다.

농어촌 학교에서 미래학교의 모델을 찾아야

고원형 대표는 농촌지역의 특성에 맞는 수업이 제대로 이루어지고 있지 못한 현실을 안타까워했다. 학급당 인원수가 몇 안 되는 학교라고 해서 수업의 질이 저절로 보장되지 않는다. 농촌의 장점을 살리지 못하는 수업과 교육과정은, 학교에 대한 비전과 학습공동체를 통한 구성원들의 치열한 학습과 논의가 부재하면 결국 교사의 열정과 전문성에만 의존할 수밖에 없고, 이 과정에서 교육의 격차는 심화될 수 있다.

농촌교육에서 미래교육의 가능성을 찾아야 한다. 지금도 학교가 지역사회에서 나름의 기능을 하면서 자리매김하는 모델이 있기도 하다. 마을과 학교의 유기적 연결의 가능성이 존재한다. 도시의 학교보다 학급당 인원수가 적고, 입시에 대한 압박이 약한 현실 등을 감안하면 오히려 새로운 실험을 할 수 있는 가능성이 크다. 이를 위해서는 학교가 보다 지역사회에 열려야 하고, 지역사회 역시 학교와 함께 호흡해야 한다. 학교 공간의 활용, 교육과정의 변화, 사람과 사람의 의미있는 만남, 지역사회의 협력 등은 농어촌 학교에서 가능성을 찾을 수 있다.

학교 다니는 것을 뛰어넘어서 지역교육 기반으로 교육하는 방법을 고민할 시점이 왔다고 생각해요. 지금도 시골 학교들은 이미 지역센터, 복지관 이런 역할과 기능을 하고 있어요. 지역사회에 이런 시설들이 거의 없기 때문이죠. 미래사회의 변화는 중심이 아닌 주변에서 온다고 봅니다. 저는 미래의 어떤 학교의 상을 가장 잘 실험할 수 있는 곳이 농어촌 학교라고 생각해요. 왜냐하면 이해관계도 적고 학생 수도 적고 뭔가 자원들을 붙이기도 용이하고, 도시 학교보다 복잡하지도 않고요. 작은 학교들 중심으로 학교와 지자체, 지역의 대학, 지역 주민들이 함께 협력하고 고민하면 혁신학교 이상의 효과를 낼 수 있다고 봅니다.

아름다운배움이 처음 시작할 때, 많은 이들이 우려를 했다고 한다.

학교의 폐쇄적 속성, 대학생 멘토링의 지속가능성과 전문성의 한계 등을 우려하여 아무리 뜻이 좋아도 좌절감을 맛볼 가능성이 크니 다른 모델을 찾아보라는 권유를 많이 받았다. 그런데도 이 단체가 10년 이상 조직을 유지했다. 그 동력은 무엇일까? 우선은 콘텐츠를 개발하고 연구했다는 점이다. 이 단체는 진로, 리더십, 멘토링, 학습, 자존감 등 학생들한테 필요한 콘텐츠를 연구했다. 이를 위하여 다른 단체 사례나 해외 사례를 연구분석하면서 자신들의 실천 전략을 찾았다. 두 번째로는 책임지는 플랫폼시스템을 구축했다. 학생들과 학교를 단순히 연결해주는 기능에 그치지 않고, 기존의 멘토링시스템이 지닌 한계를 넘어서기 위한 기획과 전략을 끊임없이 모색했다. 동시에 전문성에 대해 재해석을 시도했다. 머리로 만나지 말고, 가슴으로 일단 만나는 방식으로 아이들을 먼저 만났다.

그리고 도시보다는 농촌을 우선순위로 삼았다. 열악한 지역에 그들의 물적, 인적 자원을 먼저 쏟겠다는 철학을 실천한 것이다. 하지만 선한 의지만으로 청년들이 그 뜻을 온전히 실현할 수는 없었다. 그들을 기꺼이 도와주려는 어른들이 있었다.

고원형 대표는 절망과 희망을 함께 말했다. 특히, 농촌지역의 학생들이 갖는 어려움을 그는 정확히 보고 있었다. 이런 상황은 단위 학교의 폐쇄성으로 극복되기 어렵다. 어려울수록 전문성과 열정, 진정성을 가진 사람과 단체, 조직을 활용해야 한다. 그렇게 학교의 내적 혁신 동력과 외부의 지원 시스템이 함께 만날 때 아이들이 살아날 수 있었다.

교육은 타인과의 의미있는 상호작용을 통해 나를 만나는 과정이다. 고원형 대표는 아무리 힘들고 어려운 아이들이라고 해도, 힘든 인생에서 우산이 되어줄 단 한 사람이 있다면 아이들은 쉽게 무너지지 않는다고 말한다. 그렇게 만난 아이들이 다시 멘토를 자처한다.

고원형 대표는 지역의 선순환 구조를 고민한다. 초기에는 서울의 유수한 대학의 학생들을 멘토로 연결했지만, 지금은 지역의 대학들과 연계하여 이 지역의 아동과 청소년들을 만나면서 함께 성장하는 시스템을 모색한다. 그는 지역의 청년들이 서울로 떠나지 않고 지역에서 자리매김할 수 있는 전략과 방안을 모색하고 있다. 아동과 청소년의 인생을 넘어 청년들의 인생을 모색한다. 그래서 청년학교를 시작한다.

교육 분야에서 경계인처럼 그는 존재하고 있다. 스포트라이트를 받지 못했다. 학교와 교육청에서 반기는 존재도 아니다. 하지만 그들을 아는 사람들은 그들을 돕기 위해서 발벗고 나선다. 아름다운 사람들이 여전히 많은 세상이다. 고원형 대표는 미래학교의 모델이 오히려 농촌에 있다고 말한다. 그의 이야기를 교육부와 교육청 등 정책관계자들이 눈여겨봐야 하는 이유다.

교사를 교사답게, 학생은 학생답게

홍섭근 • (재)경기도교육연구원 연구위원

교사라고 하면 보통 교단에 선 선생님의 모습을 떠올리는데 연구자라는 호칭이 어색하지 않은 교사도 있다. 몇몇 이들의 추천으로 (재)경기도교육연구원 연구위원 홍섭근 선생님을 만나보았다. 교육정책을 전공한 교육학 박사이면서 교육정책디자인연구소 초대 정책위원장을 역임한 그는 그동안 저술한 교육 관련 저서가 10권이 넘고, 30개가 넘는 정책 연구에 참여하였다. 앎과 삶을 동시에 관통하는 혁신교육이라는 철학 아래, 실천을 통해 정책을 바꿔나가고 있는 그의 이야기를 들어보았다.

우연히 시작한 일

그는 IMF 이후에 부모가 안정적 직업을 권하면서 교직에 입문한 1세대라고 했다. 그가 교직을 시작한 시기와 지금의 교직은 다를까? 그는 현재의 교직 상황과 자신이 신규교사로 재직하던 시절이 크게 차이가 없다고 말했다. 우리 사회는 급속도로 변하고 있지만 교직의 환경은 여전히 보수적이고, 적자생존을 하게 하는 슬픈 구조를 가지고 있다는 것이다. 그는 별다른 생각없이 교직에 임했다가 선배들과의 관계에서 어려움을 겪었다. 교직문화의 폐쇄성과 보수성을 몰랐던 것이다. 여전히 학교현장에서 신규교사와 경력이 적은 교사들이 힘들어한다는 이야기가 교사양성과정에 몸담고 있는 내게 뼈아픈 메시지로 다가왔다. 그는 "어떤 교사를 기르겠다는 철학과 가치가 교사 교육과정에 있는가?"하고 물었다. "좋은 교사의 모델을 보지 못했다"는 그의 이야기는 가슴 아팠다. 그는 현장에서 무엇을 실패했고, 무엇을 고민했는가?

제가 교직을 선택한 당시 상황이 지금과 크게 다르지 않아요. 당시 금융위기 직후라 교대와 사대의 인기가 급상승했어요. 고등학교 때 이과생이어서 막연하게 이공계 쪽의 진로를 생각하고 있었는데, 수능 결과가 예상보다 낮았고 직업 구하기 어려운 시절에 교직의 인기가 치솟자 아버지가 교대 입학을 권유하셨어요.

이과생들은 교대에 대해서 잘 몰라요. 사대는 들어본 적이 있었죠. 입학을 하고 보니 교육과정이라든지 여러 가지 것들이 너무 구시대적이고, 교사를 키우는 어떤 관점이나 철학이 없었어요. 그냥 대충 적응하기에 바빴는데 그 과정에서 아무 생각 없이 시간만 때우거나 기계적으로 공부만 했죠. 실습도 마찬가지였고요. 그렇게 아무런 실용적 지식 없이 임용고사를 통과해 현장에 발령이 났어요. 준비라는 것이 있을 수 없죠. 아마 지금의 후배들도 마찬가지라고 봐요. 저보다 훨씬 이전에도 큰 차이는 없었겠죠. 학교에 발령 받고나서도 아무것도 모르는 신규교사들한테 선배들이 체계적으로 뭔가 교육시켜주거나 하는 과정이 없었어요. 부딪치고 넘어지며 혼자 적응해야 하는 구조였어요. 더군다나 남자 교사들은 군대식 조직문화에 대한 적응이란 숙제가 존재하지요. 그런 이유로 첫 학교에서 부적응자로 낙인찍혀, 왕따와 집단 괴롭힘 이런 것들을 경험했어요. 제가 이런 이야기를 하면 "교사들이?"라고 의아해 하는 사람이 있는데 교직이라고 다를 것도 특별한 것도 없어요. 아직도 꿈속에 나올 정도로 괴로운 일들을 그때 많이 겪었어요.

그런데 첫 학교에서 저를 괴롭혔던 사람들이 동문들이었습니다. 주로 승진을 미끼로 선배 말을 듣지 않으면 조직에서 살아남기 힘들다는 이유로 괴롭혔죠. 그런 상황에서 저를 제일 아껴주고 챙겨주었던 사람이 중초교사였습니다. 어떻게 보면, 가장 인간적이었던 사람들이죠. 그때 제가 깨달은 게 있어요. 교직사회도 결국에는 인간사회의 축소판인데, 동문이나 동질집단이 큰 의미는 없구나. 결국 사람을 봐야 하는 거구나! 어쨌든 동기나 선후배 할 것 없이 서로에게 아무런 도움을 주지 않고 각자 살아남기 바쁜 구조, 이것이 저경력 교사에게는 큰 걸림돌이라는 생각이 들었어요. 제가 그 후에도 몇 학교를 거쳤는데 학교 내에서는 사실 존경할만한 롤 모델을 찾지 못했어요. 물론 교직사회 전체를 폄훼하는 것은 아닙니다. 제가 무능력했거나, 운이 없어서 그럴 수도 있지요.

최근 인사정책 연구를 하다보면 신규교사들과 인터뷰를 많이 합니다. 그들은 저와 똑같은 고민을 하고 전철을 밟고 있어요. 20년 가까운 세월이 흘렀지만 달라진 것이 없다는 게 참 안타깝습니다. 우리는 신규교사를 신규교사로 보지 않습니다. 인턴 기간도 없고, 발령받자마자 담임의 역할을 요구하죠. 수습, 도제, 인턴 기간이 없다는 건 참 힘든 일입니다.[*]

문제는 개인이 아니고, 교·사대 교육과정의 미스매칭 시스템

그는 학교에서 저경력자들이 부적응자로 남는 것은 시스템이 원인이라고 보고 있다. 가장 큰 문제는 교·사대 양성과정-교원실습과정-교원임용고사-학교현장-학교현장적응프로그램의 미스매칭이라고 보았다. 교·사대 양성과정과 발령 후 저경력교사에 대한 정책적 배려가 없는 것이 원인이 된다고 보고 있다. 임용고사 합격을 하고 기뻐했던 제자들은 지금 어디에서 어떻게 살고 있을까?

개인의 아픔을 제도와 정책의 잘못으로까지 확산해서 생각하는 것은 쉽지 않다. 대부분 집단으로부터 폭력을 당한 이들은 숨어 지내거나, 회피하며 편하게 사는 길을 택한다. 일부는 저항하기도 하지만, 함께할 수 있는 동력을 찾지 못해 소멸되기도 한다. 자칫 열정과 소명은 사라진 채, 소진되는 것은 아닌지…. 폐쇄적인 교직 문화를 바꾸기 위한 다양한 시도가 있지만, 변화를 일구기는 쉽지 않다. 교사는 무엇으로 사는가? 우수한 예비교사들이 교직에 입직하여 성장할 수 있는 구조가 있는가? 그는 승진을 중심으로 대열에서 이탈할 것인지 아니면 외로운 섬처럼 살아야 하는가가 결정된다고 말한다. 그는 현행 임용고사 역시 비판한다. 양성-임용-연수가 연계되지 않고, 분절적이라고 말한다. 시대가 바뀌었지만 변하지 않는 기존 시스템에 대해 그는 분노했다.

제 교직 인생 중 학교에서의 기억이 그렇게 행복하지는 않았는데, 그것이 개인의 이유가 아닌 교원양성과정이나 임용고사 제도, 그리고 신규교사나 저경력교사가 적응하기 힘들게 하는 학교

---

* 공무원 중에서 인턴제도(수습)를 가지지 않은 직종은 군인과 교사밖에 없다. 군인은 발령 전 훈련소나 장교-부사관 양성과정이 있기에 사실상 교사가 유일하다고 봐야 한다.

현장에도 원인이 있다고 봅니다.

교사로 임용된 후 현장에는 어떤 성장 단계를 거치는지, 어떻게 역량을 키워줄지, 이런 고민들이 없어요. 오히려 군대놀이를 통해서 승진의 대열에 합류시키거나 이탈되면 그냥 월급쟁이 또는 외로운 섬으로 살아가는 구조로 만들어버리죠. 굉장히 독선적인 구조예요. 선택 자체가 거의 불가능해요. 그러니까 외톨이 월급쟁이로 살아가느냐, 아니면 줄을 잘 서서 승진트랙을 타느냐 이런 거죠. 그런데 둘 다 하나도 교육적이지 않아요. 그게 문제입니다.

지금 교원임용제도는 암기 잘하는 사람을 줄 세워서 상위그룹만 선발하는 구조예요. 양성기관에서도 그렇지만, 발령받은 후 학교에서도 뭔가 가르쳐주고 배우게 하는 제도가 없어요. 형식적으로는 있을지 몰라도, 체계적으로는 없어요. 모두가 바쁘다는 이유로 신규 직원을 외면하죠. 힘들고 기피하는 업무는 시키지만, 공은 선배들이 가져가고요. 문제는 신규교사들도 그런 것들을 금방 배워서, 후배들에게 강요해요. 알아서 적응하라는 거죠. 쉽게 말해서 교·사대 교육과정과 임용고사, 실습과 학교현장, 교원연수, 교원승진은 다 체계가 다르고 연계되지 않아요. 완전히 분절적으로 형식적인 시간 이수만 하고 있어요.

교·사대를 나와서 임용고사를 통과해 현장을 발령받기까지는 굉장히 노력을 해야 해요. 그런데 그 이후는 거의 번아웃burn-out이 되어서 바로 월급쟁이가 되어버리는 경우도 많아요. 반대로 젊었을 때부터 승진에 혈안이 되는 경우도 있는데, 금세 부작용이 생기기도 하죠. 제도적으로 상당히 모순되고 불합리한데, 교사 개인이 목소리를 내는 것이 힘들잖아요. 이것을 교육청이든 교육부가 개선을 해야 하는데 전혀 그런 움직임은 없어요. 오히려 더 많은 승진가산점을 던져주고 행정업무를 더 하라고 할 뿐 교육의 본질을 찾아가는 모습은 어디에도 없죠. 저는 승진가산점을 비트코인에 비유해요. 눈에 보이지 않지만 무제한으로 발급하는 권력을 가진 자들의 장난이죠.

다시 돌아와서 신규교사가 학교현장에 발령받았을 때, 누가 어떤 도움을 주느냐? 아무도 도움을 주지 않아요. 그럼 이들의 선택은 하루빨리 승진을 해서 탈출하거나 아니면 월급쟁이 무기력한 교사로 가는 것이죠. 그런데 둘 다 학부모님들에게는 혐오의 대상이에요. 그래서 저는 연구과정에서 많은 사람들을 인터뷰하면서 제도가 굉장히 잘못되었구나, 구시대적인 패러다임이 지금까지 그대로 유지되고 있는 것이 잘못이구나 하는 걸 느꼈죠.

교원임용고사의 변화에 물꼬를 트다

경기도 교육청에서는 2015년부터 임용고사제도를 혁신하였다. 1차는 한국교육과정평가원에서 출제하지만, 2차는 교육청 자체 출제로 바꾼 것이다. 그는 임용고사에 문제가 있다는 인식을 가지고 연구에 참여하였다. 임용고사 정책을 만드는데 연구과정에 2년, 정책실행에 2년이 걸렸다고 한다. 4년의 인고 끝에 만들어진 정책은 다른 시·도교육청과 교육부에까지 영향력을 미치고 있었다. 막대한 파급력을 미치는 정책을 몇몇 개인이 이루어내기에는 쉽지 않은 일이다. 정책연구자들은 많지만, 대개는 실행과정에 참여하지 못하고 정책연구로 끝이 난다. 실행은 자신의 일이 아니라고 생각하기 때문이다. 그런데 그는 달랐다. 연구자의 기본 정신은 실행까지 염두에 두어야 한다고 믿고 있었다. 시대의 흐름과 역행하는 잘못된 정책과 제도는 수정, 폐기해야 한다는 신념을 가지고 있었다. 정책과 제도는 한번 고착화되면 바뀌지 않는다는데, 그 이유는 관료제의 특성상 전임자의 업무를 수정해서 쓰는 경우가 많기에 그렇다고 한다. 저항이 만만치 않은 쉽지 않은 과정이었을 텐데 그 맥락을 들어보고 싶었다. 그는 임용고사에 대한 문제의식이 충만했다. 1차 지필고사 위주로 선발하면서 2차는 사실상 형식적으로 보는 구조에 변화를 시도했다. 임용고사 시험을 잘보면 좋은 교사가 보장되는가? 그의 문제의식이었다. 공정성 이상의 가치를 모색해야 한다.

제도적인 문제를 변화시키기 위해 우리가 할 수 있는 교원임용고사부터 바꿔보자고 생각했습니다. 현재 교원임용고사가 아시다시피 1차와 2차 시험이 있어요. 1차는 시·도교육청에서 한국교육과정평가원의 문제를 사고 있고, 2차는 2014년 당시만 하더라도 자체 출제를 하는 곳이 단 한 군데도 존재하지 않았습니다. 법적으로 정해진 것은 아니었어요. 평가원의 면접 문제는 '당신은 왜 교사가 되려 하는가?' 이런 문제가 나오는데, 답이 다 비슷해요. '존경하는 선생님의 영향을 받았다' 식의 천편일률적인 답들이 만점을 받아요. 쉽게 이야기해서 2차 시험의 변별력이 없는 거예요. 현재도 1차 점수와 2차 점수의 합산점을 최종순위명부를 기재할 때 쓰고 있으니, 2차 시험이 기능 자체를 할 수 없는 구조였어요. 2차 시험은 주로 면접인데 형식적인 과정이 되고 말았죠.
　　관료들은 저항했지만, 연구결과를 가지고 바뀌는 움직임을 만들어 물꼬를 텄습니다. 큰 성과와 보람이 있었다고 봅니다. 물론 이것만으로 만족하지는 않습니다. 결국에는 진화해야 하니까요. 임용고사가 도입된 이유는 좋은 교사를 선발하기 위한 관문이었는데, 지금의 임용고사는 시험 당일의 연기력과 암기력을 테스트하는 정도예요. 결과적으로 임용고사가 없어져야 교육과정이 정상화된다는 생각이 들어요. 이도저도 아닌 구조에서 임기응변의 정책만 만들어졌어요. 임용고사의 1차 시험은 교사의 역량과 전혀 관련이 없고, 실제로 임용고사 성적이 우수한 교사가 학교현장에서 잘 적응한다는 이야기는 별로 없어요. 저는 지금의 교·사대 졸업생들 중 상당수가 금수저까진 아니더라도 가정환경이 여유로운 학생들이라고 봐요. 요즘은 대개 수도권에 거주하고, 부모가 고학력자이고 어느 정도 경제적 여유가 있는 학생들이 교·사대에 들어가요. 자사고·특목고 출신들도 많아지고 있고요. 그런 부류의 사람들끼리 경쟁을 하다 보니까 예비교사들의 패턴 자체가 거의 유사해요. 우리의 미래역량을 이끌어줄 예비교사나 신규교사들의 스펙트럼이 다양해야 해요. 교사들이 만나야 할 학생들은 정말 다양하니까요. 지금은 교원양성과정이라든지 교사 진입에 대해 다시 고민할 시기가 되지 않았나 하는 생각이 드는데, 안타까운 건 교육청, 교육부, 학교현장에 있는 이들이 거기에 동의를 못해요. 가장 큰 문제는 책임질 수 있을만한 사람이 정책에 대한 학습 경험이 별로 없어요. 이 사람들도 일반 국민들처럼 막연하게 '공부 잘하는 사람이 교사가 되는 것은 좋은 현상이지' 이렇게 생각하는 것이죠. 우리나라에서 공부 잘한다는 건 암기력이 결정적 기준이 되고, 대부분 모범생들이 교사가 되지요.

우리가 연구한 내용을 증명해내려면 학계에 알려야 했고, 여러 교사와 교수들에게도 알려야 하니까 교원임용고사 관련 학술지를 내려고 했었어요. 박사학위가 있는 교원들도 괜찮은 논문이라고 했는데, 정작 심사 과정에서 다섯 번 떨어졌어요. 대부분 교·사대 교수님들이 심사를 해주었는데, 거의 악평을 하시는 거예요. 결국 여섯 번째 시도에 한 학술지에 실렸죠. 연구방법론에 대한 비판을 하는 이들도 있었지만, 대개는 이 연구의 필요성이 없다, 동의하지 못한다는 내용이었어요. 저는 교원임용고사 제도에 문제가 있다는 것을 알리고 싶었고, 하나의 메시지를 주고 싶었어요. 다행히 이 일로 인해 교수님들의 인식이 변화된 것 같아요. 사실은 그분들이 교육과정이나 임용고사 출제권을 쥐고 있는 분들이니 기득권을 내려놓기 힘들겠구나 하는 것을 몸소 체험했죠. 쉽지 않다는 것은 매번 느꼈고, 지금도 느끼고 있습니다. 그러나 누군가는 해야 할 일이라고 생각해요. 계란으로 바위치기지만, 현장의 다수 의견은 저와 같을 거라고 생각합니다.

학습공동체는 교사를 성장시킨다

그는 뜻 맞는 선생님들과 함께 교육정책디자인연구소에서 활동하고 있다. 교육전문직으로 전직한 후에도 선생님들과 함께 매주 모여서 학습을 한다. 단순히 책만 읽지 않고, 이슈리포트와 저서로 자신들이 가진 문제의식을 생산물로 전환한다. 처음에는 단일 모임으로 시작했는데, 관심사를 기준으로 모임이 분화되었다. 소모임에서 수준 높은 토론이 이어지고, 그 결과를 이슈리포트로 내고 있다고 한다. 집단지성의 힘으로 지속적으로 책을 집필하고 있었다. 학계나 교수들, 교사와 교육청 관계자들이 쉽게 엄두를 못내는 정책에 대해서 가감 없이 문제점을 찾고 해결책을 제안하고 있었다. 구성원들은 교사가 대부분이고, 교육학박사, 교육전문직원, 실천가·교수·국책연구기관에 근무하는 분들이 다수 있었다. 인상깊었던 것은 일반 학부모나 시민단체 관계자들도 함께하고 있는 것이었다. 교육에서 균형적인 시각을 유지하기 위해 열려있는 공간이라는 말이 인상적이었다. 매달 2~3개의 이슈 리포트가 나오며, 2018년에 책 5권을 냈고, 2019년에는 더 많은 책을 집필할 계획이라고 한다. 정책은 고시 출신의 관료들만의 몫인가? 그는 평범한 교사들이 정책에 관심을 기울여야 한다고 역설한다. 그는 교사들이 전문가로서 인정받기 위한 치열한 노력이 더욱 필요하다고 말한다. 전문직원으로서 그는 여전히 선생님들과 학습의 끈을 놓지 않고 있었다. 학습은 저경력교사 시절 받았던 상처를 성장의 자양분으로 전환시켰다. 교사든, 전문직이든 성장하지 않고 정체되는 모습을 그는 두려워했다. 그렇다고 교사들하고만 교류하지 않았다. 학부모, 연구원 등 다양한 배경을 지닌 이들과 함께 공부하고 교류하면서 관점과 입장의 폐쇄성을 극복하기 위해서 노력했다. 전문성은 폐쇄성과 다른 말이다. 정책은 다양한 교육 주체의 입장을 공감하는 데서 출발한다. 그는 기록과 연구의 중요성을 강조한다. 기록과 연구는 누군가의 실천을 시간의 공간에서 휘발시키지 않고, 지속하게 만드는 힘이기 때문이다.

　　학교 안에 훌륭한 선생님들이 많습니다. 숨은 보석들이 존재하지만 일반화되기 힘들고, 네트워크로 연결되기가 어려워요. 학교에서 혁신을 주장하고 실천하는 사람들이 분명 존재하는데, 이것을 증명할 수 있는 능력이 되어야 된다고 생각해요.
　　교육전문가로서 연구를 하거나 글을 쓰는 등의 능력이 되어야 하는데, 이런 시도를 하는 분들이 일단은 많지가 않죠. 교사들이 전문가로 인정받는다면 학부모들이 교사집단을 신뢰할 텐데, 아시다시피 지금 상황이 그렇지가 않거든요. 그래서 저는 이것을 바꾸기 위해서 제도나 정책을 공부해야 한다고 생각합니다. 또 교육청에 들어와 보니 교육전문 직원이라고 불리는 장학사들이 방향성을 가지고 있어야 한다는 생각을 했어요. 방향성, 그것은 어느 정도 진보의 관점, 혁신의 관점이겠죠. 방향성을 가지고 자기가 알고 있는 앎과 삶이 일치해야 한다고 생각합니다. 또 앎이라는 게 혼자 알아서는 별로 의미가 없습니다. 강의, 글, 연구 등 기록을 통해서 여럿과 나누어야 의미가 있죠. 과연 이런 시도를 얼마나 하고 있을까요?

현재 교육청 내 교육전문 직원들 대부분이 행정적인 것에 치중해 있어요. 그런데 그것은 일반행정 직원도 할 수 있는 거예요. 일반행정 직원과 다른 점은 현장을 알고 현장에서 실천 경험이 있다는 것인데, 그 가치를 증명하고 무언가를 바꾸기 위해서 노력하는 사람들이 거의 없어요. 여러 훌륭한 분들이 계시지만 소수에 그쳐요. 정해놓은 지점에 딱 안주하고 그 이상 나아가지 않는 게 안타깝죠. 누군가는 바꿔주어야 하는데, 그래야 학교에 계신 선생님들이 문화적으로나 제도적으로나 바뀐 것에 적응을 하고 새로운 모습을 보일 수 있을 텐데, 그런 여건이 안 되니 계속 정체되어 있을 수밖에요. 그런 게 교육전문 직원 고유의 역할이고 해야만 하는 것인데 안 하고 있어요.

그래서 저는 이러한 부분을 변화시키기 위해서 글을 쓰고, 연구소라든지 함께 하는 분들과 모임을 갖는 것입니다. 학습공동체에 해당하는 교육정책 소모임을 꾸리고 있습니다. 한 20명으로 구성된 소모임인데, 교수, 교육전문직, 교육학박사, 교사, 국책연구 기관에 계신 분 등 다양한 인적자원이 있어요. 여기에서 치열하게 고민하면서 글을 써서 대중서로 또는 연구 자료로 만들고 있죠. 기록과 연구가 굉장히 중요합니다. 개인 단위 실천은 많지만, 이런 실천을 어떻게 정리해내고 공유해서 또 다른 사람들의 마음을 당길 것인가, 이런 전략이 어느 자리에 있든 중요하다고 생각합니다.

교육적 가치와 철학을 가진 교사를 어떻게 만들 수 있는가?

교육적 가치와 철학을 가진 교사, 말은 쉽지만 참 어려운 것 같다. 교사들은 대부분 수업과 교육과정에만 관심이 있다. 교육철학은 고리타분한 것이라고 생각하거나, 교직생활에 별로 도움이 되지 않는다고 생각한다. 그러나 그는 방향성에 대한 깊은 고민을 하고 있었다. 수업이나 교육과정도 철학이 바탕이 되지 않는 이상 좋은 수업이 되기 어렵고, 결국 교사 중심의 수업이 될 수밖에 없다고 생각한다.

교사는 교육과정 기획자이기에 교육계 전반에 관심을 가져야 한다. 교육제도와 정책은 교육과정의 근간이 되고, 그 교육과정을 바탕으로 교사가 수업을 하게 된다. 그런데 좁은 시각으로 일부분만 바라봐서는 좋은 교사가 되기 어렵다. 그는 사회적 흐름과 국민의 시선까지도 고려해야 한다고 믿는다. 지금까지 교육청이나 교육부에서는 교사가 변화해야 한다는 얘기는 많이 했지만, 정작 어떻게 변화해야 하는지 구체적인 정책과 제도가 나온 것이 없었다. 그리고 대부분 형식적인 일회성 연수로 그쳐버려 교사들의 반발이나 피로도만 증가시키고 있었다. 그래서 그는 교육철학을 가지면서 자발성을 가진 교사를 만들고 연대하기 위해 노력하고 있었다. 교육청에 있으면서, 민간연구소를 별도로 만든 까닭도 여기에 있다. '교사가 어떻게 변화하여야 하는가?' 그는 비판하는데 그치지 않기 위해 대안을 만들어내는 삶에 주목한다. 그 첫 출발이 네트워크이다.

궁극적으로 목표가 무엇인지를 봐야 할 것 같아요. 결국은 교육의 변화, 학교의 변화거든요, 우리가 너무 정책이나 제도에 매몰되면 피로도만 상당하고 던져버리게 돼요. 그래서 저는 이제 점조직처럼 학교나 교사의 변화가 있어야 한다고 생각해요. 불특정 다수에게 이것을 학습시키려면 대중도서나 이슈리포트 같은 것들이 있어야겠죠.

또 하나는 내 주변에 있는 사람들을 변화시키는 건데, 그것의 유일한 해결책은 자발적인 소모임이라고 생각해요. 교사들이 문제의식이 많고 교육개혁의 방향에는 동의하지만 대부분 단순한 불만으로 끝나버리는 경우가 많아요. 교장 욕하고 동료교사 욕하고 일부 문제 있는 학부모 욕하고 끝나버리는 수준인데 그것이 무언가로 승화되어야 해요. 정책적으로 승화되든 학교 단위 변화로 이어지든 개인의 목소리가 아니라 공동의 고민이 되어서 옆에 있는 사람들을 변화시키도록 노력을 해야 하는 겁니다. 누구나 고양이 목에 방울을 달고 싶어 하지 않아요. 교사도 교장에게 쓴소리 안 하고, 또는 학부모와 갈등 일으키고 싶지 않으니 온정주의로 빠져버리는 분들이 많거든요. 그러다 보면 결국은 교사의 문제일 뿐 아니라 조직의 문제가 되는데, 대부분이 방관 내지 방임자가 되지요. 저는 이대로는 안 된다고 생각해요. 공동의 고민을 힘께 나누고 내 주변에 있는 사람들부터 변화시킬 수 있도록 책임감을 가지면 좋겠어요.

　그리고 이것이 불특정 다수로 이어지게 하려면 네트워크가 중요합니다. 교육청 조직은 인원이 많고, 예산이 있지만 교육철학의 내면화는 어렵습니다. 민간연구소는 예산도, 인원도 없지만 한 분 한 분이 애정을 가지고 노력하고 네트워킹하고 있습니다. 이 점이 가장 결정적인 차이라 봅니다. 본인이 좋아서 하는 일과 끌려다니는 일은 큰 차이가 있죠. 우리가 지금 하고 있는 일들은 이권이나 재물이 아닌 교육을 변화시키기 위해 노력하는 일이라고 봅니다. 우리 연구소 사람들은 무엇인가를 목적을 가지고 들어오지 않아요. 유일하게 바라는 게 있다면, 본인과 주변인들의 전문성 신장이겠죠.

변화를 만드는 정책 지렛대는 있다. 용기가 없을 뿐…

그는 교사들의 전문성이 발휘되지 않는 이유를 연구를 통해 몇 가지 제시했는데, 가장 대표적인 문제가 대입제도와 승진제도였다. 이 제도의 영향도 크지만 현실의 벽을 이유로 돌파하려 하지 않는, 돌파해서 안 되는 성역으로 치부되고 있는 교직사회에 메시지를 던졌다. 변화하려다 멈춘 것일까? 변화되지 못해 둔감해진 것일까? 아니면 애초부터 변화할 의지가 없었던 것일까? 개인차도 있지만 현실에 순응해 버리는 교사들이 많아지고 있는 것을 염려하고 있었다. 그러나 그 시작은 교사가 아니라 제도였다고 분석한다. 최근 그는 '교사불신'이라는 인상적인 제목의 책을 냈다. 책에서 그는 최근 벌어지고 있는 다양한 '교사패싱', '교사불신' 현상을 교사 개인의 문제가 아닌, 제도와 정책의 문제가 근원이라고 지적했다. 그 사이에서 국민들의 불신이 더욱 가중되는 형국이었다. 어떤 선택을 해도 결국 교사 탓으로 돌아오는 딜레마적인 현상을 꼬집고 있었다. 그는 쉽게 타협하지 말고, 버텨야 한다는 생각을 지녔다. 그리고 제도와 정책의 변화에 관심을 기울여야 한다고 주장한다. 한계상황에 도달한 제도를 더 이상 방치하지 말고, 과감하게 바꾸어야 한다고 목소리를 높인다.

대입제도 때문에 초중등학교에서 아무리 창의적인 교육을 한다 하더라도 결국에 고등학교 가서 입시에 매몰되고 교육이 파행에 이르기까지 하죠. 그런데 현실은 인정하면서 사실은 결국 교사들이 타협하는 것이 아닐까 하는 생각이 들어요. 예를 들어, 대학생들은 취업 때 불이익이 있을까봐 학점 좀 잘 주십사 부탁하지만, 교수들은 프라이드와 전문성을 가지고 학생이 성취도가 낮다고 판단되면 C학점이나 D학점을 주는 경우도 있거든요. 그만큼 내가 전문성으로 그것을 통제할 수 있다는 관점을 가진다면 많은 현실적인 벽도 돌파할 수 있다고 봐요. 안 그런 사람도 있지만, 아쉽게도 대부분이 타협해버리는 거죠. 그것이 편하니까, 익숙하니까, 쉬우니까. '학부모가 시끄럽게 할 텐데 뭐하러 그래', '귀찮은데 사교육에 맡겨버리지 뭐', '자소서 가지고 오면 사인이나 해야지' 이런 식으로 움직이는 교사가 한 명이라도 있으면 학부모들은 교직을 신뢰하지 않아요. 물론 소수라 보지만, 학부모는 최악의 교사를 공교육의 표준으로 인식해버리곤 합니다.

근본적으로 보면 이것은 교사 개인의 문제가 아닙니다. 결국 인적자원에 대한 연구와 정책이 중요하고, 교사 재교육이나 교원

승진 문제를 빼놓을 수 없어요. 학교 안에서 보면 이상과 현실이 달라요. 분명히 교육철학이 있고 혁신교육 철학이 있고, 교육부 문헌과 2015 교육과정에도 제시되어 있어요. 하지만 교육의 본질, 교사의 역량은 이상일 뿐이고 현실적으로는 교사들이 한 40대 중반이 되면 선택을 해야 돼요. 내가 그냥 이 상태로 있을 것인지, 승진을 할 것인지. 그런데 승진을 위해서는 행정에 올인하다시피 해야 되거든요. 또는 장학사 시험을 보는 방법도 있지만 둘 다 쉬운 길은 결코 아니에요. 교육적이라 얘기하지만 학교에서 묵묵히 교수학습과 교육과정을 연구하며 자연스럽게 승진이 되는 구조는 결코 아닙니다.

우리가 혁신교육을 부르짖고 있지만 60년대부터 이어진 제도를 안 바꾸고 있어요. 교사들은 이율배반적인 제도 속에서 현실을 선택해야 하는 거예요. '승진의 길로 들어설까? 포기하고 아이들 교육에 신경쓸까?' 이런 기점이 오는 것이죠. 제도적으로 이 모순을 해결하지 않는다면 교육은 바뀌지 않는다고 봐요. 행정에 몰두해야 승진이 되는 구조, 현실과 밀접하지 않은 교육학 공부에 매달려 시험을 보아야 하는 구조를 바꾸어야 합니다. 이것을 바꾸지 않는다면, 교사 재교육이나 혁신, 철학을 이야기해봐야 다 탁상공론이고 결국에는 교사들이 현실과 타협할 수밖에 없습니다.

승진제도 관련해서 꼭 바꾸어야 하는 또 하나는 바로 교장에 대한 거예요. 과거에는 교장을 한 15년도 할 수 있었어요. 이제는 중임제이기 때문에 8년인데, 앞으로 더 나아간다면 단임제로 가고, 그 이후에는 전면 공모제의 방향으로 가야 한다고 봐요. 대학교 총장 선출 모집제처럼 학부모나 동료 교원들의 선택으로

요. 저는 승진제도의 완성은 아무도 승진하려고 하지 않는 구조. 즉, 교사들 본인 스스로가 명예로운데 굳이 왜 승진하려고 하는지 모르겠다고 생각하는 구조가 맞다고 봅니다. 지금은 좋은 분들이 교실을 벗어나려는 구조잖아요. 그러니까 교육이 앞으로 나아갈 수가 없는 것이죠.

미래학교와 미래교육의 등장으로 학교현장이 변화될 것인가?

최근 어디에서든 4차 산업혁명을 얘기하고, 미래교육이 화두가 되고 있다. 그는 미래학교에 대해서 굉장히 부정적인 또는 근심어린 시각으로 보고 있었다. 현재 상황을 해결하지 않은 채, 미래학교라는 막연함과 추상적인 내용으로 돌파구를 찾는다는 것은 불가능하다는 입장이었다. 해결할 수 없는 사안의 대체재로 미래교육을 얘기하거나, 전시행정, 이권 등이 욕망 표출의 다른 한 방법으로 쓰이고 있다고 했다. 미래교육이 등장한다고 학교현장은 바뀌지 않는다. 오히려 더욱 혼란스러워질 뿐이다. 그는 학생이 미래 그 자체이고, 교·사대 교원양성과정에 투자하는 것이 미래교육 본연의 일이라고 생각한다. 미래교육은 멀리 있지 않다. 지금 하고 있는 교육 자체가 미래를 위한 일이다. 미래를 별도의 정책으로 생각하지 않았으면 한다. 미래교육을 계속 이야기하는 이들은 무엇인가 불순한 목적이 있을 수 있다고 보았다. 그는 미래교육의 핵심은 학교자치라고 했다. 통제 패러다임에서 벗어나서 학교 스스로 판단하고 책임지는 구조가 필요하며, 이를 위한 구성원들의 소통구조가 필요하다. 동시에, 다양한 경험을 지닌 자원들이 교사가 되는 구조를 만들어야 한다고 말했다. 역량 중심의 임용고사체제 전환을 그는 요구한다.

미래학교에 대해서 굉장히 막연하고 추상적이거나 또는 불안감을 유발하면서 결국에는 자신의 이해관계를 내세우는 사람들이 많아요. 시설투자라든지, 특정과목양산 등. 결국 실체가 모호하고 보이지 않는 것들에 대해서 매달리고 있는 것이 아닌가 싶습니다. 미래학교는 백 투 더 베이직back to the basic이라고 생각해요. 혁신학교 원형의 정책 자체가 학교자치의 방식이거든요.

이제 통제에 따르는 대신 학교 스스로가 무언가를 만들어가는 모습이 있어야 해요. 교육과정 자치까지 포함하면 학교에서 학생, 학부모나 지역사회가 원하는 그런 모습을 그대로 교육자들이 만들어주는 그런 것들을 해야 되지 않을까요? 그러면 대개 소프트웨어라든지 시설 같은 개념으로 접근하는데, 이런 것이 아니라 정말 교육적인 역량에만 집중을 해야 해요.

미래학교 역시 결국에는 인성하고 창의성 두 가지예요. 현재는 두 가지가 전부 다 보장되지 않잖아요. 그러니까 암기 잘하면 둘 다 잘해 보이는 것 같은데 사실은 둘 다 보장되지가 않거든요. 수능 교육이, 우리나라 교육이, 두 가지를 다 말살해버리고 있어요.

결국에는 교육철학, 교사의 역량과 연결되어 있는 거예요. 그래서 교사가 그걸 되살리는 역할을 해야 한다고 봐요. 지금 학령인구 감소 문제가 어떻게 보면 교육에 있어서는 기회일 수도 있어요. 이제는 교사들이 학교에서 슈퍼맨처럼 수업, 생활지도, 민원, 모두를 해결하는 개념이 아니라 분업을 해야 해요. 기초학습부진 전문가, 상담 전문가, 생활지도 전문가 이런 식으로 분업화를 해야지 모두가 슈퍼맨이 되려다 모두 포기해버리고 마는 현상이 벌어지고 있잖아요. 미래학교에서, 한 분야의 전문가를 키워낼 수 있도록 재교육을 중점적으로 해주어야 합니다. 양성과정도 지금의 초등이면 교대, 중등이면 교과를 나누어 자격증을 따는 체제는 의미없다고 봅니다. 실제로 자격증을 가졌다고 모두 자격이나 역량을 가지고 있지도 않아요.

본인 스스로가 역량을 증명해야 하는데, 기본은 선발을 다양화하는 거예요. 줄 세우기로 순위를 매겨서 임용하는 시대는 끝났어요. 이제는 현직 교사를 어떻게 재교육할지 양성교육을 어떻게 할지 고민하고 새로운 방향을 모색할 시점이에요. 기간제로 10년 근무한 사람과, 임용고사 성적이 좋아서 교사가 된 사람 중 누가 더 훌륭한지, 교육에 애정이 있는지는 알 수 없잖아요.

사회인 중에서 일부를 교직에 투입하면 파급력도 크겠지만 효과도 클 거예요. 선발 영역, 재교육 부분, 교육과정 유연화, 실제로 그 안에서 학교와 연결되어 있는 부분, 소프트웨어적인 부분 등이 각광받을 거라는 생각이 들어요. 4년 후에는 임용절벽이 올 텐데 이제 임용은 자원 자체가 없어서 끝이죠. 현직 40만 교원을 어떻게 재교육할지, 대학원 체제로 전환할지 고민을 해야 합니다.

현재는 석사학위를 가지고 있는 교사가 70~80%입니다. 교사들이 대학원을 제일 많이 가요. 대학원을 집에서 가까운 대학이나 사이버대학으로 가죠. 의미가 있다면 멀리라도 갈 텐데 학위 자체가 목적인 경우 다니기 편한 곳으로 가요. 경기도 혁신대학원은 경쟁률이 3:1, 4:1이 넘어가요. 뭔가 기대하고 배워보고 싶은 거죠. 열의가 있는데 고민이 없던 거예요. 그 부분을 양성과정을 담당하시는 분들이 고민해주시면 좋지 않을까요.

교육의 미래를 위해 변화에 대한 대비가 필요하다.

우리나라는 교육전문가가 아닌 사람이 없다. 모두가 교육전문가라 얘기하기에 교육이 더욱 혼선을 빚는 것이다. 그는 우리나라 교육 전반에 있는 고질적인 문제를 우려스럽게 보았다. 특히 표준화된 교육, 상대평가가 학생들의 성장을 가로막고 있다고 했다. 하드웨어를 바꾸지 않은 상태에서 소프트웨어를 아무리 많이 바꿔봤자 큰 의미가 없다. 결단을 내리고 과감하게 도려내는 작업이 필요하다고 제안한다. 미래교육을 이야기하는 시점에서 줄 세우기식 상대평가나 매뉴얼을 기준으로 한 표준화교육이 가져오는 한계와 부작용이 너무나 많다. 결국 교사들의 재량권을 늘려줘야 하는데, 이것이 국민들에게는 불안요소로 작용하는 딜레마에 놓여 있다. 앞으로 많은 고민이 필요한 부분이다. 미래교육을 말하기 전에 현재의 문제점을 없애는 것이 앞으로의 미래를 위해서 꼭 필요한 일이다. 누군가는 해야 할 일인데, 아무도 하지 않았기에 교육이 망가지고 있다. 모두가 교육제도의 가해자이자 피해자다.

우리나라가 정답을 원하는 표준화 교육을 하고 있잖아요. 교사 역량도 마찬가지고, 교육과정이든 시험 방법이든 모두가 표준화를 바라고 있고, 또 내 아이가 기준이 되잖아요. 시민교육이 안 되어 있어서라고 생각해요. 개인의 기준은 국가나 사회, 이런 개념이 아니라 일단 내 자식이 기준이 되고, 수단과 방법을 가리지 않고 성적만 높으면 된다고 생각하죠. 저는 이게 전반적인 문제라고 보는데, 이것을 타개하기 위해서는 논술교육이나 토론교육으로 완전히 탈바꿈해야 한다고 봐요. 이것은 단순한 논술 방식을 말하는 게 아니에요. 지금까지 일명 논술 스킬은 노량진 학원에서 했던 거예요. 그 논술교육 받았던 사람치고 제대로 된 글을 쓰는 사람 못봤어요. 그것 역시 정답이 있는 논술이기 때문이죠. 프랑스 바칼로레아Baccalaureat나 독일의 아비투어 시험을 보면 정답도 없거니와, 그것을 보고 교사가 채점할 수 있는 역량이 있어야 해요. 정답이 없는 것은 참 두렵고 위험한 길이라 생각하죠. 우리나라는 시작조차 못했는데, 그런 교육을 한 번도 생각해본 적도 받아본 적도 없으니 당연하죠.

논술만 그런 게 아니에요. 교사를 포함하여 우리나라 사람 대부분이 토론을 못해요. 좀 과장하자면 돌아가며 한마디씩 하는 것이 토론이라고 생각하죠. 다른 사람 이야기는 안 듣고 자기 이야기만 주구장창 떠들어대면 토론에서 제압했다고 생각하기도 해요. 그만큼 실제건 교육환경에서건 토론해본 경험이 없는 거예요. 정말 교육 패러다임이 바뀌어야 합니다. 교사가 그만큼 능력을 갖추어야 하고요. 방관한다고 해결되지 않아요. 시민교육, 토론교육, 논술교육 이런 것들이 모두 연결되어야 하는 것이고 사회적 합의가 있어야 하는 거죠.

고교학점제 연구에서 보니 우리나라만이 OECD에서 유일하게 상대평가를 하더라고요. 외국은 다 절대평가예요. 경쟁이 일부 있겠지만 줄서기는 없는 거예요. 그런데 우리나라는 남을 밟고 일어서야 하고, 편법을 통해서라도 이겨야만 되는 사회죠. 결국은 교육을 망치고 그 교육을 받은 사람들이 성인이 되어서 사회를 망치고 있는 것이죠. 갈등의 원인이 되는 부분이 교육에 있다고 봐요. 여기서 교사들을 비롯한 교육자들이 자유롭지 못하고요. 다만 이것은 사람의 문제는 아니라고 봅니다. 앞으로 인구 감소에 따라 사립대학교나 사대, 교육대학원 같은 곳은 상당히 붕괴될 거라고 봐요. 2030년에 현재 초등학교 3분의 1이 없어진다고 하는 얘기까지 나오더라고요. 줄어드는 학령인구로 인해 교육은 자연스럽게 개편될 겁니다. 교원양성기관이나 교육부는 자연적으로 없어지거나 그와 비슷한 수순을 밟겠죠.

앞으로 대학의 자유가 강화될 것입니다. 그러한 상황 속에서 교·사대 독자적으로 모델을 만들지는 못해요. 교원대만이라도 저는 하나의 모델을 만들었으면 좋겠습니다. 그래서 기능을 재편하고 통폐합해야 합니다.

지금 교원자격증이나 초·중등교육법 때문에 못하는 것들이 상당히 많아요. 그런 부분은 융통성 있게, 예를 들면, 통합자격증을 만든다든지 해서 혁신학교의 방향성 관점에서 한국교원대 정도면 가능할 것이라고 봐요. 하지만 실제로 교·사대, 유, 특수 마찬가지로 학부 때 배운 지식으로 교사가 되는 것이 아니라 사실은 현장에 나와서 현장 교사들과의 호흡, 학생들과의 호흡 속에서 교사로 적응하고 성장해가는 것이거든요. 기본 자질만 어느 정도 가지고 있다면 그 안에서 통합 자격증을 받고 나와서 MOU를 통해 재교육을 받고 나중에 무언가를 이수한다든지, 이수 후에 일정 자격증을 준다든지 이런 식으로 바꿀 수 있어요. 현실에 안주해서는 안 됩니다. 교·사대도 인구감소에 따라 변화해야 해요. 일단은 연구 기능을 해야겠죠. 현장 교사와 교수들이 함께해서 정책연구도 하고, 교육자치를 운영하는 17개 시도교육청과도 협업하고요.

(재)경기도교육연구원 홍섭근 연구위원은 교·사대 양성과정-교원

임용고사-교원승진제도-교직생애에 대한 깊은 문제의식을 가지고 있었다. 문제점을 지적하는 것에 그치지 않고 제도에 대한 이해와 구체적인 대안까지 고민하고 제시하였다. 교원승진제도 연구와 정책을 실행하는 과정에서 동료들에게 비난을 받기도 하고 고뇌도 많았지만 일관되게 밀어붙였다.

대부분의 사람들이 변화를 말하지만, 삶의 영역에서 변화가 더딘 이유는 무엇인가? 기득권의 문제에 봉착하기 때문이다. 교육 영역에서 쉽게 돌파구를 찾지 못하는 이유 또한 기득권의 블로킹에 막혔기 때문이 아닐까? 문제는 기득권자 스스로 기득권자라고 인정하지 않는다는 점이다. 시대의 흐름을 읽지 못하는 그런 사람들을 우리는 '꼰대'라고 한다. 우리의 내면에 남아있는 기득권은 무엇인가? 꼰대의식은 무엇인가? 타인에게는 혁신하라고 하면서 정작 본인은 혁신을 감당하려고 하지 않는다. 교·사대 양성과정과 교원승진제도는 기득권의 영역에 머물러야 하는가? 혁신의 영역으로 전이되어야 하는가? 현행 임용고사는 여러 문제를 안고 있는데 왜 이토록 변화가 더딘가? '공정성'이라는 가치 이상의 것을 고민해야 하는데, 어느 순간 제도와 관행의 '경로의존성'에 사로잡힌 채 꿈꾸는 법을 잊어버린 것은 아닐까?

그는 신규 시절 따돌림을 당하고, 무능력한 교사로 낙인찍혔지만 지금은 정책과 제도를 연구하는 중량감 있는 연구자로 자리매김했다. 그는 좋은 선배들을 만났고, 좋은 학습공동체에 참여하면서 성장했다. 지금도 현장에서 자신의 능력을 발견하지 못하거나, 능력을 활용할 수 없을 만큼 수동적인 태도를 강요받는 교사들이 있다면 자신만의 길을 찾았으면 좋겠다고 조언한다. 그래서 마지막 그의 멘트는 울림이 있었다.

저는 후배들에게 길을 열어주고, 가능성을 키워주는 교직사회가 되었으면 좋겠습니다. 당신의 옆에 있는 신규교사가 언젠가는 나보다 더 나은 교육자가 될 수 있습니다.

작은 학교에서 미래교육의 길을 찾다

임재일 • 용인 서원초등학교 교사

초등학교 혁신학교에서 근무하면서, 교사연구모임을 이끌고 있는 임재일 교사를 만났다. 한 작은 학교에서 10년을 재직하면서 이런저런 실천을 하였고, 그 이야기가 신문과 라디오, 뉴스에 알려졌다. 혁신교육과 민주적 학교운영, 그리고 학교 밖 교육생태계와 함께 마을교육공동체를 위해 노력했던 결과가 나타난 것이다. 그는 왜 굳이 힘든 길을 가고 있을까? 임재일 선생님과의 인터뷰는 학교현장의 목소리를 가장 잘 대변할 수 있는 시원하고도 진정성 있는 시간이었다.

교직은 끊임없는 자신과의 싸움이다

그는 중등교사 자격증(영어과)과 초등교사 자격증을 모두 가지고 있는 특이한 경력의 소유자이다. 영어영문학을 전공하고 교육학을 복수전공한 그는 초등교육에 뜻을 두어 임용된 지 13년 차 교사다. 돌고 돌아 교사가 되었다는 생각이 처음에 들었지만, 막상 이야기를 더 듣고 나니 이 시대에 필요한 창의융합형 인재에 걸맞은 다양한 경험을 습득한 팔방미인 교사였다. 초등교사 임용 이후, 초등교육학 석사와 교육과정학 박사를 수료했는데, 그에게 교육은 타인과의 경쟁이 아닌 자신과의 끊임없는 싸움이었다. 사회가 변화함에 따라 교육과정이 바뀌고 학생이 변화하니 교사도 변해야 한다는 게 그의 교육철학이자 가치였다.

"교육의 3요소가 교사, 학생, 교육과정 이렇게 있는데 시대가 변함에 따라서 교사들도 끊임없이 변해야 하고 학생이 변함에 따라 연구를 끊임없이 해야 한다. 도구인 콘텐츠조차도 정해져 있는 지식이 아니라 가변성이 있고 유연하게 할 수 있는 것은 우리 교사가 개척하는 정신을 가지고 해야 한다."

교사라면 누구나 한 번은 듣는 이야기입니다. 이 말은 저에게 철학이자 목표 가치가 되었습니다.

교사 발령 초에는 저도 많은 시행착오를 겪었습니다. 5년쯤 되었을 때 공간적으로 입체적으로 제 지평이 생겼던 것 같습니다. 그 전까지는 닥치는 대로 필요한 대로 일을 했어요. 지금 돌이켜보니 멘토나 벤치마킹 할 수 있는 모델들이 없어서 그랬던 것 같습니다.

자발적 원리에서 시작되는 교사의 전문성

그 뒤부터 그는 '교사의 전문성은 무엇일까?'를 고민하는 시간을 많이 가졌다고 한다. 승진에 급급한 교직 분위기에서 교사로서의 방향과 지향을 찾고자 노력했다는 점이 남다르다. 그래서 자발성에 의해 연찬을 시작하고 그러한 결과는 다음의 동기가 된다는 구조적 필연성으로 점차 만족해갈 수 있는 전문성과 자아 효능감을 성취했다고 고백했다.

> 제가 초임 때 주변은 온통 승진 이야기뿐이었어요. 술자리건, 운동을 하건 누가 발령이 났고 누가 어떻고 인사 이야기만 했죠. 그런데 저는 그런 것에 정말 관심이 없는 거예요. 그것보다는 교사 전문성에 대해 관심이 컸고 우선순위였어요. 그래서 먼저 수업을 잘 하자가 제 목표가 되었습니다.
> 자발성의 원리부터 시작해서 구조적 필연성이란 것이 어떤 결과가 그 다음의 동기를 유발해 주는 것, 그리고 교사가 만족하고 자아 효능감을 느끼면 아이들에게도 긍정적인 영향을 미치는 것을 확인하면서 더욱 확신을 가졌지요.

'열심히 사는 삶'을 넘어서 전체 그림을 볼 줄 아는 힘이 필요해요

그는 개인의 역량을 키우기 위한 agency와 더불어 조직의 메커니즘을 바라보는 힘이 필요하다고 말한다. 혼자만이 아니라 동료들과 함께 학교가 나아갈 전체 조망도를 보는 structure를 보는 것이 매우 중요하다고 강조하였다. 결국, 개인agency과 구조structure를 바라보는 교육이 있을 때 강하다는 말이었다.

하지만 그에게도 좌절은 있었다. 뭔가를 시도할 때마다 어떤 목적을 노리고 저런다는 오해를 받기도 하고, 당신 때문에 우리가 힘들어진다는 원망의 소리를 듣기도 했다. 교직에도 변화를 주도하는 사람, 변화에 주저하면서 상황을 보는 사람, 변화에 저항하는 사람으로 나

넌다. 이에 그는 변화에 저항하는 사람들과 상호작용하면서 스스로를 성찰하며 함께 만들어가는 변화 전략을 모색하기 시작했다. 변화를 주도하는 교사들을 많이 세워나가는 것이 우리 교육의 핵심적인 과제임을 확인할 수 있었다.

처음부터 어떤 체계를 가지고 노력했던 건 아니었어요. 조직에 있으려면 개인, 즉 에이전시 입장에서는 조직의 메커니즘을 파악해야 한다고 생각했어요. 제가 규범적인 교사의 어떤 지표가 되기 위해서는 그 속도를 단축시키는 것이 주어진 소명이라고 생각했죠. 그래서 행정업무보다는 교수학습방법이나 평가 이런 것을 더 잘 알리려고 노력했어요. 그랬더니 온몸에 화살을 받았어요. 왜 일을 벌이냐는 동료교사의 시기와 질투어린 시선부터 뒤에서 들려오는 안 좋은 말들까지. 제가 승진을 위해 한 것도 아닌데 왜 이런 반응이 나오는지 이해를 못했죠. 그런데 지나서 보니 이 조직이 그런 메커니즘이 있는 조직인 거예요. 해도 되고 안 해도 되는, 그러면서 정년이 보장된 편안한 조직인 거죠. 열심히 안 해도 갈 수 있는데 괜히 열심히 해서 상대적 박탈감을 느끼니 주변의 눈치를 본다고 해야 할까요, 의식이 되더라고요. 왜 이것이 문제가 되는지 고민하다가 '아, 내가 나 혼자만 갔구나!' 깨달았죠.

교직에 나와 처음 겪었던 이 시행착오가 공동의 비전을 고민하게 한 중요한 계기가 되었어요.

결국, 교육은 사랑이다

그는 학교현장에서 가장 중요한 것이 결국 사랑이라고 했다. 학생의 성장을 위해 수업을 변화시키기 위해서는 전문적인 지식도 중요하지만 학생과의 관계가 중요했고, 그 관계에서 꽃피우는 행복감이 교육의 핵심이라는 것이다. 그래서 그것을 위해서 학생들의 삶의 기반인 지역사회를 사랑하고 변화시키고자 노력했다고 했다. 이것이 학생들과 지역사회 교육공동체들에게 공감을 얻었다.

> 수업을 하면서 아이들이 만족감을 드러내면 그렇게 행복할 수가 없어요. 그것이 또 다른 수업을 시도하게 하는 힘이 되고, 아이들의 반응은 또 한걸음 더 나아가게 하고…. 그런 것들이 저를 여기까지 오게 한 힘이자 성장의 동력이었지요. 아이들과 교감하면서 제가 생각하는 교사의 전문성을 놓치지 않고 수업으로 구현했던, 그 모습을 시종일관 유지했던 것이 결국은 교사의 전문성을 키웠다고 생각합니다.

정명정신正名精神: 내 나이, 내 역할, 내 포지션에서 할 수 있는 것

그는 학습공동체에도 참여하고 있다. 그가 학습공동체에 참여하는 이유는 명확하다. 바로 혁신교육을 위해서이다. '왜Why' 해야 하는지, '무엇What'을 해야 하는지가 명확하기 때문에 그는 연구소에서 자신의 일을 묵묵히 해왔다. 이제는 '어떻게How' 해야 하는지를 더 고민하고 있는데, 이를 다른 동료와 함께 해야 한다고 그는 강조하였다. 스스로 혁신에 대해 논하고, 함께 미래를 그려나가면서 현재 자기 나이에, 자기 역할로, 자기 포지션에서 할 수 있는 일을 하는 것이 최상이라고 말했다. 선배로서 후배를 가르치는 모습부터 동료들과 소통하는 특강들까지 중견교사가 할 수 있는 정명정신을 그는 몸소 실천하고 있었다. 그러다 보면, 결국 긴 터널 끝에 혁신교육의 완성체가 있지 않을까 상상하면서 현장에서 전문성을 펼치고 있었다. 그야말로 입체적인 교육실천가였다. 또한 그는 현장의 실천과 고민을 연구라는 형식으로 전환하려고 하고 있다. 연구는 교수의 전유물이 아니라 이제 교사의 몫이라는 그의 말이 교사는 무엇인지 새삼 돌아보게 한다.

그는 교사의 전문성을 위해 연대의식이 매우 중요하다고 강조한다. 개인역량에 힘을 쏟았던 초임 시절을 거쳐 중견교사인 지금 갈수록 타인과의 관계맺음, 의사소통, 리더십만큼 팔로우십도 중요하다는 걸 깨닫게 된다고 한다. 그 이유는 학교는 아직 민주적인 곳이 아니어서 서로 평안한 마음으로 행복한 삶을 살 수 있는 그런 문화가 자리잡아야 한다고 생각했기 때문이다. 함께 문제의식을 공유하고, 같이 고민하고 실천하여 공동의 성장을 이루는 것이 매우 중요하기 때문에 그는 자신을 둘러싼 교육주체들과의 네트워크가 매우 핵심적이라고 강조하였다. 관계맺음은 교실에서, 교무실에서, 지역에서 교사들이 역동적으로 살아갈 수 있게 만드는 필수역량이다. 그 힘을 우리는 얼마나 키우고 있는 것인가?

예전에는 잘 몰랐지만, 이제 '관계맺음'이 정말 중요하다고 느껴져요. 처음에는 역량 위주였거든요. 과업 지향으로 제게 주어진 것을 정말 완벽하게 하는 것이 기본이라고 여겼어요. 그런데 지금은 조금 부족하더라도 사람을 얻어서 함께 가는 것이 중요하더라고요.

그리고 그 스킬은 어디 책에서 배우는 것이 아니라 현장에서 배우는 것이었어요. 그래서 동료 교사뿐만이 아니라 전문직에 계신 분들하고 콜라보레이션을 한다든지 이런 협업할 수 있는 관계 맺음이 굉장히 중요해요. 조금 더 디테일하게 들어가면 의사소통 능력도 굉장히 중요하더라고요.

그 안에 리더십과 팔로우십도 같이 들어가야 하고요. 제가 리더십을 발휘하는 것도 중요하지만, 누군가 리더십을 발휘할 때 그것을 따라줄 수 있는 팔로우십도 굉장히 중요해요. 절대 혼자 고립되어서는 할 수 없기에 '공유 리더십'으로 관계맺음을 통해서 공동의 성장을 이루는 것이 중요하다고 생각합니다.

꼬리가 몸통을 흔드는 대입시험과 대학 서열화

그는 혁신교육을 성공한 학교 구성원들의 이야기들에서 공통적인 속성을 뽑고, 혁신교육을 실패한 학교 구성원들의 원인 요소들을 공통적으로 추출하면 혁신교육이 무엇을 지향해야 하고 어떤 특성을 가지고 있는지 도출할 수 있다고 자신있게 말했다. 그러면서 10년 동안 혁신교육을 통해 분명 이전과 다른 진화된, 성장된, 변화된 모습이 있다고 학술적으로 증명해보이려고 하였다. 그런데도 잘 안 되는 건 교육 수요자인 학부모들의 인식이 사회의 변화만큼 따라오지 못하고 있기 때문이라고 진단했다. 대입제도로 인해 제대로 된 혁신교육이 잘 안 일어나고 있다는 것이다. 그러면서 대학 서열화가 있는 한국 특유의 상황을 베이비붐 세대, 교육열 문화, 조용필-서태지-방탄소년단 세대로 그 원인을 풀어 설명하였다.

저는 그래도 혁신교육의 성과는 있었다고 봅니다. 아직도 혁신교육을 받아들이지 못하는 선생님들이 있는 학교가 있잖아요, 그들이 교직에서 만족하는 특성을 모아보고, 혁신학교 교사들이 연구하고 느끼는 만족도와 성취도를 뽑아내서 둘을 비교해보면 질적으로 무엇이 좋은지, 그리고 미래사회 변화를 보았을 때는, 아직 아무도 이 부분을 연구한 것 같진 않지만, 분명 차이가 도출될 거라고 봐요.

저는 혁신교육이 교육 혁신에 굉장히 큰 역할을 했고 성과를 냈다고 생각합니다. 그런데도 혁신교육이 확산되지 못하는 이유는 교육수요자인 학부모들의 인식이 교사만큼 동시다발적으로 변화되지 못하고 있기 때문이에요. 특히 지금의 입시제도는 이 모든 실험들을 무색하게 만들죠. 조용필 세대들인 학부모들, 그리고 아이들을 가르치는 우리 서태지 세대들은 지금 우리 아이들 세대인 BTS 세대들을 모르고 있어요. 그런데다 단 한 번의 시험으로 인생을 좌우하는 입시제도는 이런 혁신교육을 받아들이기 힘들게 하죠. 입시제도가 바뀌지 않는 한 혁신교육은 계속해서 진통을 겪을 것 같습니다.

교사의 연수 체계를 재구조화하라!

그렇다면 우리 교육에 희망은 없는가? 그는 교사의 재교육이 희망이라고 입을 열었다. 교사가 제대로 된 연수와 연찬이 없어 우리가 정책과 제도로 만들고자 하는 세상이 안 만들어진다고 역설했다. 시대가 변함에 따라 학력의 개념도, 교사의 전문성도 변화해야 하는데, 그러지 못하는 부분을 지적했다. 그러면서 교사의 생애주기에 맞는 연수 체계를 재구조화해야 한다고 강조했다.

사실 학교에서 교사의 역할은 매우 크고 중요합니다. 그런데 그런 교사에 대한 교사 재교육이 잘 되고 있지 않아요. 일정 연수를 4년 차 내외에 받고 있어요. 그 다음 자격 연수는 20년 차 교감 연수고요. 그 사이에 연수가 없어요. 5년마다 한 번씩이라도 연수를 받았으면 좋겠는데 없어요. 자기가 하고 싶으면 온라인 연수, 그것도 무료라서 해도 그만 안 해도 그만이죠. 그 15년의 공백은 좋게 말하면 교사의 자율성인데, 다르게 보면 교사가 계속해서 동력을 갖고 갈 수 있는 책무적인 연수가 없는 것이죠. 교사 재교육이 잘 안 되어 있는 부분은 불편한 진실인 것 같아요. 그러는 동안에도 사회는 끊임없이 정치적으로, 기술적으로, 환경적으로, 인구학적으로 급격하게 변하는데 말이죠. 그 중심에서 핵심적인 역할을 해야 할 교사는 제자리걸음이니 교육의 혁신을 기대한다는 게 어불성설이죠.

미래교육 두 가지 : 감성교육과 시민교육

미래교육에서 놓치지 말아야 할 것이 바로 인공지능의 등장으로 기계가 할 수 없는 영역을 찾아야 한다고 하였다. 즉, 과학기술의 발달로 인간의 영역을 대체하게 되는 인공지능과의 공존사회에서 인간만이 할 수 있는 감성, 정의적 영역, 인성 등과 같은 부분을 미래교육이 담당해야 한다고 강조한다. 그러면서 한편으로는 교육의 본질이 무엇인지 고민하고 이를 꽃피우는 시민교육이 미래교육에는 필수불가결하다고 피력한다. 교육의 주체가 학생이 되어야 하고, 그 배움의 중심에 학생이 서야 함을 강조하면서 교육이 진정 학생들에게 해줄 수 있는 것이 무엇인지, 사회에 배출되는 시민다운 시민은 어떤 것인지 등을 미래교육 담론에 반드시 들어가야 하며, 그동안의 교육에 대한 성찰이 필요하다고 말하였다. 시대의 고통에 공감하고, 타인의 어려움을 헤아리고, 세상을 읽고 분석할 수 있는 리터러시 능력을 지닌, 그리고 내가 지닌 전문성과 재능을 공공성의 가치를 가지고 삶의 영역에서 실천하는 시민을 누가 어떻게 어디에서 기를 것인가?

미래사회의 모든 신기한 것들을 보면서 준비, 준비, 준비를 했어야 한다고 생각했었어요. 그 준비를 하면 따라가는 쪽이 되는 것인데. 교육은 잘 보면 굉장히 보수적이고 디펜스하는 부분이 많지만 거꾸로 생각해보면 그 아이들이 인재가 되어서 사회를 주도할 것이란 말이죠. 백년지대계라는 말처럼 어찌 보면 교육에 리더의 위치가 있는 것인데 그 선택권을 놓치고 있는 것이 아닌가라는 생각이 들어요. 첫 번째는 인공지능이 할 수 없는 일이 무엇인지를 학교교육에서 찾아내는 것이 중요해요. 지식과 정보의 전달, 단순 반복적인 일은 인공지능으로 대체될 수밖에 없다는 게 반박 불가한 사실이라면, 감성에 기초한 인성, 정의적 영역, 공동체 이런 추상적인 부분을 강조할 수밖에 없어요. 결국 교육의 본질을 생각하게 되는데요, 교육의 본질은 아이가 배움의 주체로 우뚝 서서 중심이 되게끔 해주는 것이라고 생각해요. 자기가 배우고자 하는 것이 무엇인지 선택하고 배울 때, 계열성과 계속성이 있을 때 나중에 사회와 통합할 수 있는 내용들을 본인이 설계하고 자신이 살아갈 수 있는 총체적인 역량이 되는 것 같아요. 그것을 키워주는 것이 교육의 힘이고요. 결국은 민주시민으로 키우는 것이지요.

부적합한 예비교사를 기르는 교사양성기관

그는 교육대학원에서의 예비교사 커리큘럼에 대한 불만이 많았다. 학교현장에 와서 할 수 있는 교사의 역량을 중심으로 교육대학원과 교·사대에서 교육과정을 운영하고 있지 않은 점을 비판하였다. 무엇보다 시대가 변화하는 상황 속에서 미래사회의 인재를 육성할 교사의 역량이 그 무엇보다도 가장 먼저 변화해야 하는데, 예비교사 육성을 하는 대학에서의 커리큘럼은 유연하지 못하다고 성토하였다. 프로젝트 활동을 현장에서는 많이 실천하고 있는데, 교·사대 교육과정에서는 그렇게 하고 있는가? 예비교사들 스스로 실패를 통해서 배울 경험을 지니고 있는가? 현장에서 갖추어야 할 역량을 기르고 있는가? 시대의 흐름을 읽고, 변화를 만들어가는 주체들과 교류하고 있는가?

예비교사로서 교원대를 포함한 양성기관에서 해야 될 일은 일단 단절되어 있습니다. 예비교사들이 배우는 내용과 임용고사가 현장에 있는 내용들과 많이 연결이 되어야 하는데 그렇지 않은 내용이 많고요. 그리고 예비교사가 양성기관에 들어오는 것도 수능 고학력자들이죠.

그렇다면 이렇게 지식 위주로 들어온 아이들이 자신들이 가르쳐야 하는 아이들의 형편을 이해할까. 기초 부진아, 다문화, 혼혈아 이런 아이들을 정말 다 이해할 수 있을까라는 질문을 했을 때 회의적이에요. 따라서 교사를 양성하는 기관에서는 정해진 학점 이수로 졸업하는 것이 아니라 프로젝트를 수행하는 등의 다양한 활동을 해보는 것이 중요하다고 생각해요. 학점도 한 학기가 아니라 2년짜리, 1년짜리 이런 식으로 만들어 그 기간 동안 팀워크로 프로젝트를 수행하고 지역사회에 나가서 연구하게 하는 등의 활동이 필요하다고 봅니다. 그러면서 시행착오도 겪고 그것을 수정보완하면서 나름의 교육철학을 형성하게 하는 것, 이런 것이 정말로 필요합니다. 이렇듯 삶 속에서 과제나 그들이 이수해야 하는 학점을 융합적으로 디자인해주는 것이 교수자의 역할인 것 같습니다. 그런 것들을 하였을 때 이들이 인턴교사제가 무엇인지, 마을공동체 프로젝트가 무엇인지 등을 이해하고 쉽게 풀어갈 수 있을 텐데, 단편적인 지식을 외워서 그것을 전이하고 응용하려고만 하려고 보니까 막상 현장에 투입되면 쉽지가 않은 거예요. 그런 경험이 쌓였을 때 또 실패를 통해 얻었을 때 흔들리지 않는 철학이 꾹꾹 쌓일 수 있는 것이죠.

메리토크라시가 주는 '불안'

정해진 경제적 재화를 능력에 따라 배분한다는 메리토크라시 Meritocracy 사회적 구조가 교육을 망친다는 그의 말에 귀 기울이게 되었다. 열심히 공부해서 내가 버는 능력대로 얻어가는 공정한 사회가 이제는 더 이상 존속되어서는 안 된다고 그는 비판한다. 그런 환상, 그런 착각에서 나와야 한다고 하는데, 이 대목이 매우 인상적이었다. 신자유주의 이념과 체제에서 학생들은 개인 이기주의와 경쟁의 메커니즘으로 삶을 살아가게 되고, 그러한 교육환경에서는 절대 올바른 성장을 통해 사회에 나가 온전한 삶을 살지 못한다는 것이다. 동료를 이겨야 하고 경제적 세습으로 불평등이 지속되는 체제에서 결국 교육은 '불안'이라는 심리적 기저를 교육 수요자에게 주고 만다고 평하였다. 신분과 혈연을 중심으로 인생이 결정되었던 전근대사회에서 근대사회로 넘어오는 핵심 가치 중 하나는 '메리토크라시'였다. 이는 한국사회의 역동성을 만들어냈다. 그러나 지금은 '메리토크라시'의 늪에 한국사회가 빠져있는 것은 아닐까? 성인 세대들이 성공 경험을 다음 세대들에게 강요하는….

그러니까 이런 관점 속에서도 어떤 주의, 이념을 가지고 있으니까 메리토크라시Meritocracy에서 파이를 가져가야 한다는 교육열이 나만 보게 되고 타인을 보지 않게 만든다고 생각해요. 내 앞의 성적을 빼고 타인의 것을 보게 된다는 것이죠. 자기가 푼 문제의 과정을 보겠니, 아니면 친구의 답을 보겠니 하면 거기서 갈린대요. 친구 것을 보고자 하는 학생들은 굉장히 경쟁에 얽매여 있고, 자기가 푼 과정에 대해서 알고자 하는 학생은 자기가 실패했어도 나아가려고 하는 자기 성장에 대해서 생각한다는 것이죠.

그런데 메리토크라시는 자기 성장에 대해서 답을 못해줘요. 그런 시선과 관점에 머물러 있다 보니, 예를 들어, 조기 영어교육도 그 맥락에서 이루어지고 있지요. 남들보다 빨리 가르치고 싶은 마음에 공교육에서 값싸게, 반값으로 해주고 싶은 거예요. 남들처럼 해외까지는 못 보내더라도 이렇게 어릴 때부터 해야지 마음이 안정되거든요. 결국 불안 사회와 귀결이 되는 것입니다. 내가 만족스럽고, 당당하고, 조급함이 일어나지 않아야 하는데 왜 일어날까. 그것은 우리 윗세대는 물론 지금 세대까지 경쟁의 메커니즘에서 벗어나지 못하고 있는 것이죠. 그럴수록 나름의 견해나 자기 주관이 필요한데 이런 것들을 교사가 학생에게 가르치는 것 말고도, 학부모들이나 사회 곳곳에서 담론들이 계속 나왔으면 좋겠어요. 어떻게 변화해야 하느냐. 개인적으로 저는 철학교육이 중요하다고 생각합니다. 철학 하면 어렵다고 생각하는 경향이 있는데, 얼마든지 쉽게 풀어쓸 수 있거든요. 철학으로 귀결되는 교육이 중요해요.

무엇을 가르치십니까?

그의 마지막 대답도 매우 인상적이었다. 우리는 무엇을 가르치고 있는지에 대한 질문에 그렇게 편안한 마음이 들지 않는 이유는 왜일까? 큰 것을 놓친 채 국지적이고 세부적인 것을 가르치고 평가를 하는 것은 아닌지 되짚어봐야겠다는 생각이 들었다. 전반적이고 보편적인 것을 가르치되, 교사가 융통성을 발휘할 수 있도록 예비교사들에게 대학생활 동안 배우고 습득할 수 있게 해주어야 한다는 그의 말에 일종의 방법적 지식, 절차적 지식 등과 같은 종류의 교육이 미래에 필요하다는 생각이 들었다. 지식 위주로 가르쳤던 이전의 삶에 대한 반추로, 불확실한 미래사회에서의 '만약'에 라는 맥락적, 상황적 교수학습 방법이 진정 전문성 있는 교사에게 요구된다는 걸 확인했다.

무엇을 가르치는가? 이 부분은 사실 저는 그냥 큰 그림만 던져주었으면 좋겠어요. 충분히 이 아이들이 창의적으로 현장에 가서 담론을 만들어낼 수 있는 역량이 있다고 보거든요. 그리고 그것은 지금까지는 지식 위주였지만 예비교사들이 현장에 가서 만나는 것은 사람이잖아요. 사람 중심의 메커니즘으로 전환하여 디자인할 수 있는 역량이 중요해요.

그리고 마지막으로 한마디만 더 한다면, if를 던져주었으면 좋겠어요.* 미래는 정말 불확실하거든요. 여러 가능성이 있고, 정해진 답이 많이 없어요. 만약에 이런 상황일 때, 만약에 이런 변수가 조절되었을 때, 현장에서 또는 전문직에서 관리자가 되었을 때 그려본 그 철학이라는 것이 유기적으로 탄탄하게 쌓여질 수 있어요. 그 만약이란 것을 고민하지 않은 사람들은 결과나 목적에 맹목적으로 다가가는 사람들이 굉장히 많기 때문에 what if를 던져주는 것은 대학에서 던져야 하는 메시지가 아닐까 생각합니다.

임재일 교사는 그동안 학교에서 아이들을 위해서 다양한 시도를 하였다. 지금은 혁신학교에서 열심히 교직생활을 하고 있다. 학교 밖에서 야학에도 참여하고 있으며, 교사학습공동체를 이끌고 있다. 그의 삶은 곧 실천이었다. 수업, 교육과정, 학교혁신 등 실천에 관한 그의 이야기는 우리에게 적지 않은 통찰력을 제공한다. 교원연수체계와 교원양성과정에 대해서 그는 비판하였다. 한마디로 허술한 시스템이라는 거다. 이러한 시스템을 어떻게 메울 수 있을까? 시대에 대한 치열한 고민이

---

*자기의 앞날이 예상대로 펼쳐지지 않는 상황도 가정해보자는 뜻으로 'if'를 사용하였다.

필요한데, 그 고민은 현장에 기반을 두어야 한다. 교실과 학교, 마을을 고민하는 그에게는 우리 교육이 나아가야 할 방향에 관한 이야기가 많아 보였다.

학교는 무엇을 가르치고 있는가? 메리토크라시의 함정에 우리는 빠져 있지 않는가? AI의 시대에 교육만이 할 수 있는 차별성은 무엇인가? 교·사대 교육과정에 마을과 지역, 역량이 살아있는가?

변화의 길목에서
인천교육의 미래를 말하다

도성훈 • 인천광역시 교육감

도성훈 인천광역시 교육감은 교사 시절에 임용된 지 몇 년이 지나지도 않았는데, 사학비리에 맞서 학내 투쟁을 진행했다. 학교민주화를 위해 노력하다가 전교조 결성에 참여해 해직을 당했다. 복직 이후에, 전교조 인천지부장 활동을 했고, 이후 혁신학교인 동암중학교 교장으로 임용된다. 평교사가 교장이 될 수 있는 내부형 교장제도를 통해 임용이 되었는데, 인천에서 좋은 혁신학교를 운영했다는 평가를 받았다. 인천 시민사회와 언론은 그에 대해 주목했으며, 교육감으로 당선된다. 그의 삶, 관점, 고민에 대해서 들어보았다.

교육으로 희망을 꿈꾸다

도성훈 인천시 교육감이 걸어온 이력을 보면 개인의 삶보다는 공익을 위해 무던히 애써왔다는 걸 알 수 있다. 한결같은 그 힘은 어디서 나왔을까? 그는 할아버지의 영향을 받았다고 한다. 할아버지는 '올바르게 사는 삶'을 강조하셨다. 청년 교사, 도성훈은 사학재단의 비리와 비상식적이고 파행적인 학교운영에 고통받는다. 침묵할 것인가? 변화를 시도할 것인가? 갈림길에서 그는 후자를 선택했다. 뜻을 함께하는 교사들과 평교사협의회를 조직하였고, 지난한 투쟁을 거쳐 학원 정상화를 이루었다. 하지만 시대는 그를 교단에 묶어두지 않았다. 전교조 결성 과정에서 해직을 당했다. 해직교사의 삶은 경제적으로 궁핍해질 수밖에 없었지만 올바른 삶을 위해서 감내한다. 이후, 전교조 지부장을 거쳐 동암중학교라는 혁신학교를 일구었다. 스토리가 있는 삶, 가치를 지향하는 삶, 타협하지 않았던 삶이 그가 인천 교육감으로 당선되는데 밑거름이 되었으리라.

교사의 꿈을 꾸게 된 데에는 할아버지의 영향이 컸습니다. 할아버지께서는 '올바르게 사는 것이 무엇인지'를 항상 일깨워 주셨습니다. 당시에는 몰랐습니다. 할아버지의 가르침이 대학大學의 '신독愼獨' 즉, '보이지 않는 곳에 혼자 있을 때에도 도리에 어긋나지 않도록 조심하여 말과 행동을 삼가라'는 삶을 살아가라는 의미라는 것을요.

대학생이 되어서야 사람이 올바른 삶을 살아가는데 필요한 것이 무엇인지 깨닫게 되었습니다. 제가 찾은 답은 교육이었습니다. 1985년, 인천성헌고(현 인제고)에서 교사로 첫발을 내딛었습니다. 한동안 순탄했던 교직생활은 1988년 엄청난 변화를 겪게 됩니다. 요즘 같으면 상상하기 어려운 사학재단의 비리와 비상식적이고 파행적인 학교운영을 마주하게 된 것입니다. 교육자로서의 양심 때문에 도저히 침묵할 수 없었습니다. 당시 많은 사람들이 말리면서 한마디씩 하더군요. 경력이 짧은 신출내기 교사가 재단을 상대로 투쟁하는 것은 계란으로 바위를 치는 격이라고요. 하지만 저를 비롯해 뜻을 함께한 교사들의 정의로운 분노는 쉽게

가라앉지 않았습니다. 우리들은 평교사협의회를 조직하였고, 제가 초대 회장을 맡아 학교 정상화를 위한 투쟁을 시작했습니다. 일이 커지자 재단에서도 더 이상 안 되겠다 싶었는지 징계위원회를 열어 저를 포함한 관련자들에게 파면과 해임 처분을 내렸습니다.

재단비리가 드러나고 비리개혁을 외치던 교사들에 대한 징계 결과가 알려지자, 교사, 학부모, 학생들도 분연히 일어났습니다. 학부모 대표와 교사 대표는 교육감 면담에 이어 교육감실을 점거하고 철야농성도 벌였습니다. 그러자 이 사태는 언론에까지 보도되었고, 농성 23일 만에 학원 정상화를 위한 합의를 극적으로 이뤄냈습니다.

이후 저는 학교민주화운동의 범위를 사학 개혁을 넘어 공교육 전반으로 확장해 나갔습니다. 1989년 6월, 전교조 인천지부 결성에 주도적으로 참여했는데, 결과는 참담했습니다. 두 달 뒤 전교조 가입 활동 등을 이유로 해직당했거든요. 해직 기간 동안 전교조 인천지부 사무국장, 수석지부장 등을 맡아 인천의 대표적인 부패 비리 사학이었던 선인학원을 공립학교로 전환시키는 등 공교육 정상화를 위해 최선을 다했습니다. 하지만 당시 제 가정은 경제적으로 매우 곤궁했습니다. 그 기간 동안 제 아내가 정말 고생했습니다. 사랑하고 존경하는 제 아내에게 다시 한번 고마움을 전합니다.

1992년 김영삼 정부가 출범하면서 해직교사 복직의 길이 열렸습니다. 꿈에서도 그리던 아이들에게 돌아온 1994년은 저를 교사로서 다시 태어나게 만든 해였습니다.

2003년과 2005년에는 두 차례 전교조 인천지부장 선거에

당선되면서 11대, 12대 지부장을 지냈습니다. 지부장 임기를 마치고 부개고, 동인천고를 거쳐, 2016년에 인천형 혁신학교인 동암중학교 교장으로 취임했습니다. 교장 임기 내내 '모두가 주인인 학교', '소통하는 민주주의 학교', '마을과 함께하는 학교'를 만들기 위해 최선을 다했습니다.

작년 2018년에는 인천시민들의 부르심을 받아 교육감으로서 역할을 시작하였습니다. 벌써 10개월이 지나다니 감회가 새롭습니다. 제가 해직의 아픔을 겪으면서까지 힘든 교육운동가로서의 여정을 지나 교육감으로서의 삶을 걷게 된 데에는 두 가지 이유가 있습니다. 사립학교 재단 비리가 고스란히 아이들에게 전가되어 피해를 주는 상황을 참을 수 없었고, 입시지옥에 갇혀 "행복은 성적순이 아니잖아요"라고 절규하며 죽어갔던 아이들을 외면할 수 없었기 때문입니다. 사립학교 비리와 입시경쟁 교육에 희생된 꽃다운 아이들의 죽음, 이것이 평범했던 저의 교직생활을, 아니 저의 삶 전체를 뒤바꿔놓은 계기가 되었습니다. 요즘도 매일 출근하면서 다짐합니다. 한 명의 아이도 놓치지 않겠다고 말입니다.

관계가 바뀌면 학교가 바뀐다

동암중학교는 인천에서는 제법 알려진 혁신학교 모델이다. 그것을 어떻게 일구어갔는지 그 과정이 궁금해졌다. 무엇을 시도했고, 무엇이 달라졌을까? 그는 교직원, 학부모, 학생들과 함께 학교를 만들었다고 말한다. 그에게 학교민주주의는 삶의 과제였을 것이다. 이를 그는 실천했다. 교육비전을 함께 수립하고, 공유하는 과정을 중시했다. 일방적인 지시가 아닌 토의와 토론을 시도했다. 중학생들은 어리지 않다. 그들에게 기회를 주지 않았을 뿐이다. 학교 행사도 학생들이 주관하도록 맡겼다. 학교장은 지시를 내리는 사람이 아니라 3주체를 위한 소통의 장을 마련하면서 의견을 조율했다. 이를 위해 근엄한 교장실이 아닌 사랑방 같은 교장실로 만들었다. 이야기꽃이 피어나는 교장실이었다. 하지만, 학교민주주의의 꽃은 수업을 통해 피어나야 한다. 교과의 벽을 열고, 학습공동체를 구축하면서 프로젝트형 수업으로 전환시켜나갔다. 관계가 바뀌면 수업이 바뀌고, 수업이 바뀌면 학교가 바뀐다. 그 결과, 구도심의 학교로서 감소하던 학생 수가 서서히 늘어나기 시작했다. 입소문이 났기 때문이다.

그는 학교혁신의 기본기에 충실했다. 자신의 권위를 내려놓고, 3주체 간 소통을 시도하면서 학교의 역동성을 만들어냈다. 학교는 민주주의의 터전이어야 하며, 삶과 문화, 시스템으로 아이들에게 민주주의를 가르쳐야 한다. 그러한 민주주의의 과정은 수업의 변화로 이어져야 한다. 폐쇄적이고 고립적인 교직문화가 협력과 나눔의 문화로 전환되었다. 수업은 바뀌었다.

동암중학교를 좋은 모델이라고 말씀해 주시니 고맙습니다. 제가 만든 게 아니고 교직원, 학부모, 학생들이 만든 것입니다. 저는 그들이 하고자 하는 일에 도움을 드린 게 전부입니다. 모두가 학교를 아이들이 행복한 곳으로 바꾸어 가는 데 헌신적이고 열정적이었습니다.

우리는 먼저 학교민주주의에 대한 교육비전을 공유하고 학교자치가 싹틀 수 있도록 전력을 기울였습니다. 학교자치의 모범을 만들어가기 위해 교사, 학부모, 학생 3주체가 참여하는 협의회를 매 학기 개최하였지요. 학생들이 자치활동을 자율적이고 폭넓게 할 수 있도록 지원도 아끼지 않았습니다. 학생자치회실을 별도로 마련하였고, 학급자치서클을 통해 학급공동체 만들기에도 주력했습니다. 입학식과 스승의 날 행사도 학생자치회가 주관하도록 했습니다. 그 과정에서 제가 느낀 점은 아이들을 믿고 기다려야 한다는 것이었어요. 역시 기대를 저버리지 않더군요.

학교를 민주적으로 바꾸어갈 수 있었던 것은 동암중 가족들이 서로 소통하고 공감하는 문화를 형성하였기에 가능했다고 봅니다. 주요 안건들을 워크숍, 협의회, 공청회 등에서 결정하였습니다. 워크숍 같은 경우, 새로운 학기가 시작되기 전에 실시하였는데, 주로 학교운영과 교육과정운영에 대한 밑그림을 그리는 방식으로 진행되었습니다. 학교생활규정도 공청회를 열어 개정하였지요.

저도 학생, 학부모, 교직원들과 대화하기 위해 부단히 노력했습니다. 소통하는 학교분위기 조성을 위해 교장실 문턱을 없앴습니다. 교장실을 열어놓았을 때 다들 눈치만 보더군요. 하지만 하나둘씩 찾아와 이런저런 이야기를 나누다 보니 교장실이 사랑방이 되더군요. 보이지 않는 벽이 허물어지는 것을 느껴졌습니다. 역시 보이건 보이지 않건 벽이 없어야 대화도, 협력도, 인간적인 친밀함도 가능하다는 걸 새삼 깨달을 수 있었습니다.

학교문화를 민주적으로 바꾸어가고 자치역량을 강화하는 최종 종착지는 '수업의 변화'였습니다. '수업이 바뀌어야 교육이 바뀐다'는 것이 저와 동암 가족들이 공유한 신념입니다. 수업을 변화시키기 위해서는 교육과정을 창의적으로 구성하는 것이 전제

되어야 하고, 그 전제를 만들기 위해서는 교직원, 학부모, 학생의 참여와 신뢰가 필수적이지요. 다양한 프로젝트를 진행했습니다. 먼저, 교과목이 다른 선생님들이 모여 수업안을 함께 작성하는 '공동수업 디자인' 과정을 진행했습니다. 처음에는 반신반의하던 선생님들이 수업의 변화를 체험하고는 오히려 더 적극적으로 변해갔습니다. 학생들도 선생님과 연간 30시간 정도의 수업을 공동 디자인하면서 교육과정을 함께 만들어갔습니다. 그런 과정에서 모두가 느꼈습니다. '수업이 변하고 있구나, 관계가 변하고 있구나, 학교가 변하고 있구나'라고요.

이러한 노력 덕분이었는지 줄기만 하던 동암중학교 학생 수가 점차 늘어나기 시작했습니다. 학교교육에 대한 학부모들과 주민들의 관심과 신뢰 또한 높아졌습니다. 행복배움학교 지정 전보다 학교교육활동에 대한 참여율도 높아지고 지원방식도 매우 다양해졌습니다.

민주적 공동체로 성장하는 학교

그는 학교혁신의 과정과 정책을 추진하는 과정이 다르지 않다고 했다. 그동안 학교를 혁신하겠다는 정책들은 왜 실패했는가? 그는 교사들의 참여와 의지를 끌어내지 못했기 때문이라고 진단한다. 결국, 소통과 관계의 문제로 귀결된다. 관계맺기가 매우 중요한데, 그가 혁신학교에 있으면서 실행했던 내용들은 관계맺기였다. 다양한 방법과 도구를 활용하여 학부모들의 참여를 이끌어냈다. 동원과 봉사의 대상을 넘어 학교를 함께 디자인하는 주체로 학부모를 세워나갔다. 나아가,

지역과의 관계맺기를 시도하여 마을교육과정으로 나아갔다. 이러한 과정을 돌이켜보면, 일방적 정책 발표는 반드시 실패하고 만다. 관계맺기, 소통하기, 해법 함께 찾기, 실천하기는 매우 중요한 교육공동체의 원리이다. 그것은 학교, 교육청, 교육부에 공히 적용될 수 있는 원리가 아닐까?

학교를 혁신하는 과정에서 가장 중요한 부분은 교육 주체들이 서로 신뢰를 쌓고 학교운영과 교육활동에 자발적으로 참여하는 것이라고 생각합니다. 우선, 지금까지 정부가 주도한 학교혁신 정책들이 어려움을 겪은 가장 큰 이유는 개혁 주체여야 할 교사들의 자발적 의지와 참여를 이끌어내지 못한 데 있다고 봅니다. 교육정책을 결정하고 집행하는 과정에서 교사들의 참여는 무척 제한적이었고, 누군가 만들어놓은 교육이라는 선물상자를 개봉하는 역할만 하는 도구에 불과했습니다. 막상 선물상자를 열어보면 누구도 원하지 않는 선물일 경우가 많았고요. 이는 소통의 부재 때문에 생긴 것입니다.

교사들은 교육의 최전방에서 아이들과 호흡하며 생활합니다. 아이들을 위해 무엇이 필요하고 어떻게 교육해야 하는지 그분들이 가장 잘 알지요. 그런데도 현장의 교사들은 중요한 의사결정과정에서 늘 제외됩니다. 교육과정, 학교혁신, 심지어 학교자치정책도 정부 주도로 이루어집니다. 상명하달식의 교육정책들이 결국 교사들을 수동적으로 만들었고, 적극적인 지지와 협력을 이끌어내지 못하였지요.

이 문제는 소통과 관계를 소홀히 했기 때문에 생긴 결과라고 생각합니다. 저도 동암중학교 교장으로 재직하면서 교직원, 학부모, 지역사회와의 관계맺기가 얼마나 중요한지 실감했습니다. 특히, 학부모들과 소통하며 협력관계를 맺기 위해 심혈을 기울였습니다. 학부모총회, 스승의 날 행사, 졸업식 등 주요 행사는 아예 학부모님들과 학생 주도로 이뤄졌어요. 특히, 열우물마을공동체지원단 창설과 십정동의 특성을 담은 마을교육과정운영은 학부모님들께서 지역사회와 연계하여 이뤄내신 소중한 결실이었습니다.

원칙의 중심은 학생과 학교이다

밖에서 바라보던 교육청과 안에 들어가서 바라보는 교육청은 무엇이 달랐을까? 평교사로, 학교장으로 바라봤던 교육청, 교육감으로 바라보는 교육청은 무엇이 다른가? 예상대로 많이 달랐다고 그는 말한다. 지시를 넘어 지원하는 조직으로 변모해야 하는데, 그는 교육청의 경직성에 주목한다. 감사 등의 불이익 때문에 교육청에서는 원칙을 강조하지만, 그는 반드시 지켜야 할 원칙과 유연하게 적용할 영역이 있는데, 유연하게 나아가야 할 영역도 경직된 적용을 하는 경향이 있음을 지적한다. 그것은 자칫하면 관행에 의해 고착화된 조직풍토와 문화를 만들어낸다. 원칙 역시 현장을 고려해야 하며, 함께 만들어가야 할 영역이다. 그 원칙의 중심은 결국 학생과 학교여야 한다.

예상은 했지만 실제로 많이 달랐습니다. 학교장으로 있을 때는 교육청을 지시하는 상위 관청이라고 인식했는데, 교육감이 되어 교육청을 바라보면 지원하는 곳이라는 생각이 들더군요. 지시와 지원, 한 글자 차이지만 어느 위치에서 보느냐에 따라 느낌은 정말 달랐습니다.

제가 생각하는 가장 큰 차이는 일하는 방식이었습니다. 교육청에서는 원칙에 충실하고 절차를 중시합니다. 이러한 구조는 일 처리의 효율성과 투명성을 기할 수 있다는 장점이 있습니다. 반면, 원칙에 위배된다고 생각하거나 절차를 거스르는 요구는 수용하지 않는 경직된 측면도 있습니다.

예전에 故 노무현 대통령께서 이런 말씀을 하신 적이 있습니다. "나는 원칙주의자라서 가장 유연성이 많다"고 말입니다. 이상하게 들리시지요? 노 전 대통령께서는 원칙이 10%면 10%만 원칙에 적용하고 원칙에 적용되지 않는 90%는 토론과 협의를 새롭게 만들어갈 수 있다고 하셨습니다. 하지만 현재 일부 공무원들은 10%뿐만 아니라 나머지 90%도 10%에 맞추려 하는 경향이 있습니다. 과도한 적용이지요. 물론 일이 잘못되어 징계 등 신분상의 불이익을 피하기 위해서 그럴 수도 있습니다. 하지만 이제는 원칙이 무엇이고 어떻게 적용할 것인지 다시 고민해야 할 시점이라고 생각합니다.

그 원칙의 중심은 학생과 학교가 되어야 하겠지요. 이제 관행이 원칙이 되는 것이 아니라 학생의 필요와 학교의 요구가 원칙이 되는 교육청이 되어야 할 것입니다.

교육불평등 해소와 안전 확보, 역량교육과정의 실현

교육감으로서 수많은 학생, 학부모, 교원, 시민단체, 지자체 인사들을 만나면서 어떤 요구를 받았을까? 각 주체들의 요구는 무엇이었는지, 변화를 열망하는 영역과 내용에 대해서 질문을 던져보았다. 인천의 경우, 신도심 지역의 과밀학급 문제가 심각해서 교육여건이 열악해졌다. 학급과밀 현상이 일어나고 있는 것이다. 그런데 한쪽에서는 이 같은 학급과밀 현상과 학교거대화 현상이 나타나지만, 구도심과 같은 지역에서는 폐교나 학교 통폐합을 걱정한다. 학령인구 감소는 대체적인 현상이지만, 지역 간 격차가 컸다. 이를 해소하는 것이 가장 큰 숙제였다. 한쪽은 너무 뜨겁고, 한쪽은 너무 춥다. 이를 위해서는 맞춤형 정책이 불가피하다. 맞춤형 정책은 다시 현장과의 소통에서 시작된다.

학생들의 안전과 건강 역시 그의 관심사였다. 신체적, 정서적, 물리적으로 안전한 학교를 만들고 싶었다. 안전한 등하굣길, 먹거리 안전, 미세먼지 피해 줄이기, 안전사고 줄이기, 학교폭력 없는 학교 만들기는 인천교육의 주요 관심사다. 또한 그는 교육과정에도 주목한다. 인천만의 특색있는 교육과정을 모색하고 있으며, 학생들의 다양한 진로를 고려한 학교모델을 모색하고 있다. 창의성, 감성, 인성, 시민성을 앞으로 길러야 할 핵심역량으로 보고, 이는 교육과정을 통해 구현될 것이다.

교육과정은 학교의 존재 이유일 텐데, 이 영역은 화려하지 않지만 매우 중요한 영역이다. 주민직선교육감제가 도입되면서 교수 출신의 교육감이 많아지는 추세인데, 초중고 현장 교원 출신인 교육감은 상대적으로 교육과정에 대한 이해가 높을 수밖에 없다. 좋은 학교는 좋은 교육과정을 구현하는 학교를 의미한다. 좋은 혁신학교 역시 혁신적인 교육과정을 운영하는 학교이다. 교육과정과 학교는 동의어에 가깝다. 각종 교육정책 역시 교육과정을 통해서 열매를 맺어야 한다.

2018년 7월 1일 취임 이후, 간담회, 면담, 기관 방문, 각종 행사, 업무 협약, 인터뷰, 기자회견, 특강 등에서 많은 분들을 만났습니다. 다양한 만남만큼이나 요구도 정말 다양했지만, 교육불평등 해소와 학생 안전, 그리고 미래교육에 관한 사안들이 주로 많았습니다.

교육불평등 해소에 관한 요구 중에는 신도심 지역 과밀학급 문제가 가장 심각했습니다. 특히, 유입인구가 계속 늘어나는 송도와 청라 지역이 주 대상이었습니다. 이러한 과밀학급 문제는 우리 아이들이 학습권을 침해받을 수 있는 사안이기 때문에, 문제가 발생하고 나서 뒷수습으로 대처하는 것보다, 선제적으로 대응해 가는 것이 중요합니다. 송도, 청라 과밀 문제를 계기로 과밀이 예상되는 학교를 전수조사하여 맞춤식으로 해결방안을 마련하는 시스템으로 갖추었습니다. 이제는 과밀학급이라는 단어가 인천지역에 발붙이지 못하리라 생각합니다.

반면, 원도심 지역에서는 학생 수가 지속적으로 감소하여 학교 통폐합 논의가 가속화되고 있었습니다. 젊은 학부모님들이 저를 만나면 제발 학교가 지역을 떠나지 않게 해 달라고 간곡히 부탁하십니다. 올해는 이 문제에 좀 더 집중할 계획입니다. 현재 실태를 파악하려고 학교 급별 전수조사와 문제해결을 위한 계획 수립에 전념하고 있습니다.

과소학급 문제 해소를 포함하여 지역별로 교육여건이 좋지 못한 곳에 교육지원을 강화하고 있습니다. 미래학교와 미래교실 사업 예산을 우선 지원하거나, 교육균형발전대상교로 선정된 109교에 대해서는 학교기본운영비를 추가로 지원하고 있습니다. 또한, 마을교육공동체와 같은 다양한 교육지원사업 등을 실시하여 지역 간 교육격차 문제를 해소해갈 것입니다.

우리 아이들의 안전과 건강에 대한 요구도 많았습니다. 지난 3월 7일, 행정안전부에서 발표한 자료를 보면 2013년부터 2017년까지 5년간 발생한 초등학생 보행자 교통사고가 무려 15,540건에 이른다고 합니다. 등하굣길이 집과 학교를 연결해주는 '안전하고 행복한 통학로'여야 하는데, '위험하고 불안한 통학로'가 되고 있습니다. 우리 아이들이 예방안전 수칙을 잘 준수하는 것도 중요하지만, 사고를 유발할 수 있는 환경을 개선하는 것도 그에 못지않게 중요합니다. 이 문제를 해결하기 위해, 작년 하반기 안전통학로 조성을 위해 인천 관내 모든 학교 통학로 안전에 대한 실태조사를 하였습니다. 그 결과 177개교의 등하굣길을 시·군·구청과 함께 정비해나가기로 하였고, 현재 정비 중에 있습니다.

먹거리 안전도 매우 중요합니다. 학부모들이 급식의 질이나 안전 여부에 대해서도 걱정이 많으십니다. 성장기에 있는 우리 아이들이 건강하고 안전하게 학교급식을 먹을 수 있도록 교육지원청 단위 학교급식 우수식재료 공동구매 시스템을 구축하였고, 올해 시범 추진하고 있습니다. 이외에도 식중독이나 음식물을 통해 발생할 수 있는 각종 질병 예방을 위해 최선을 다하고 있습니다.

최근 미세먼지가 우리 아이들 건강에 위협요소로 자리잡고 있습니다. 이미 유치원, 초등학교, 특수학교, 그리고 중·고등학교 보건실에는 공기청정기 설치를 완료하였습니다. 하반기에는 중·고등학교 모든 교실까지 설치할 계획입니다. 아이들이 하루라도 미세먼지 피해를 덜 받도록 시기를 최대한 앞당기려고 합니다.

학교폭력 없는 학교를 만드는 것은 가장 시급하고 중요한 문제입니다. 작년에 학교폭력근절 8대 대책을 수립하여 발표했고,

올해는 현장에 착근되도록 노력하고 있습니다. 이러한 폭력문제는 지역사회, 국가 모두가 힘을 모아 해결해야 할 공동의 과제입니다. 비록 지면상이지만, '폭력 없는 인천(대한민국), 생명 존중 인천(대한민국)'을 만들기 위해 시민, 정부기관, 민간단체가 함께 범시민운동을 실시하자고 제안드립니다.

이 밖에 미래교육에 대한 문제에도 관심이 많았습니다. 급변하는 사회변화에 대비할 수 있는 인천교육환경의 변화 요구와 열망을 표현한 것이라 생각합니다. 2016년에 있었던 이세돌 9단과 인공지능 알파고와의 바둑대결, 기억하시죠? 난공불락의 영역으로 여겨졌던 바둑마저 인간의 성역이 아님이 증명되었습니다. 이토록 전례 없는 변혁과 뿌리째 흔들리는 불확실성의 세계에 우리 아이들을 어떻게 대비시켜야 할지 고민도 많고 준비할 것도 많습니다.

우리 교육청에서는 인천교육비전에 기반하여 창의성, 감성, 인성, 시민성 등 미래 인재가 갖추어야 할 핵심역량을 함양하고 꿈을 실현할 수 있도록 돕기 위한 교육을, '인천혁신미래교육'이라는 이름으로 실시하고 있습니다. 핵심은 교육과정입니다. 인천형 교육과정이라는 이름으로 동북아 인재양성교육, 마을교육공동체, 평화·공존교육, 민주시민교육 등 인천만의 특색 있는 교육을 만들고 있습니다. 핵심역량이 자라도록 돕기 위해서는 수업과 평가 방식도 혁신되어야 합니다. 토론하고 탐구하는 수업과 그에 걸맞은 평가방식을 지속적으로 개발하고 변화시켜야 합니다. 수업이 바뀌어야 결국 교육이 바뀌기 때문입니다.

대학진학과 진로교육도 중요하지만, 직업교육도 그에 못지않게 중요합니다. 앞으로 다가올 시대는 많은 직업이 사라질 위기에 있다고 합니다. 하지만 창의성과 연관된 직업은 인공지능이 당분간은 넘기 어려운 영역이라고 합니다. 뮤지션, 연기자, 댄서 등이 그런 직업이죠. 저와 우리 교육청의 주된 관심사이기도 합니다. 인천에서도 이 분야에 진출하려는 학생들이 점점 늘어나고 있습니다. 이러한 시대적 흐름과 사회적 요구에 부응하여 우리 교육청에서도 가칭 인천대중문화예술고를 신설하여 내년부터 실용음악과 신입생을 모집하려고 합니다. 2022년까지 실용연기과, 실용무용과를 추가적으로 신설할 예정입니다. 인천의 아이들이 교실에서 자신의 미래에 대해 꿈꿀 수 있도록 지원과 수고를 아끼지 않을 것입니다.

교육 본질을 회복하는 과정이 필요

공교육을 바라볼 때 느끼는 성과, 아쉬움, 한계와 문제점은 무엇이며, 이러한 문제를 바꾸기 위해 그는 무엇을 중점에 두고 정책과 사업을 펼치고 있는 것일까? 교육감의 권한 밖의 영역도 있을 텐데, 국회나 중앙정부 단위에서 해야 할 일은 무엇인가? 그는 입시준비기관으로 초중고가 전락했다는 안타까움을 토로하였다. 공교육 정상화가 여전히 중요하다. 이를 위한 전방위적 노력을 혁신교육으로 볼 수 있는데, 그 적용 범위는 광범위했다. 교육불평등 해소, 학교문화 혁신, 학교공간 혁신도 그에게는 중요한 혁신 키워드였다.

인천교육은 혁신교육의 후발주자이지만, 지역적 특색을 가미하면서 '이형화' 작업을 시도하고 있었다. 인천의 상황과 특색을 고려하여 고유한 색깔을 덧입히는 특색화된 혁신을 모색할 수밖에 없는데, 지자체나 시민사회의 협력과정을 통해 진행하려고 하고 있었다.

한편, 공간 혁신에도 주목하고 있는데, 시설 관련 공무원들이 일방적으로 설계하는 방식에서 탈피하여 사용자 참여 설계 방식으로 전환한다고 한다. 또한 지방교육자치라는 말이 무색할 정도로 교육감의 권한이 제한적이라고 보고, 교육자치를 강조했다. 생각보다 더디게 이루어지는 현실을 지적한 것으로 보인다.

공교육이 대한민국 경제와 민주주의 발전의 원동력이었다고 생각합니다. 우리나라 사람이면 누구나 인정하지 않을까요? 하지만 긍정적 평가 이면에는 많은 문제점도 내포하고 있습니다. 가장 큰 문제는 역시 대학입시죠. 그동안 고등학교는 대학 진학을 위한 준비 기관 노릇을 해왔습니다. 이제는 중학교, 심지어 초등학교 학생들도 대학 준비를 위해 사교육을 받고 있다고 합니다. 이러다간 초·중·고등학교 모두 교육이 추구하는 본질보다는 명문대학에 보내기 위한 준비 기관으로 전락할 지경입니다. 따라서 교육이 지향하는 바를 이루고 정상적인 교육이 가능하려면 대학입시로부터 최대한 자유로워야 합니다. 입시제도를 개선해가는 것에 맞추어 학교현장도 함께 변화시켜가야 합니다. 이러한 한계와 문제를 극복하고, 교육의 본질로 돌아가자, 공교육을 정상화시키자고 시작한 것이 바로 혁신학교지요. 인천은 행복배움학교라는 이름으로 운영되고 있습니다. 인천이 비록 혁신학교 후발주자이기는 하지만, 후발주자이기 때문에 갖는 강점들을 발휘해서 인천혁신미래교육의 상을 그려가고 있습니다. 그리고 입시제도 개선에 관해서는 개별 교육청이 풀어가기에는 한계가 명확하기 때문에 타시도교육청, 교육부, 교육전문가들과 연계하여 공교육 정상화의 관점에서 풀어갈 생각입니다.

　입시문제 이외에도 여러 문제가 있지만, 특히 인천교육청에서는 교육불평등 해소, 학교문화 개선, 그리고 학교공간을 혁신해가는데 주력하려고 합니다. 요즘은 교육이 계층고착화를 주도하고 있다고 하는데, 그 연결고리 역시 교육으로 끊어야 합니다. 그래야 우리 아이들이 자신의 미래를 꿈꾸며 살아갈 수 있습니다. 교육불평등 해소를 위해서 무상교육 확대, 기초학력 보장, 진로·진학·직업교육의 강화, 과밀학급 해소와 지역 간 교육격차 해소에 중점을 두고 있습니다. 학교문화 혁신은 학교문화를 소통, 참여, 협력, 존중의 가치가 살아 숨쉬는 공간으로 바꾸어가는 데 목적이 있습니다. 다시 말해, '민주적 학교공동체 문화'를 만드는 것이지요. 학생과 학부모들의 참여를 확대하고, 존중과 공감의 학교문화를 위한 과제와 권위주의-갑질문화 개선을 위한 사업을 기반으로 학교폭력 없는 학교 구현을 위한 대책들을 중단 없이 추진할 것입니다. 학교공간 혁신은 학교를 역량중심교육, 민주시민교육이 가능한 공간으로 바꾸어가는 것입니다. 앞으로 교육시설 전문가와 교육주체들이 참여하여 학교설계 과정부터 학교공간의 변화를 꾀할 계획입니다. 교실과 복도, 특별실 공간부터 교육활동 중심으로 차근차근 변화시켜갈 것입니다.

　교육청 밖에 있을 때 어렴풋이 짐작은 했지만, 막상 교육감이 되고 보니 교육감 권한 밖의 영역이 너무 많다는 걸 새삼 느꼈습니다. 지방교육자치라는 말이 무색할 정도입니다. 문재인 대통령의 공약대로 중앙정부의 권한을 과감하게 시도교육청으로 이양해야 합니다. 그러기 위해서는 입법이나 법령 개정을 통해 뒷받침해줘야 할 것들이 많습니다. 앞으로 국회의원들이 교육자치를 위해 주도적인 역할을 해주시리라 기대합니다.

미래교육은 현재의 문제를 해결하는 과정에서 오는 것

미래사회와 미래교육은 지속적인 화두이다. 어떤 변화를 예상하며, 무엇을 준비해야 하는가? 이에 대해서 그도 4차 산업혁명이 미칠 파장에 대해서 언급하였다. 가보지 않은 길인만큼 다양한 전망이 나올 수밖에 없기 때문에 그 예측은 쉽지 않지만, 그는 미래교육의 출발은 현재이고, 교육의 방향에 대해 비전을 품고 상을 그려가는 과정이라고 전망한다. 현재의 문제를 인식하면서 이를 변화시키기 위한 노력이 필요하다. 입시와 지식 중심의 교육에서 벗어나 살아가는 힘을 길러주어야 하고, 이를 위해서 교육과정과 수업, 평가를 바꾸어야 한다.

각자의 인생에 주어진 무수히 많은 과제와 숙제가 학생들 앞에 놓여있는데 그것을 잘 풀어갈 수 있는 힘과 능력을 우리는 길러주고 있는가? 미래교육은 결국 현실에 대한 성찰과 반성, 그리고 이를 변화시키기 위한 노력에서 시작된다. 각자 자신의 공간에서 할 수 있는 일을 찾고 실천하는 과정이 곧 미래교육이다. 그의 관점이 맞다면 미래교육은 이미 시작되었고, 그 해법 역시 우리에게 달려있다.

미래사회가 어떤 모습으로 다가올지, 교육방식은 어떻게 변화할지 정확히 예측할 수는 없습니다. 하지만 우리는 한 가지 사실은 명확히 알 수 있습니다. 미래라고 하는 것이 어느 날 갑자기 하늘에서 뚝 떨어지는 것이 아니라, 과거와 현재로부터 이어져간다는 사실이지요. 이 사실에 기초하여 저는 미래교육도 현재로부터 만들어가는 것이라고 생각합니다. 다시 말해 교육이 나아갈 방향에 대해 비전을 품고 상을 그려가는 것이지요.

'삶의 힘이 자라는 우리인천교육' 인천 교육청의 교육비전입니다. 여기서 '삶의 힘'은 '역량'의 우리말 표현입니다. 저는 삶의 힘이 자라도록 돕는 교육, 즉 역량중심의 교육이 앞으로 나아갈 방향이라고 생각합니다. 지금까지 학교교육의 중심에 위치했던 입시와 지식중심 교육을 벗어나, 역량을 더 강화할 수 있는 방법을 모색해야 합니다. 학생들이 수동적으로 앉아서 교사가 전달해주는 지식을 축적하는 방식이 아니라, 학생 스스로 배움을 주도할 수 있도록 교육과정과 수업을 변화시켜가야 한다고 생각합니다.

그렇다면 역량중심 교육을 위해 교육주체들이 무엇을 해야 할까요? 먼저, 학력學力에 대한 인식부터 바꾸려는 노력이 필요합니다. 학력은 단지 지식이나 시험 결과로 나타나는 점수가 아니라, 문제해결력, 창의력, 자기주도력, 협업능력, 인성과 같은 역량임을 명확히 이해해야 합니다. 다음으로, 학교교육이 역량중심 교육이 될 수 있도록 교육과정과 수업, 그리고 평가방식을 바꾸어야 합니다. 물론 쉽지 않은 일이지요. 그렇지만 우리 아이들의 미래, 그리고 아이들이 이끌어갈 사회를 생각한다면 역량중심 교육은 선택이 아니라, 필수입니다. 끝으로 대학입시제도가 공교육을 정상화 차원에서 개선될 수 있도록 지혜를 모아야 합니다. 더 이상 학교교육이 대학입시에 종속되는 일이 없도록 최선을 다해야 하지 않을까요?

교·사대는 역량을 기르는 교육과정을 운영하고 있는가?

대한민국 교사는 노량진 학원가에서 길러진다는 말이 있다. 그만큼 임용고사의 위력은 크다. 임용고사 합격률은 교원양성평가기관의 평가에도 영향을 미치고 이는 결국 교·사대의 정원뿐 아니라 존립과도 직결된다. 이 과정에서 고등학교 교육과정이 수능에 종속되듯 교·사대 교육과정 역시 정상화가 어렵다. 따라서 임용고사의 개편 역시 중요하다. 하지만 그 모든 것을 임용고사라는 구조만 탓할 수는 없다. 현장의 변화에 교·사대 교육과정은 민감하게 반응하고 있는가? 현장에 필요한 직무 역량을 제대로 갖추는 교육과정인가? 지역사회의 교육의 질 향상에 교·사대는 기여하고 있는 것인가? 이러한 성찰이 매우 중요하다.

그는 교원양성기관이 임용시험을 준비하는 기관으로 전락한 점에 대해 안타까워했다. 그는 초중등학교 현장에서 역량중심 교육으로 변화를 꾀하고 있는데, 교·사대 교육과정 역시 그러한 변화가 나타났는지를 묻고 있었다. 그는 현장성을 강조한다. 교수 임용 방식과 현장 실습의 변화, 지역교육에 대한 관심과 소통을 희망하였다. 교·사대 스스로의 관성을 깨고, 과감한 혁신의 길로 나아가줄 것을 그는 촉구한다.

　신규 선생님들과 얘기해보면, 교원양성기관이 임용시험을 준비하는 곳처럼 여겨질 때가 많았다고 합니다. 교사로서 전문성이 무엇인지, 어떤 자질을 지녀야 하는가에 관한 문제는 관심의 대상이 아니라고 하더군요. 단적인 사례일수도 있지만 심각하게 고민해야 할 필요가 있습니다.

　교직에 몸담고 있는 사람뿐만 아니라, 모든 국민이 국가의 미래는 우리 아이들에게 달려있다고 합니다. 이 말은 국가의 미래가 교육에 달려있다는 것과 같습니다. 이처럼 중요한 교육을 책임지고 있는 분들이 선생님들입니다. 누구나 질 높은 교육을 받기를 원하지요. 그렇다면 교사의 자질과 전문성의 질적 향상에 관심을 가져야 합니다. 이런 관점에서 보면 현재 교원양성기관에 제기되는 급격한 사회변화에 대한 낮은 대응력, 교원양성기관으로서의 특수성 미흡 등의 문제들을 해결해가는 것이 필요하다고 봅니다. 가령, 현재 초중등학교 현장에서 교육과정을 역량중심으로 변화를 꾀하고 있다면, 양성기관에서도 이에 부응해야 한다고 생각합니다. 특히, 교육과정과 수업, 생활교육 전문가가 양성될 수 있도록 노력해주셨으면 합니다. 현장교사 출신 교수를 임용하고, 실습기간을 늘려 양성교육 기간 내에 현장에 최대한 적합한 교원을 양성하는 방식도 도움이 되지 않을까 싶습니다. 앞으로 지역양성대학이 지역교육에 최적화된 전문성 있는 교사를 양성할 수 있도록 교육청과 지속적으로 협력해가기를 희망합니다.

지역혁신의 허브로 대학이 거듭나야

대학의 역할과 기능은 무엇인가? 그동안 대학이 한국사회의 원동력으로 기여를 했지만, 학령인구 감소와 경제구조의 변화를 맞이하여 대학은 생존을 걱정해야 하는 상황이다. 도성훈 교육감은 대학교육 역시 혁신이 필요하다는 요구를 안팎으로 받고 있는 상황이라고 진단한다. 그는 생존을 넘어 번영의 길을 모색해야 하는데, 그 길이 지역에 있다고 말한다. 대학 때문에 지역의 가치가 올라가고, 지역재생과 발전의 길을 도모해야 한다고 주장한다. 지역 중심의 특성화교육은 대학이 나아가야 할 길이다.

2020년이면 대학 정원이 고교 졸업자 수를 넘어서고, 2031년부터는 총 인구수도 감소한다고 합니다. 또한, 사회적 불평등은 시간이 지날수록 심화되고, 4차 산업혁명의 도래로 경제구조 역시 빠르게 변화하고 있다고 합니다. 이처럼 급격한 사회변화는 대학교육 역시 혁신이 필요하다고 압박하고 있는 것 같습니다.

우리나라는 지난 수십 년간 경제사회적으로 눈부시게 성장해왔고, 그 과정에서 대학은 인력양성이라는 핵심적인 역할을 해왔습니다. 하지만 대학이 과거의 영광으로 안주하기에는 현실이 그리 녹록하지 않습니다. 요즘 사회는 정말 빠른 속도로 변화하고 있고, 그에 따라 새로운 지식과 기술 수요가 계속 생겨나고 있습니다. 특히, 미래사회가 필요로 하는 지식이나 원천 기술의 상당 부분은 대학교육을 통해 창출되기 때문에, 대학교육에 대한 혁신 요구는 점차 거세질 것입니다. 대학도 이제 변화하지 않으면 생존하기 어려운 상황이 된 것입니다.

저는 대학이 생존의 문제를 넘어 번영의 길로 들어서기 위해서는 지역사회와 협력을 강화해야 한다고 생각합니다. 지금은 세계화와 지역화가 동시에 전개되는 글로컬리제이션Glocalization 시대입니다. 지역은 세계경쟁의 기본단위가 되었고, 지식과 정보차원에서 경쟁력을 갖춘 지역이 그 가치를 더욱 인정받고 있습니다. 따라서 대학이 지역사회와 협력을 강화할 때 지역사회의 가치 향상을 주도할 수 있다고 봅니다. 이러한 노력의 결과는 대학의 우수 인재 유입으로 이어질 수 있습니다. 실제로 주요 선진국에서는 지역 혁신의 허브로서 지역대학의 역할을 매우 중시하고 있습니다. 일본의 경우에는 대학이 지자체와 협력하여 지역주민 교육, 지역문제 연구, 지역사회 봉사활동 등을 주도하고 있습니다. 미국에서도 대학과 지역사회가 지속가능한 지역재생을 위한 협력을 강화하고 있습니다. 독일, 이탈리아의 경우에도 비슷한 사례가 많습니다. 지역대학이 지역 기업체와 함께 산학연계로 연구를 진행하거나, 지역 인력을 양성하는 전문기관으로서의 역할을 하고 있습니다.

이제는 지역사회와 협력하고 지역사회의 인재를 길러내는 것이 고등교육기관인 대학의 주요한 역할이 않을까 싶습니다. 전공학과라고 해서 전공 관련 교육과정만 가르치는 시대는 지났습니다. 지역사회의 요구에 부합하고, 지역사회의 발전을 견인할 수 있는 인재를 양성할 수 있도록 지역 중심의 특성화교육이 시행되어야 한다고 생각합니다. 한 지역의 발전은 결국 사람에 달려있습니다. 그 지역에서 태어나 그 지역 학교를 졸업하고 그 지역에서 먹고 살 수 있다면, 그 지역의 발전뿐만 아니라 국가의 균형발전도 가능하리라 봅니다. 이제야말로 대학의 역할에 대해 진지하게 고민할 시점이 아닌가 생각합니다.

도성훈 교육감은 정의로운 삶을 지역에서 실천하면서 살았다. 그의 삶에 대해서 인천주민들은 인정했다고 볼 수 있다. 아이들이 지역을 품고 지역을 일구는 삶은 인천교육이 꿈꾸는 비전일지 모른다. 옳은 길을 위해 손해를 기꺼이 감수하는 용기있는 시민이자 교사의 삶은 우리에게 울림으로 다가온다. 주어진 공간에서 최선을 다했는데, 그의 실천 공간은 점점 확장되었다.

그에게 혁신은 관계였고, 민주주의였다. 그리고 본질에 대한 집중이었다. 핵심을 놓치지 않아야 한다. 혼자서 혁신을 할 수는 없다. 결국 사람들과 함께해야 한다. 관계를 누구와 어떻게 맺어야 하는가? 어떻게 소통해야 하는가? 문제를 어떻게 돌파할 것인가? 해법을 삶에서 어떻게 실천할 것인가? 중요한 혁신의 원리가 아닐 수 없다.

그런데 혁신은 힘이 든다. 관성과 기득권의 문제에 직면할 수 있다. 그럴수록 그는 학생과 학교를 기준으로 판단해야 한다고 말한다. 원칙의 방향이 설정되면, 원칙은 조직을 경직되게 만들지 않는다. 조직을 살리는 원칙이 될 것이다. 인천교육은 교육불평등과 양극화의 문제를 안고 있었다. 신도시는 학급과밀 현상을, 구도심은 학교 폐교를 걱정해야 한다. 그러한 과제를 해소하기 위해서는 많이 소통하고 많이 만날 수밖에 없다. 도성훈 교육감의 키워드는 역량, 혁신, 지역이었다. 이것은 미래교육의 핵심 가치가 아닐까? 삶으로 만들어가는 인천의 미래교육을 기대해본다.

너와 나, 우리 모두의 자녀를 위하여

김진화 • 상상교육포럼 공동대표

고양시 시민이자 초등학생과 중학생 자녀를 둔 학부모이면서, 학교와 지역에서 학부모운동을 이끌고 있는 김진화 대표를 만났다. 그는 많은 학부모들을 만났고, 함께 학습하고, 학교를 바꾸기 위해서 다양한 시도를 했다. 그 과정에서 성과와 실패도 있었다. 무엇을 느꼈고, 무엇을 고민했고, 무엇을 시도했는지 들어보았다. 학부모의 시각과 관점에서 학교를 어떻게 바라보는지는 우리에게 중요한 시사점을 제공할 것이다.

한 번뿐인 삶, 의미있고 괜찮은 사람으로 살다 가고 싶었다

김진화 대표는 학부모로서의 성장을 말한다. 학부모가 되면서 더 많은 책을 읽었고, 많은 사람을 만났으며, 많은 시도를 했다고 한다. 학부모주체화의 과정을 겪은 셈이다. 그 과정에서 여러 어려움도 겪었는데, 그것은 우리 사회가 민주주의를 제대로 배우지 못한 결과라고 말한다. 학부모들의 움직임 역시 이러한 한계가 있다.

한 번뿐인 삶 의미있고 괜찮은 사람으로 살다 가고 싶었어요. 인생에 대한 예의라고 표현해도 좋겠네요. 어린 시절, 적어도 기억으로는 내가 하고 싶은 대로 하면서 살았던 것 같아요. 부모님께서 바쁘신 탓도 있었지만, 형제도 많았고 막내였고 그러다 보니 뭘 해도 잘못했다고 야단맞는 일이 거의 없었어요. 뭐든 내가 보고, 듣고, 판단하여 시도했고 수많은 시행착오를 온전히 내가 직접 겪어내며 성인이 되었어요. 어머니는 "진화가 옳다. 진화가 결정한 거면 맞다"는 피드백을 끊임없이 해주시며 말로 형언할 수조차 없는 기운으로 채워주셨죠. 이를 가슴 깊은 곳에 품고 사는 나는 결혼을 하고 부모가 되어서도 살아가면서 벌어지는 일들에 대한 두려움보다 호기심을 갖게 했고, 호기심과 겸허함으로 일상을 살아가니 삶을 더욱 아끼고 사랑하게 되었어요.

지금 두 아이의 엄마인데, 처음 엄마가 된 28세 그때부터 지금까지 15년 동안 학창시절보다 더 많은 독서를 했고, 더 다양한 사람들을 만났으며, 더 많은 시도를 했어요. 싸움도 더 많이 한 것 같아요. 싸워야 할 때는 싸워야겠더라고요. 그러면서 보다 근본적이고 근원적인 것에 대한 갈구가 생겼어요.

여성이고, 엄마여서가 아니었어요. 우리는 일반적으로 내가 하고자 하는 일을 누군가 먼저 하거나 방향이 다르거나 회의 장소에서 의견이 틀어지면, 그 불편함을 힘들어합니다. 반대 의견에 대해서 과하게 반응하지요. 감정이 오랫동안 남기도 합니다. 그래서 수모와 모욕을 다시 돌려주기도 하지요. 이는 우리가 민주주의를 제대로 배우지 못했기 때문이라고 생각해요. 나와 반대 의견에 대한 불편함을 자정하거나 승화시키지 못하고, 풀어가는 방법도 모릅니다. 말싸움으로 이어지거나 소리를 높이거나 뒷담화로 이어지고, 그 과정에서 인간적 모멸감을 느끼기도 합니다. 다름을 인정 못하는 것도 있고, 다르다는 것 자체가 나에게 도움이 될 수 있음을 알지 못하는 거죠.

학급반장 없는 학교 만들기

많은 학교에는 학급반장제가 있다. 문제는 소수의 학생만 반장을 경험하게 된다는 점이다. 인근의 학교에서 반장제를 없앴다는 이야기를 듣고, 그는 학교에 제안했다고 한다. 하지만 과정은 순탄치 않았다. 오히려 학부모가 반대를 했다. 그렇지만 논의 과정을 거쳐 관철시켰다. 이 과정은 모두에게 배움의 과정을 열었고, 학부모로서 성장하게 된 계기가 되었다.

저는 초등학생와 중학생 엄마입니다. 초등학생은 일반학교에, 중학생은 혁신학교에 다니는데, 저도 그렇지만 학부모들이 혁신에 대한 이해가 전반적으로 부족해요. 혁신이 무엇인지 모르고, 무엇인가를 해봐야겠다는 생각까지 나아가지 못해요. 그런 상황에서 현장에서는 무엇인가 진행되면 그것이 무엇인지 몰라 혼란스럽고, 혁신적인 판단인지 제대로 된 시도인지에 대한 판단도 어렵습니다. 인간적인 갈등도 나타나고요.

초등학교 운영위원을 하고 학부모회장을 겸직하면서 학부모회의 때 학급반장을 없애면 어떻겠냐는 제안을 했습니다. 반장이 없고, 대의원 체제를 적용한 다른 학교의 성공사례를 우리도 적용해보고 싶었습니다. 사실 학교생활 6년 동안 학급반장 한 번

못해보는 아이들이 많습니다. 그 아이들이 겪을 상대적 패배감을 없애자는 취지가 강했습니다. 모든 학년이 어렵다면 저학년부터 적용하는 것은 어떻겠냐. 1일 반장도 좋으니 모든 아이들에게 기회를 주자고 제안했습니다. 그러자 옆에 앉아 있던 학부모위원이 "우리가 혁신학교도 아닌데, 왜 그런 것을 하냐?"고 하더군요. "혁신학교만 그런 시도를 해야 하나요?" 결과적으로는 변화를 만들어냈지만, 과정에서 감정싸움을 하기도 했고, 학부모 간 파벌이 조성되어 의견이 갈라지는 경우도 많이 겪었습니다. 소수의 사람들이 학운위와 학부모대표를 장악하는 경우에는 더욱 심하지요. 저는 그런 점에 대해서 문제제기를 했고, 그 과정에서 상처를 입기도 했습니다.

그렇게 논의의 과정을 거쳐 다음 해부터 1~3학년은 학급반장 없이 학급자율경영을 실시하였습니다. 실질적으로 반장을 없애고 학급에 따라 1일 반장제로 운영함으로써 모든 아이들이 반장의 역할을 경험하고 책임감과 배려하는 마음, 입장을 바꿔 생각해보는 경험을 갖게 했지요. 모두에게 배움의 장이 열리게 된 셈입니다. 이를 통해 저는 학부모 역시 학교의 주인이자 교육의 주체임을 확인했습니다. 학부모들과의 소통에서도 더욱 신중을 기하게 되었고요. 네트워크의 힘을 경험한 것도 학부모운동의 성과 중 하나입니다.

쉽지 않은 학부모운동의 길

학부모운동은 쉽지 않다. 학교에서도 반기는 존재가 아닐 수 있다.

학부모들 역시 관점과 비전이 같지 않을 때에는 비판과 비난으로 이어지기도 한다. 오해를 받게 되고, 이 과정에서 때로는 갈등의 한복판을 걸어가야 한다. 학부모를 불가근 불가원의 존재로 바라보기도 하고, 요구 사항을 제시하면 피곤한 존재로 보면서 방어벽을 치기도 한다. 학부모 간 갈등이 표면화되기도 한다.

교감선생님은 제가 그런 제안을 하자 "우리는 혁신학교 안 한다"고 하시더군요. 저는 혁신학교이냐 아니냐가 중요하지 않습니다. 아이들에게 도움이 되고 좋은 것이면 시도해보자는 것이죠. 그 과정에서 서로 배우고 나누는 문화를 만들고 싶었습니다. 이렇듯 학교는 학부모가 나서서 뭔가를 하려고 하면 먼저 의심과 불편함의 눈초리로 봅니다. 다시 말해서 학교는 학부모를 주체로 생각하지 않습니다. 학부모회 내에서도 파벌이 형성되어 갈등이 표면으로 나타나기도 하고요. 마음고생을 많이 했습니다.

학부모 이전에 우리는 모두 부모다

김진화 대표는 학부모 이전에 진정한 어른이 되자고 말한다. 좋은 사람들이 모이면 좋은 학부모 모임이 만들어진다. 그는 교사 역시 교사 이전에 학부모라는 점에서 공감대 형성이 가능하다고 생각한다. 특히, 학부모 학습모임을 통해서 서로의 생각을 나누었다고 한다. 함께 공부하는 학부모의 모습은 내 아이가 아닌 우리 아이를, 사사화된 교육이 아닌 공공의 교육으로 나아가는, 혁신교육의 지렛대 역할을 할 수 있다. 학부모주체화는 관계맺음과 학습에서 시작된다.

학부모는 학부모 이전에 부모입니다. 따라서 주체적이며, 유연하고, 학습하고, 꾸준한, 진정한 어른이 되면 됩니다. 교사를 대하는 방식 역시 교사 대 학부모로 구분짓지 않으려고 노력했습니다. 마음을 얻기 위한 노력보다는 내가 관계맺는 이들과의 시간이 편안하게 만들려고 노력했습니다. 그러려면 서로에 대해 잘 알아야 하고, 알기 위해서는 자주 만나고 대화 나누고 음식도 함께 먹고, 때론 뒷담화도 합니다. 이게 가능하려면 먼저 나를 내려놓고 보여주어야 합니다. 나는 누구인지, 뭘 좋아하는지, 뭘 하고 싶어 하는지, 불만은 뭔지, 지금 힘든 점은 뭔지 등. 그러면 상대방도 마음을 열고 대화를 하기 시작하고, 그렇게 친해지고 가까워집니다.

하지만 단지 친목만을 위해 학부모 모임을 갖는 것은 아닙니다. 제가 바라는 것은 그 가운데 우리가 성장하는 것입니다. 함께 고민을 나누고 함께 의논하면서 해결점을 찾아가고 학습하고 서로를 이해하는 것, 이것 역시 나의 성장뿐 아니라 학부모, 그리고 아이들의 성장에도 굉장히 긍정적인 영향을 미친다고 생각합니다.

학부모의 눈에 비친 공교육: 물가에 내놓은 아이처럼

김진화 대표는 학부모로서 공교육에 대한 애정을 가지고 있지만 안타까움을 표현한다. 공교육이 항상 언론으로부터 질타를 받고 있어 공교육은 뭔가 하자가 있고 부족한 영역으로 인식된다고 한다. 그는 공교육의 성장을 말한다. 학부모들의 이중적 마음을 지적한다. 자녀가 입시 고통 없이 공부를 했으면 좋겠고, 대학은 명문대에 진학하기를 바라는 마음이다. 따라서 입시와 성적으로부터 자유롭지 못한 학부모의 마음을 먼저 살펴볼 필요가 있다. 무엇인가 요란하게 많이 하는데, 그 과정에서 기본을 놓치는 것은 없는지 냉정히 살펴봐야 한다.

김진화 대표는 혁신교육에 주목한다. 결국 학습도 마음에서 출발하는데, 혁신교육은 여유를 통해서 자아를 찾고 마음을 들여다보게 하기 때문이다. 조급해할 필요가 없다. 그는 이런 혁신학교의 교육에는 공감하면서도 교사 간 실천의 편차에 대해서는 우려하는 목소리를 냈다.

그렇다면 혁신교육은 학부모의 마음을 어떻게 사로잡을 수 있을까? 그는 스토리가 필요하다고 말한다. 주변의 자녀의 삶에 대해서 학부모는 주목하기 마련이다. 토론하는 아이들이, 프로젝트에 참여한 아이들이 어떤 변화를 겪고 발전했는지를 널리 알려야 한다.

공교육하면 입시라는 단어가 떠오릅니다. 저도 그렇습니다. 끊임없이 갈등을 하지요. 공교육에서는 입시조차도 온전히 책임지지 못할 것 같은 느낌을 많이 받습니다. 공교육이 꼭 물가에 내놓은 아이 같다고 할까요. 그 이유는 언론이 사교육을 옹호하고, 공교육은 비판하고 비난하는 목소리라 크기 때문입니다. 공교육에 종사하지 않는 이상 내막은 잘 모릅니다. 언론을 통해서 공교육을 바라보게 되니 공교육은 뭔가 하자가 있고 부족해 보입니다.

혁신학교는 자유학년제, 토론식 수업, 프로젝트 수업 등 말만 들으면 그럴싸합니다. 하지만 우리 아이가 공부를 좋아하지 않는 아이여서 그런지 모르겠지만, 과연 실력이나 역량이 쌓이고는 있나 불안하고 의심이 갑니다. 불꽃놀이처럼 화르르 터졌다가 사그라드는 느낌이랄까요? 공부를 좋아하고, 시험을 잘 치르는 학부모라면 다를 수 있을 것 같습니다. 혁신학교가 굉장히 좋을 것 같기는 합니다. 성적은 학원에서 책임지고, 학교는 삶의 다양한 경험을 하는 공간이고, 공교육은 아쉬울 것이 없죠. 공부를 잘하는 아이한테는 플러스 요인이 될 것 같습니다. 상급학교 진학할 때도 불만이 없을 것 같고요.

하지만 학력이 떨어지는 학부모들은 고민이 생깁니다. 최소한의 기본적인 학업, 국영수를 학교에서 잡아주어야 하는데 혁신이 들어오면서 그것도 안 되는 것 같은 느낌을 받을 때가 있습니다. 학원을 보낸다고 메워질까? 그러면 저소득층은 어떻게 되는 것일까? 기본에 충실하면 되는데 화려하게 이것저것 많이 하는 것은 아닌지, 뭐가 이렇게 복잡하고 많은지 혼란스러울 때가 많습니다.

물 먹기 싫은 소를 억지로 끌고 갈 수는 없습니다. 마음의 문제인데, 마음을 움직이고 변화시키는 것에는 혁신교육이 좋다고 생각합니다. 마음만 잡아지면 무엇을 하든 본인이 기본기가 필요하다고 느낄 테니까요. 결국 스스로 찾아서 공부할 거라고 기대합니다. 그래서 저는 마음을 들여다볼 수 있는 과정이 혁신학교, 혁신교육이라고 봅니다. 그 내용과 방식에는 여러 가지가 있겠지만, 아이 스스로 하고자 하게끔 힘을 주는 것입니다. 일반학교를 보면, 필요하다니까 지금 이시기에 이것을 하라니까 하는 방식인데, 사람은 그런 존재가 아닙니다. 근본적인 교육에 대한 고민이 없습니다.

교사들의 역량이나 마인드에도 차이가 있습니다. 교사들 대부분이 본인들이 공부를 잘해서 그 자리에 왔을 것입니다. 그러니 아이들이 이 중요한 시기에 왜 공부를 안 하는지 이해가 되지 않는 거죠. 혁신교육을 실천하는 교사들 역시 공부를 잘했겠지만. 고민을 한 분들입니다. 마음을 움직이게 해서 주도성을 스스로 갖게 합니다. 혁신의 핵심은 주도성이고 미래역량 구축이라고 생각합니다.

어떤 사람들은 혁신교육이 허상이고 아무것도 없다고 판단하기도 합니다. 성적도 떨어진다고요. 특히, 학부모들 중에서도 빅마우스들이 그런 결론을 성급하게 냅니다. 혁신학교 학력이 절대로 떨어지지 않는다고 박사가 이야기해도 잘 믿지 않습니다. 심지어 도표로, 연구로, 보여줘도 믿지 않습니다. 저는 결국 입소문이 중요하다고 생각합니다. 어떤 아이의 미담이 학부모에게는 더 통합니다. 그런 이야기가 각인이 되고요. 토론식 수업을 했던 아이들이 기가 막히더라, 고등학교에 가서 잘 적응하고 우수하게 살아간다더라, 프로젝트 수업할 때 주도하고 우수하더라, 하는 스토리! 학부모를 설득할 수 있는 이야기가 더욱 중요한 시기입니다.

과정과 절차에 정성을 다해야

또한 그는 과정과 절차를 중시한다. 아무리 좋은 정책이 있어도 충분히 설명하고 공감대를 형성하면서 협의해야 한다. 이러한 과정이 없으면 혁신의 가치 역시 퇴색될 수밖에 없다. 주체화의 과정은 주어진 비전의 선포가 아닌 함께 만들어가는 과정과 절차에서 시작된다. 그는 학부모를 동원의 대상으로 보지 말고, 함께 교육의 깊이를 더하는 동반자로 인식해주기를 바란다. 당장 터진 사안의 해결 내지는 행정상의 절차를 밟는 것보다는 문제의 근원을 함께 바라보면서 대안을 함께 찾는 과정이 소중하다. 하지만 공교육은 그런 과정에 익숙하지 않다.

교장선생님들이나 교무부장님을 보면 개인차가 있지만, 권위적이고, 무엇보다 학교의 주인이 교장선생님이 아닌데 본인이 주인처럼 생각하는 경우를 많이 봐요. 그런 모습을 보면서 오는 좌절감이 있습니다. 뭔가 답답하고요. 저는 관계맺음을 할 때, 의도적이지 않고 솔직하고, 진솔하게 다가가려고 합니다. 내가 그러면 상대도 당연히 그러리라 기대하고요. 그런데 실상은 그렇지 않아요. 일정 부분까지만 이야기하고, 일의 목적이 궁금한데, 이 목적이나 그 일을 하는데 학부모인 저한테는 이것까지만 하면 된다고 말합니다. 하나의 부품처럼 여기고 참여하기를 바라니 답답함을 느낍니다. 예컨대, 학교폭력에 관한 것도 학교에서 무엇을 준비하는지, 다른 학교에서는 어떻게 대처하고 있는지 등을 이야기하고 싶은데, 절차상에 있는 회의만 하거나 사안이 터질 때만 열립니다. 이렇게 해서는 근본적인 고민으로 이어지기 어렵지요. 아이들의 생태계를 위해서 이 위원회가 무엇을 할 것인가. 교육생태계 속에서 학부모가 무엇을 할 것인가, 그런 것을 허심탄회하게 이야기할 수 있는 기회가 없어요. 시간이 없는 것인지, 불편한 것인지, 문제를 들쑤시는 존재로 인식하는 것인지 모르겠습니다. 학부모들이 조용하고 무난하다고 좋은 학교일까요? 문제가 있으면 갈등도 터지면서 의견을 주고받으면서 제3의 의견이 나와야 하고, 그런 과정을 겪는 어른들을 보면서 아이들도 배운다고 생각합니다.

주체화는 곧 삶의 주인으로 인정하는 과정

김진화 대표는 학부모운동을 이념으로 구분할 수 없다고 말한다. 유연하고 개방적이며 공부하며 학습하는 조직이면 충분하다. 그는 학부모주체화를 위한 법제도도 중요하지만 각자의 장에서 변화와 실천을 위한 삶의 스토리를 누적해야 한다고 말한다. 경험과 변화의 축적 과정이 학부모운동에서 매우 시급하다. 주체는 곧 삶의 주인으로 사느냐의 문제이다.

학부모운동에는 보수와 진보가 없어요. 유연해야 하고 개방적이어야 하고 공부하고 학습하는 단체여야 합니다. 배울 점이 있는 어른들의 단체여야 합니다. 유연하고 열려있으면서도 한목소리를 낼 때는 내야 합니다. 이를 위해서는 과정과 절차가 혁신적이어야 합니다. 실패하더라도 기꺼이 감수하고 해내야 합니다. 학부모들이 주체화되기 위해서는 법제화도 필요하지만, 그것의 근거가 되는 자료들을 우리들이 만들어내야 합니다. 실패했던 사례들을 포함한 수많은 사례들이 정리되고, 축적되고, 나와야 합니다. 한 명 한 명 실천했던 많은 학부모들의 이야기를 듣고 정리하고 제도화하고, 법제화하려는 흐름으로 가야 합니다. 삶의 주인으로 사느냐 마느냐의 문제입니다. 모든 사람들이 주체여야 합니다.

미래사회, 미래교육에 대한 거대 담론부터 소소한 토론에 이르기까지 교육주체 모두가 논의의 자리에 함께 있어야 합니다. 최소한 그러한 장이 열림을 널리 알리고 교육주체들 각자가 선택적 참여를 할 수 있게라도 해야 합니다. 그 삶이 생애 전 주기 동안 가능하도록 서로에게 안전망이 되고 힘이 되어주는 공동체가 되

도록 해야 합니다. 서로의 다름은 무한한 발전 가능성을 지닌다
는 사회적 인식이 확산되어야 합니다. 쉽지 않을 겁니다. 다름을
승화시킨 사례를 발굴해야 합니다. 일반적인 우리들은 그런 사례
를 스토리로 기억하게 되지요

다양한 삶의 경험을 지닌 이들이 교사가 되어야

김진화 대표는 훌륭한 교사들과 많은 교류를 하였는데, 학습하고,
삶을 존중하는 교사들을 만났다고 한다. 그래서 그런 선생님들을 자
주 만나고 싶다고 말한다. 그런 점에서 현재의 임용고사 시스템은 교
사들의 경험을 제한할 수밖에 없다. 그 과정에서는 아이들에게 줄 수
있는 메시지가 제한적일 수밖에 없다. 학교 자체가 작은 사회임을 교
사를 통해서 아이들이 경험하기를 원한다. 하지만 현재와 같은 획일적
인 교원양성 구도는 학부모의 관점에서 아쉽게 느껴질 수밖에 없다.
물론, 의사가 아파봐야지만 좋은 의사가 되는 것은 아니다. 교사 역
시 성장하는 존재라고 볼 때, 입직 이후 얼마든지 좋은 교사가 될 수
있다. 하지만 다양한 삶의 경험은 교육 내용을 더욱 풍성하게 할 수
있다.

선생님들이 더욱 유연하고 개방적이면 좋겠어요. 굉장히 학
부모를 조심스러워하고 불편해하지요. 가급적 학부모와 안 부딪
치려고 하고요. 저는 교사 역시 학부모를 성인과 성인, 시민과 시
민, 사람과 사람으로 만나면 좋겠습니다.
정규교육과정에서 공부 잘하고 시험 잘 본 학생들이 교대나

사대에 가서 임용고사 보고 발령받는 시스템을 먼저 살펴봐야 한다고 생각합니다. 그분들이 다 획일적이고 삶의 고민이 없다고 단정할 수 없지만, 현 시스템에서는 그런 고민을 하기 어렵게 하는 것 같습니다. 다양한 삶의 경험을 가진 분들이 교대에 입학하고 교원자격증을 받는 시스템이 필요합니다. 결국 아이들이 학교 안에서 온전히 사회를 경험하고, 작은 사회를 경험하도록 해야 합니다. 선생님들에게도 다양한 삶의 경험이 있을 때, 학교가 재미있어질 것입니다. 그곳이 작은 사회겠지요. 학교는 공부 잘하고 지식전달자로서 앞에 서 있는 한 사람만을 보는 것이 아니고 배움 자체가 삶을 배우는 공간입니다. 따로 봐서는 안 됩니다. 학교 자체가 작은 사회여야 합니다. 교사의 일상이 풍성해질 때 아이에게 할 이야기가 많아질 겁니다. 또한 그런 선생님들이 지역사회에서 할 수 있는 역할도 많아질 테고요.

지금과 같은 획일적인 교원양성 구도가 아니면 좋겠어요. 다양한 경험을 가진 사람들이 교단에 서야 합니다. 삶을 살아내는 한 사람으로서, 그런 분들이 그 공간에 서 계시면 좋겠습니다.

대학은 학문을 연구하고자 하는 자는 누구라도 입학을 허락하고, 학문 연구에 소홀하거나 역부족인 자는 중도 탈락시키는 제도를 갖추면 좋겠어요. 철저하게 서열화된 대학을 수평적이며 대학별 특장점을 지닌 특화대학으로 전환해야 합니다. 대학입학이 사람들의 성패를 가르는 잣대로 작용하도록 더 이상 묵과해선 안 됩니다.

학부모이면서 지역에서 학부모운동을 하고 있는 김진화 대표는 때론 학교의 불합리한 모습을 바꾸기 위해서 노력했고, 학부모주체화를 위하여 학부모 학습공동체를 이끌고 참여하였다. 그 과정에서 좌절과 실패도 있었지만, 좋은 사람들과 함께 조금씩 조금씩 변화를 만들어 가고 있었다. 학부모의 시선에서 본 공교육의 한계는 명확했다. 그렇지만 혁신교육에 희망을 품고 있었다. 시간이 더디더라도 학생들의 마음을 움직일 수 있는 교육의 힘을 믿고 있었다.

결과 이전에 과정과 절차는 더욱 중요하다. 이러한 소통의 과정 없이 그 어떤 의도도 성공하기 어렵다. 이제 교육의 변화를 위해서는 학부모주체화가 필요한데, 제도화 이전에 자신의 삶의 공간에서 주체화를 위해 실천과 변화의 이야기들이 확산되어야 한다. 좋은 교사는 결국 좋은 시민의 삶을 살아야 한다. 학부모 역시 좋은 시민의 삶을 사는 모습과 다르지 않다. 학생들도 시민의 삶을 경험해야 한다. 시민의 삶은 3주체를 만나게 하는 접점이다. 우리 교육의 중심은 어디에 있는가? 변화의 힘을 어디에서 만들 것인가? 시민성에서 출발해야 한다.

III

미래교육을 위한 고민과 제언
- 키워드와 복기 -

'고비용 저효율 구조'에서 탈피하라

기업가들이 바라보는 공교육에 대한 문제의식은 다음과 같이 요약된다. 오프라인 중심의 공교육 시스템은 고비용 저효율 구조이면서, 경쟁력을 갖추지 못한다. 지식 암기와 시험에 매몰된 학습에서 벗어나지 않으면 안 된다. 기존의 학벌주의에 대한 문제의식을 가지고 있으며, 이제 모방형 인재, 암기형 인재 패러다임에서 벗어나야 한다고 공통적으로 말한다.

미래교육은 교육의 본질로 돌아가는 것

온라인 교육이 오프라인 교육의 대체재인지 보완재인지는 다소 차이가 있었다. 칸랩 스쿨 등의 흐름을 그들은 상당히 유의미하게 보고 있었다. 그렇지만 각종 기술 발전은 공교육을 발전시키는 보완재가 될 수 있고, 개별화, 맞춤형 교육을 위한 도구로 충분히 사용될 수 있다고 보았다. 그러나 공교육은 여전히 교과중심형으로 분절화되어 있다.

이런 방식으로는 역량을 기르기 어려우며, 국영수사과가 왜 다른 교과목에 비해서 우선순위를 가져야하는지 설명하기 어렵다. 지식의 전수는 이제 AI가 할 수 있다. 그렇다면 그들이 할 수 없는 인간만의 고유한 영역이 무엇인가를 모색해야 한다. 그것은 새롭지 않다. 본래 교육이 추구했던 전인교육, 시민교육, 문예교육의 가치가 더욱 중요해지는 시점이다.

미래교육의 출발은 어디인가? 현실의 문제를 해소하는 과정에서 출발한다. 미래교육을 이해관계에 의해 각자 해석하는 방식은 곤란하다. 현실의 문제를 직면하지 않고, 당장 할 수 있는 일을 하지 않으면서 미래사회와 미래교육 담론을 말하는 방식도 바람직하지 않다. 물론, 미래사회와 미래교육 담론이 나타나는 이유는 변화에 대한 갈망이 그만큼 크기 때문이고, 혁신과 변화를 만들어가는 과정이 쉽지 않기 때문이다. 그러나 당장의 고통이 되는 문제를 해소하지 않으면서 구호를 말하는 방식은 곤란하다. 대학서열화와 입시문제 해소가 필요하다고 말하면서, 수능이 가장 공정한 시험이라고 인식하는 것은 그야말로 '따뜻한 아이스아메리카노'를 주문하는 상황이 아닐까?

기술의 발달은 분명 기존의 암기식 주입식 교육의 한계를 더욱 드러낼 것이다. 그렇다면 이제 지식을 고민해야 한다. 수많은 지식을 해석하고 융합하고 조합하면서 주어진 문제를 해소하는 능력이 더욱 중요해진다. 지식과 현실이 밀접하게 연결되어야 한다. 미래교육도 결국 삶의 문제로 귀결된다. 자기주도성과 주체성, 자율성을 어떻게 발현시킬 것인가? 미래교육을 구성하는 핵심 문제이다.

생각하는 능력과 자기주도학습 능력을 기르자

기업가들은 근본적으로 공교육과 대학교육이 지닌 낭비 요소에 주목한다. 열심히 배웠는데, 그것이 삶을 살아가는데 큰 도움이 되지 않는 현실을 어떻게 극복할 것인가? 우선은 생각하는 힘을 길러야 한다. 이러한 능력은 기본적인 지식을 기반으로 하겠지만, 메타인지능력이라든지 과학적 사고력을 더욱 기르는 방향으로 교육과정과 수업이 설계되어야 한다. 이들은 프로젝트수업 등에 주목한다. 그렇다면 교사는 불필요한 존재인가? 그렇지 않다. 자기주도학습이나 프로젝트학습의 과정에서 교사는 학생들과 동행하면서 그들의 학습을 촉진하고 방향을 설계해주고 안내해준다. 동시에 사람과 사람의 관계는 더욱 중요하기 때문에 관계와 신뢰, 협력의 가치를 학생들은 몸과 마음으로 익혀나가야 한다.

교육콘텐츠를 정부주도형에서 플랫폼 방식으로 전환하자

한편, 교육을 산업으로 보는 시각은 논란의 여지가 있다. 교육자들은 교육을 산업으로 보는 흐름을 경계하겠지만 그렇게 경계를 하는 사이 사교육에서 재빠르게 활용하고 있는 점을 살펴볼 필요가 있다. 결국, 정부가 주도해서 교육 관련 콘텐츠를 개발하고 있는데, 이 과정 자체가 단가도 낮고, 하청에 재하청 등의 과정을 거치기 때문에 현장으로부터 외면받을 가능성이 크다. 그런 점에서 정부가 주도하지 말고 플랫폼 방식으로 콘텐츠를 공급하라고 제안한다. 판을 열어주고, 학교가 선택하는 방식으로 가자는 주장이다. 한마디로 콘텐츠를 위한 거버넌스를 구축하자는 입장이다. 플랫폼 시스템에 대해서 동의를 하지만, 누가 플랫폼을 어디에서 열 것인가는 보다 정교하게 고민해야 할 점이다.

기술을 활용하여 개별화 교육으로 전환하자

교육과 기술, 교육과 시장을 어떻게 볼 것인가? 기술 만능주의, 활용론, 기술 거부주의가 있을 텐데, 교육과정이나 공교육 강화론을 위해 주체적으로 내지는 지혜롭게 활용할 필요가 있다. 교육은 국가, 시장, 공동체 요소가 함께 섞여 있다. 한국의 경우는 국가 요소가 강하다. 하지만 정책적으로는 시장 요소도 들어와 있다. 이른바 신자유주의 요소가 그런 예에 해당된다. 하지만 공동체 요소를 강조한다. 시장의 경쟁 요소로 환원되지 않는, 비경제 요소가 작동한다. 공부를 못하는 학생, 경제적으로 어려운 학생, 낙후된 학교에 보다 많은 지원을 하고, 농촌의 학교를 통폐합하는데 주저하는 이유는 효율의 가치 외에 고려해야 할 요소가 많이 있기 때문이다. 기술은 관계의 질적 변화를 가져올 수 있을까? 기술은 개별화, 맞춤형 교육을 일정하게 촉진할 수 있다. 학령인구 감소 역시 그런 교육을 앞당길 가능성이 높다. 학생 한 명을 소중히 보고, 그들의 재능과 특성을 발견하고, 이들을 도와주는 시스템이 필요하다. 그것은 결국 진단과 기록, 지원 시스템을 필요로 하는데, 그 가능성은 열려 있다.

결국, 고민하게 된다. AI와 기존의 교육체제는 어디에서 어떻게 차별화를 가져올 수 있는가? 그런 교육을 현재의 학교에서는 구현하고 있는가? 혁신교육이 놓쳤던 공교육의 본질을 회복하는 과정으로 평가할 수 있지만 그것마저도 곱지 않은 시선으로 보는 이들이 적지 않다. 한쪽에서는 4차 산업을 이야기하지만, 한쪽에서는 전근대적 사고에 머물러 있는 '동시성의 비동시성'의 시대이다. 가장 앞서 있는 기업가들의 절박성은 현실일지 모른다. 그들은 온몸으로 변화를 느끼는데, 공교육과 시스템의 변화가 더딘 부분에 대해서 우려하고 있었다.

수업혁신은 방법론이 아닌 철학이다

많은 사람들이 공교육의 방향성을 이야기한다. 왜 무엇을 바꾸어야 하는지 말한다. 하지만 'HOW'에 주목할 필요가 있다. 일종의 해법을 제시하는 실천의 흐름이다. 수업혁신은 결국 방법론에 매몰되어서는 곤란하다. 당장 몇 차시 수업에 쓰고 마는 소모품이 아니다. 철학과 마인드가 중요한 이유이다. 이때의 실천은 진화되어야 한다. 교사 네트워크와 학습공동체가 중요한 이유이다. 교실과 학교에서 무엇인가를 실천하면 시행착오도 나타나는데, 그것을 숨기지 말고, 드러내고, 발전시켜야 한다. 진화를 시킬 때 지속가능성도 높아진다. 한편, 역량교육과 개별화교육은 분리되지 않는다. 개개인의 삶에 주목할 때, 개별 맞춤형 역량교육이 가능해지기 때문이다.

공교육에서 소외된 학생과 청소년들에 주목하자

공교육의 주체로 인정받지 못했지만, 학교 밖으로 내쳐진 청소년들을 돌보는 이들이 있다. 왜 학교 밖 청소년들은 학교에서 적응하지 못했을까? 한 명 한 명을 소중히 보지 않았던 공교육 시스템에 기인한다. 공교육에서는 시스템에 들어오지 않는 학생들의 변화를 기다려줄 여유가 없다. 교사들만의 힘으로는 버거운 아이들이 분명 있다. 이제는 시스템을 모색해야 한다. 그런데 공교육에서 품지 못했던 아이들이 학교 밖 센터에서 변화되는 이유는 무엇인가? 이러한 과정에 대한 이해를 공교육 주체들은 살펴보아야 한다. 여기에서는 아이들이 작은 성취를 경험하게 하고 기다려주며 결국 관계와 신뢰의 힘으로 풀어간다. 발굴, 상담, 교육, 보호, 자립까지 이어진다. 방황하던 청소년이 경제적으로 자립할 수 있도록 돕는 시스템에 주목할 필요가 있다. 연대와 네트워크가 매우 중요하다. 향후 학교 밖 청소년들을 위해서 프로그램을 운영하는 기관이나 단체들의 경우, 학교 유휴공간을 활용하는 방안도 적극 검토할 필요가 있다.

농촌학교는 미래형 학교 모델로 구축하자

학교만의 힘으로 아이들의 다양한 필요와 요구에 대응하기 어렵다. 하지만 현재의 중고등학교는 교과전문성 중심으로 교육과정을 운영하고 있기 때문에 진로 등 교과 외 영역에서는 질 높은 교육프로그램을 제공하기 어렵다. 그런 점에서 학교와 함께 호흡하려는 단체와 조직에 주목해야 한다. 이른바 마을교육공동체의 가치와 철학을 되살려야 한다. 이는 단순히 봉사활동을 요구하는 수준을 넘어서야 한다. 학교가 조금 더 문을 열고, 네트워크를 하고, 정책적으로 관련 예산을 투입한다면 고용 창출도 가능하다. 어떤 교육 수요가 발생한다고 해서 공무원을 늘리는 방식이 아니라 민간단체를 지원하는 방식으로 전환해야 한다.

지역의 인재가 지역에서 고용되고, 살아갈 수 있는 환경을 만들어야 한다. 농촌학교는 도시학교를 흉내내기 어렵다. 오히려 농촌의 장점을 활용한 미래형 학교 모델을 구축해야 한다. 마을교육공동체의 가치와 철학은 돈 있는 지자체보다는 절박한 지자체에서 더욱 관심을 가져야 한다. 마을을 배우고, 마을주민에 의해 배우고, 마을에 기여하는 법을 배우는 학교와 지역교육과정을 모색해야 한다. 중앙의 관점, 표준화 관점에서 벗어나서 지역과 마을마다 아이들이 다르다는 점을 감안하여 자치와 분권의 철학을 교육과정에서 실현해야 한다. 이러한 일을 감당하려면 교육청과 지자체, 시민사회가 함께 손을 잡아야 한다. 어른들이 먼저 협력해야 한다. 칸막이와 경계를 넘어서야 하는 이유이다. 이를 위해서는 명문학교의 개념이 바뀌어야 한다. 지자체를 보면 명문대학을 많이 보내는 학교를 육성하려는 경향이 있다. 그렇게 해서 서울로 간 학생들이 다시 지역으로 와서 기여할까? 지역의 가치를 제대로 가르쳐야 한다. 시설과 예산 투자 이전에 어떤 학생들을 기르기를 원하는지 지역 구성원들이 논의해야 한다.

교원양성과정과 교원임용고사를 전면 개편하라

교원임용고사 합격률에 교·사대는 일희일비하겠지만, 어떤 교사가 오느냐에 따라서 학생과 학부모와 동료교사들은 일희일비한다. 존경받는 교사들은 실천한다. 혼자 실천하지 않고 동료교사들과 함께 실천한다. 변혁의 가치를 품고, 전략적으로 이를 학교와 지역에서 구현한다. 학습공동체에 참여하고, 동료교사나 후배교사들의 성장을 자극한다. 교사의 고민은 계속 진화한다. 수업과 학급운영이 시작이지만, 교육과정과 평가, 나아가 마을교육공동체에 이른다. 교사의 고민과 실천은 계속 확장한다.

전문가들은 폐쇄성을 경계해야 한다. 융합과 통섭의 가치가 매우 중요하다. 그러나 어느 순간 교육 분야는 전문성을 이야기하면서도 폐쇄적 습성을 고수한다. 보다 많이 연결되어야 하고 통합해야 한다. 역량을 강화하면 할수록 교과학문체계는 약화될 수밖에 없다. 개별교과의 전문성을 기르는 방식은 분절적 교과학문체계를 지나치게 고착화시켰다. 이에 대한 성찰과 반성이 필요하다.

교·사대 교육을 통해 지역의 숨결을 예비교원들은 느끼고 있는가? 특정 지역에서 교사가 되겠다는 마음을 먹었다면 지역을 알고, 지역에서 실천할 수 있는 프로젝트가 필요하다. 이러한 과정이 없다면 굳이 지역별로 교·사대가 존재해야 할 이유가 별로 없다. 현장성과 지역성의 가치를 교·사대 교육과정에 강화해야 한다.

무엇보다 교원임용고사 시스템의 개편이 필요하다. 지필고사 비중을 낮추자. 그리고 2차 면접 비중을 높이고, 교사로서 필요한 역량을 다각도로 검증하는 시스템을 구축하자. 필요하면 정시 방식에서 탈피하여 지역형 인재를 수시 방식으로 뽑는 방식도 검토해야 한다. 선발의 공정성과 객관성에 지나치게 함몰되면 현행처럼 노량진 학원가 또는 온라인 임용고시 사교육 강좌를 통해 사실상 교사가 양성되는 폐단이 생기게 된다.

좋은 교사는 좋은 경험과 철학을 가져야 한다. 경험의 다양성 역시 교원양성과정에서 고려해야 할 요소이다. 고등학교를 졸업하고 바로 교사를 꿈꿀 수도 있지만, 사회생활 등을 하다가 교사가 되는 사례도 나쁘지 않다. 공부를 잘하는 모범생만으로는 현장에서 아이들을 이해하는데 한계가 있을 수 있다. 교·사대에서 총학생회장 후보들이 나오지 않는 경우를 종종 보게 되는데 그만큼 임용고사에 매몰된 현실을 보여주기도 하고, 선발 과정의 다양성이 보장되지 못했음을 시사한다. 교·사대는 인성과 적성, 사명감 등이 중요하기 때문에 수능에 의존하여 선발하는 방식보다는 적성을 비롯한 학생부종합전형 등으로 선발하는 방식이 적합할 수 있다.

스토리 있는 사람이 필요하다

각자의 스토리는 자신의 공간에서 시작된다. 스토리를 만들어가는 이들은 우연과 필연이 결합된다. 우연한 삶의 계기가 있었는데, 그 안에서 고민하고 실천하면서 문제의식의 깊이와 넓이를 더해간다. 이러한 스토리를 만들어가는 과정은 시민역량과 직결된다. 소통하고, 학습하고, 공동체를 구성하고, 변화를 시도한다. 변화를 시도하는 과정에서 좌절도 있지만, 다시 시작한다. 그 시작의 힘은 관계를 통해, 공동체를 통해 만들어진다. 스토리는 결국 문제의식과 실천의 결합이다. 우리 교육시스템은 스토리 있는 사람을 기르고 있는가? 초중등학교를 비롯해 교·사대는, 대학은, 그런 사람을 길러냈는가? 학부모부터, 교사부터, 교수부터 그런 삶을 살아갈 때 학생들도 성장할 것이다.

그런 스토리는 다시 교육과정으로 이어진다. 교육과정의 목표, 내용, 방법이 학과별, 교사별, 교수별로 산개되는 방식은 한계에 이르렀다. 비전과 목표를 세우고, 이를 구성원들과 함께 숙의하면서 길을 찾아야 한다. 그것은 특정 주체들만의 힘으로는 어렵다. 혁신은 다른 주체와의 교류 속에서 우리들의 문화와 의식, 제도의 경로의존성을 바꾸기 위한 지난한 투쟁의 과정이어야 한다. 내 안에 숨어있는 기득권과 결별할 때 미래교육과 혁신교육은 다가온다.

비전과 목표를 다시 세우자

대한민국 교육의 비전과 목표, 방향은 합의가 되었는가? 문서로는 좋은 말들을 담아냈는지 모르겠으나 삶의 원리, 조직의 지향점으로 작동하고 있지 않다. 개인 단위의 열정에 맡겨놓는 방식은 한계가 있다. 미래교육은 결국 중요하지만 놓치고 있는 일부터 찾는 작업에서 시작된다. 책임교육, 역량, 불평등 해소, 지속가능성, 교육주체화 등의 가치가 우리가 속한 조직에서는 어떻게 작동하고 있는가?

한국사회의 혼란은 여기서 비롯된다. 비전과 목표체계에 대한 합의와 공유가 되지 않은 상태에서 각자도생하고 있다. 자치와 분권의 시대이지만 비전과 목표체계는 여전히 중요하다. 비전과 목표 없는 자치와 분권은 자칫 불평등을 가속화시킬 수 있다.

이 과정은 거버넌스를 통해서 만들어가야 한다. 동시에 민주주의의 원리가 함께 작동하는 주체화 과정을 수반한다. 초중등학교에서는 학생과 학부모, 교직원이, 대학에서는 교직원과 학생이 주체로 서야 한다. 이제는 형식적 민주주의를 넘어 실질적 민주주의로, 제도로 구현되는 민주주의를 넘어 삶에서 작동하는 민주주의로, 양적 민주주의를 넘어 질적 민주주의로 나아가야 한다.

미래교육의 출발은 어디인가? 내가 속한 삶의 공간이다. 어떻게 시작할 것인가? 각자의 영역에 대한 성찰과 반성이다. 무엇을 미래교육이라고 말하는가? 학생 한 명 한 명의 고유성과 존귀함을 인정하면서 소외 없는 시스템을 의미한다. 세계를 품지만 지역과 마을에서 시민의 삶을 살아가는 모습을 의미한다. 협력과 관계, 성장의 가치를 더욱 구현하는 모습이다. 희망의 모델은 어디에 있는가? 현실에서 발생하는 제 문제를 삶으로 끌어 안으면서 변화와 혁신을 위해 노력하는, 그래서 스토리와 경험을 만들어가는, 때론 실패를 자산으로 삼는 사람과 조직에 있다. 혁신 없이 미래교육은 없다. 미래교육은 공짜로 저절로 주어지지 않는다. 함께 만들어가는 과정이 곧 미래교육이다.

| 참고 문헌 |

[1] 레이 커즈와일 저. 김명남·장시형 역(2016). 특이점이 온다. 김영사.

[2] World Economic Forum White Paper Digital Transformation of Industries: Digital Enterprise. WEF. January, 2016.

[3] 한국정보화진흥원(2018). 4차 산업혁명, 대한민국의 미래를 찾다. 한국정보화진흥원(NIA).

[4] 로봇신문(2016. 5. 10). 조지아텍 조교 '질 왓슨' 신분 들통나: 학생들과 성실하게 소통한 게 인기 비결.http://www.irobotnews.com/news/articleView.html?idxno=7514.

[5] ITWorld(2017. 8. 31). 학교로 간 사물인터넷: 캠퍼스 생활부터 수업 환경까지 광범위하게 활용. http://www.itworld.co.kr/news/

[6] MK 뉴스(2016. 12. 30). 4차 산업혁명의 기반 ICBM 사물인터넷·클라우드·빅데이터·모바일 4개 부문 경쟁력 갖춰야 인공지능도 성공: https://www.mk.co.kr/news/view/economy/2016/12/902756/

[7] 한국무역보험공사(2018). 5G 및 이동통신산업 동향 분석. 산업동향보고서.

[8] FUTURE-U A3 MODEL. Jona Nalde. http://futurewe.org/

[9] GE리포트코리아(2016. 3. 2). 4차 산업혁명, 디지털 혁신에 대한 관점들. GE리포트코리아. 23개국 2,748명의 기업인을 대상으로 진행된 2016년 이노베이션 바로미터 보고서 번역본에서 발췌.

[10] Jackie Fenn. Gartner(2007), Understanding Gartner's Hype Cycles, ID Number: G00144727. 2007.

[11] 박영선(2018). 기술확산 Hype Cycle 패턴의 실증분석: IT·BT·NT·ET의 비교, 박영선. 석사학위 논문.

[12] Thomas L. Friedman(2016.11.22). Thank You for Being Late: An Optimist's Guide to Thriving in the Age of Accelerations. NY.

[13] 교육부(2016). 지능정보사회에 대한 중장기 교육정책의 방향과 전략. 교육부.

[14] The Definition and Selection of Key Competencies: Executive Summary(2005. 5). http://www.oecd.org.

[15] Griffin, P. 외(2011). Assessment and Teaching of 21st Century Skills. pp. 18-19.

[16] IB(International Baccalaureate) 교육과정 현황과 쟁점 탐색 세미나 자료집 (2018). 연구자료 ORM 2018-42, 한국교육과정평가원.

[17] Michael Fullan (2015). Leadership from the Middle: A System Strategy, in Motion Leadership. https://michaelfullan.ca/leadership-from-the-middle-a-system-strategy/

[18] 마이클 풀란 저. 이찬승·은수진 역(2017). 학교개혁은 왜 실패하는가-교육 변화의 새로운 의미와 성공원리, 21세기교육연구소.

[19] Alma Harris (2010). Leading system transformation, School Leadership & Management, 30:3, 197-207, DOI: 10.1080/13632434.2010.494080

▶ 그 외 참고 문헌

• 류방란 외(2018). 4차 산업혁명 시대의 교육: 학교의 미래. 한국교육개발원.

• 국제미래학회·한국교육학술정보원(2017). 제4차 산업혁명 시대 대한민국 미래 교육보고서(pp. 311-320). 미래의 학교교육: 실제 세상을 학습의 장으로 삼아 야. 파주: 광문각.

• 한국과학기술평가원(2016). 제4차 산업혁명 시대, 미래사회에 대한 전략적 대 응방안 모색.

• 윤종혁 외(2017). 제4차 산업혁명과 미래교육 실천방안. 한국교육개발원.

• 김성천 외(2019). 고교학점제란 무엇인가. 맘에드림.

• 이영희 외(2018). 유·초·중등교육분야 미래 교육비전 및 교육개혁 방향 연구. 대통령직속 국가교육회의.

삶의 행복을 꿈꾸는 교육은 어디에서 오는가?

● **교육혁명을 앞당기는 배움책 이야기** 혁신교육의 철학과 잉걸진 미래를 만나다!

한국교육연구네트워크 총서

01 핀란드 교육혁명
한국교육연구네트워크 엮음 | 320쪽 | 값 15,000원

02 일제고사를 넘어서
한국교육연구네트워크 엮음 | 284쪽 | 값 13,000원

03 새로운 사회를 여는 교육혁명
한국교육연구네트워크 엮음 | 380쪽 | 값 17,000원

04 교장제도 혁명
한국교육연구네트워크 엮음 | 268쪽 | 값 14,000원

05 새로운 사회를 여는 교육자치 혁명
한국교육연구네트워크 엮음 | 312쪽 | 값 15,000원

06 혁신학교에 대한 교육학적 성찰
한국교육연구네트워크 엮음 | 308쪽 | 값 15,000원

07 진보주의 교육의 세계적 동향
한국교육연구네트워크 엮음 | 324쪽 | 값 17,000원
2018 세종도서 학술부문

08 더 나은 세상을 위한 학교혁명
한국교육연구네트워크 엮음 | 404쪽 | 값 21,000원
2018 세종도서 교양부문

09 비판적 실천을 위한 교육학
이윤미 외 지음 | 448쪽 | 값 23,000원
2019 세종도서 학술부문

10 마을교육공동체운동: 세계적 동향과 전망
심성보 외 지음 | 376쪽 | 값 18,000원

11 학교 민주시민교육의 세계적 동향과 과제
심성보 외 지음 | 308쪽 | 값 16,000원

12 학교를 민주주의의 정원으로 가꿀 수 있을까?
성열관 외 지음 | 272쪽 | 값 16,000원

한국교육연구네트워크 번역 총서

01 프레이리와 교육
존 엘리아스 지음 | 한국교육연구네트워크 옮김
276쪽 | 값 14,000원

02 교육은 사회를 바꿀 수 있을까?
마이클 애플 지음 | 강희룡·김선우·박원순·이형빈 옮김
356쪽 | 값 16,000원

03 비판적 페다고지는 세상을 변화시킬 수 있는가?
Seewha Cho 지음 | 심성보·조시화 옮김
280쪽 | 값 14,000원

04 마이클 애플의 민주학교
마이클 애플·제임스 빈 엮음 | 강희룡 옮김
276쪽 | 값 14,000원

05 21세기 교육과 민주주의
넬 나딩스 지음 | 심성보 옮김 | 392쪽 | 값 18,000원

06 세계교육개혁: 민영화 우선인가 공적 투자 강화인가?
린다 달링-해먼드 외 지음 | 심성보 외 옮김 | 408쪽 | 값 21,000원

07 콩도르세, 공교육에 관한 다섯 논문
니콜라 드 콩도르세 지음 | 이주환 옮김
300쪽 | 값 16,000원

08 학교를 변론하다
얀 마스켈라인·마틴 시몬스 지음 | 윤선인 옮김
252쪽 | 값 15,000원

09 존 듀이와 교육
짐 개리슨 외 지음 | 김세희 외 옮김
372쪽 | 값 19,000원

10 진보주의 교육운동사
윌리엄 헤이스 지음 | 심성보 외 옮김
324쪽 | 값 18,000원

11 사랑의 교육학
안토니아 다더 지음 | 유성상 외 옮김
412쪽 | 값 22,000원

혁신학교
성열관·이순철 지음 | 224쪽 | 값 12,000원

행복한 혁신학교 만들기
초등교육과정연구모임 지음 | 264쪽 | 값 13,000원

서울형 혁신학교 이야기
이부영 지음 | 320쪽 | 값 15,000원

대한민국 교사, 어떻게 가르칠 것인가?
윤성관 지음 | 320쪽 | 값 15,000원

아이들을 어떻게 가르칠 것인가
사토 마나부 지음 | 박찬영 옮김 | 232쪽 | 값 13,000원

모두를 위한 국제이해교육
한국국제이해교육학회 지음 | 364쪽 | 값 16,000원

● **비고츠키 선집 시리즈** 발달과 협력의 교육학 어떻게 읽을 것인가?

 생각과 말
레프 세묘노비치 비고츠키 지음
배희철·김용호·D. 켈로그 옮김 | 690쪽 | 값 33,000원

 성장과 분화
L.S. 비고츠키 지음 | 비고츠키 연구회 옮김
308쪽 | 값 15,000원

 도구와 기호
비고츠키·루리야 지음 | 비고츠키 연구회 옮김
336쪽 | 값 16,000원

 연령과 위기
L.S. 비고츠키 지음 | 비고츠키 연구회 옮김
336쪽 | 값 17,000원

 어린이 자기행동숙달의 역사와 발달 I
L.S. 비고츠키 지음 | 비고츠키 연구회 옮김
564쪽 | 값 28,000원

 의식과 숙달
L.S 비고츠키 | 비고츠키 연구회 옮김
348쪽 | 값 17,000원

 어린이 자기행동숙달의 역사와 발달 II
L.S. 비고츠키 지음 | 비고츠키 연구회 옮김
552쪽 | 값 28,000원

 분열과 사랑
L.S. 비고츠키 지음 | 비고츠키 연구회 옮김
260쪽 | 값 16,000원

 어린이의 상상과 창조
L.S. 비고츠키 지음 | 비고츠키 연구회 옮김
280쪽 | 값 15,000원

 성애와 갈등
L.S. 비고츠키 지음 | 비고츠키 연구회 옮김
268쪽 | 값 17,000원

 비고츠키와 인지 발달의 비밀
A.R. 루리야 지음 | 배희철 옮김 | 280쪽 | 값 15,000원

 흥미와 개념
L.S. 비고츠키 지음 | 비고츠키 연구회 옮김
408쪽 | 값 21,000원

 정서학설 I
L.S. 비고츠키 지음 | 비고츠키 연구회 옮김
584쪽 | 값 35,000원

 관계의 교육학, 비고츠키
진보교육연구소 비고츠키교육학실천연구모임 지음
300쪽 | 값 15,000원

 수업과 수업 사이
비고츠키 연구회 지음 | 196쪽 | 값 12,000원

 비고츠키 생각과 말 쉽게 읽기
진보교육연구소 비고츠키교육학실천연구모임 지음
316쪽 | 값 15,000원

 비고츠키의 발달교육이란 무엇인가?
비고츠키교육학실천연구모임 지음 | 412쪽 | 값 21,000원

 교사와 부모를 위한 비고츠키 교육학
카르포프 지음 | 실천교사번역팀 옮김
308쪽 | 값 15,000원

 비고츠키 철학으로 본 핀란드 교육과정
배희철 지음 | 456쪽 | 값 23,000원

 혁신교육, 철학을 만나다
브렌트 데이비스·데니스 수마라 지음
현인철·서용선 옮김 | 304쪽 | 값 15,000원

 경쟁을 넘어 발달 교육으로
현광일 지음 | 288쪽 | 값 14,000원

 핀란드 교육의 기적
한넬레 니에미 외 엮음 | 장수명 외 옮김
456쪽 | 값 23,000원

 혁신교육 존 듀이에게 묻다
서용선 지음 | 292쪽 | 값 14,000원

 다시 읽는 조선 교육사
이만규 지음 | 750쪽 | 값 33,000원

 한국 교육의 현실과 전망
심성보 지음 | 724쪽 | 값 35,000원

대한민국 교육혁명
교육혁명공동행동 연구위원회 지음
224쪽 | 값 12,000원

 독일의 학교교육
정기섭 지음 | 536쪽 | 값 29,000원

4·16, 질문이 있는 교실 마주이야기 통합수업으로 혁신교육과정을 재구성하다!

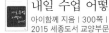 **통하는 공부**
김태호·김형우·이경석·심우근·허진만 지음
324쪽 | 값 15,000원

 미래교육의 열쇠, 창의적 문화교육
심광현·노명우·강정석 지음 | 368쪽 | 값 16,000원

 **내일 수업 어떻게 하지?**
아이함께 지음 | 300쪽 | 값 15,000원
2015 세종도서 교양부문

 주제통합수업,
아이들을 수업의 주인공으로!
이윤미 외 지음 | 392쪽 | 값 17,000원

 인간 회복의 교육
성래운 지음 | 260쪽 | 값 13,000원

 수업과 교육의 지평을 확장하는 **수업 비평**
윤양수 지음 | 316쪽 | 값 15,000원
2014 문화체육관광부 우수교양도서

 교과서 너머 교육과정 마주하기
이윤미 외 지음 | 368쪽 | 값 17,000원

 교사, 선생이 되다
김태은 외 지음 | 260쪽 | 값 13,000원

 수업 고수들
수업·교육과정·평가를 말하다
박현숙 외 지음 | 368쪽 | 값 17,000원

 교사의 전문성, 어떻게 만들어지나
국제교원노조연맹 보고서 | 김석규 옮김
392쪽 | 값 17,000원

 도덕 수업, 책으로 묻고 윤리로 답하다
울산도덕교사모임 지음 | 320쪽 | 값 15,000원

 수업의 정치
윤양수·원종희·장군 지음 | 280쪽 | 값 14,000원

 체육 교사, 수업을 말하다
전용진 지음 | 304쪽 | 값 15,000원

 학교협동조합,
현장체험학습과 마을교육공동체를 잇다
주수원 외 지음 | 296쪽 | 값 15,000원

 교실을 위한 프레이리
아이러 쇼어 엮음 | 사람대사람 옮김
412쪽 | 값 18,000원

 거꾸로 교실,
잠자는 아이들을 깨우는 수업의 비밀
이민경 지음 | 280쪽 | 값 14,000원

 마을교육공동체란 무엇인가?
서용선 외 지음 | 360쪽 | 값 17,000원

 교사는 무엇으로 사는가
정은균 지음 | 292쪽 | 값 15,000원

 교사, 학교를 바꾸다
정진화 지음 | 372쪽 | 값 17,000원

 마음의 힘을 기르는 감성수업
조선미 외 지음 | 300쪽 | 값 15,000원

 함께 배움
학생 주도 배움 중심 수업 이렇게 한다
니시카와 준 지음 | 백경석 옮김 | 280쪽 | 값 15,000원

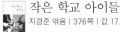 **작은 학교 아이들**
지경준 엮음 | 376쪽 | 값 17,000원

 공교육은 왜?
홍섭근 지음 | 352쪽 | 값 16,000원

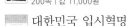 **아이들의 배움은 어떻게 깊어지는가**
이시이 준지 지음 | 방지현·이창희 옮김
200쪽 | 값 11,000원

 자기혁신과 공동의 성장을 위한
교사들의 필리버스터
윤양수·원종희·장군·조경삼 지음 | 280쪽 | 값 14,000원

 대한민국 입시혁명
참교육연구소 입시연구팀 지음 | 220쪽 | 값 12,000원

 함께 배움 이렇게 시작한다
니시카와 준 지음 | 백경석 옮김 | 196쪽 | 값 12,000원

 교사를 세우는 교육과정
박승열 지음 | 312쪽 | 값 15,000원

 함께 배움 교사의 말하기
니시카와 준 지음 | 백경석 옮김 | 188쪽 | 값 12,000원

 전국 17명 교육감들과 나눈 교육 대담
최창의 대담·기록 | 272쪽 | 값 15,000원

 교육과정 통합, 어떻게 할 것인가?
성열관 외 지음 | 192쪽 | 값 13,000원

 들뢰즈와 가타리를 통해 유아교육 읽기
리세롯 마리엣 올슨 지음 | 이연선 외 옮김
328쪽 | 값 17,000원

학교 혁신의 길, 아이들에게 묻다
남궁상운 외 지음 | 272쪽 | 값 15,000원

 학교 민주주의의 불한당들
정은균 지음 | 276쪽 | 값 14,000원

프레이리의 사상과 실천
사람대사람 지음 | 352쪽 | 값 18,000원
2018 세종도서 학술부문

혁신학교, 한국 교육의 미래를 열다
송순재 외 지음 | 608쪽 | 값 30,000원

페다고지를 위하여
프레네의 『페다고지 불변요소』 읽기
박찬영 지음 | 296쪽 | 값 15,000원

노자와 탈현대 문명
홍승표 지음 | 284쪽 | 값 15,000원

선생님, 민주시민교육이 뭐예요?
염경미 지음 | 244쪽 | 값 15,000원

어쩌다 혁신학교
유우석 외 지음 | 380쪽 | 값 17,000원

미래, 교육을 묻다
정광필 지음 | 232쪽 | 값 15,000원

대학, 협동조합으로 교육하라
박주희 외 지음 | 252쪽 | 값 15,000원

입시, 어떻게 바꿀 것인가?
노기원 지음 | 306쪽 | 값 15,000원

촛불시대, 혁신교육을 말하다
이용관 지음 | 240쪽 | 값 15,000원

라운드 스터디
이시이 데루마사 외 엮음 | 224쪽 | 값 15,000원

미래교육을 디자인하는 학교교육과정
박승열 외 지음 | 348쪽 | 값 18,000원

흥미진진한 아일랜드 전환학년 이야기
제리 제퍼스 지음 | 최상덕·김호원 옮김 | 508쪽 | 값 27,000원
2019 대한민국학술원우수학술도서

폭력 교실에 맞서는 용기
따돌림사회연구모임 학급운영팀 지음
272쪽 | 값 15,000원

그래도 혁신학교
박은혜 외 지음 | 248쪽 | 값 15,000원

학교는 어떤 공동체인가?
성열관 외 지음 | 228쪽 | 값 15,000원

교사 전쟁
다나 골드스타인 지음 | 유성상 외 옮김
468쪽 | 값 23,000원

시민, 학교에 가다
최형규 지음 | 260쪽 | 값 15,000원

교육과정, 수업, 평가의 일체화
리사 카터 지음 | 박승열 외 옮김 | 196쪽 | 값 13,000원

학교를 개선하는 교장
지속가능한 학교 혁신을 위한 실천 전략
마이클 풀란 지음 | 서동연·정효준 옮김 | 216쪽 | 값 13,000원

공자뎐, 논어는 이것이다
유문상 지음 | 392쪽 | 값 18,000원

교사와 부모를 위한 발달교육이란 무엇인가?
현광일 지음 | 380쪽 | 값 18,000원

교사, 이오덕에게 길을 묻다
이무완 지음 | 328쪽 | 값 15,000원

낙오자 없는 스웨덴 교육
레이프 스트란드베리 지음 | 변광수 옮김
208쪽 | 값 13,000원

끝나지 않은 마지막 수업
장석웅 지음 | 328쪽 | 값 20,000원

경기꿈의학교
진흥섭 외 지음 | 360쪽 | 값 17,000원

학교를 말한다
이성우 지음 | 292쪽 | 값 15,000원

행복도시 세종, 혁신교육으로 디자인하다
곽순일 외 지음 | 392쪽 | 값 18,000원

나는 거꾸로 교실 거꾸로 교사
류광모·임정훈 지음 | 212쪽 | 값 13,000원

교실 속으로 간 이해중심 교육과정
온정덕 외 지음 | 224쪽 | 값 13,000원

교실, 평화를 말하다
따돌림사회연구모임 초등우정팀 지음
268쪽 | 값 15,000원

학교자율운영 2.0
김용 지음 | 240쪽 | 값 15,000원

학교자치를 부탁해
유우석 외 지음 | 252쪽 | 값 15,000원

국제이해교육 페다고지
강순원 외 지음 | 256쪽 | 값 15,000원

선생님, 페미니즘이 뭐예요?
염경미 지음 | 280쪽 | 값 15,000원

평화의 교육과정 섬김의 리더십
이준원·이형빈 지음 | 292쪽 | 값 16,000원

학교를 살리는 회복적 생활교육
김민자·이순영·정선영 지음 | 256쪽 | 값 15,000원

수포자의 시대
김성수·이형빈 지음 | 252쪽 | 값 15,000원

교사를 위한 교육학 강의
이형빈 지음 | 336쪽 | 값 17,000원

혁신학교와 실천적 교육과정
신은희 지음 | 236쪽 | 값 15,000원

새로운학교 학생을 날게 하다
새로운학교네트워크 총서 02 | 408쪽 | 값 20,000원

삶의 시간을 잇는 문화예술교육
고영직 지음 | 292쪽 | 값 16,000원

세월호가 묻고 교육이 답하다
경기도교육연구원 지음 | 214쪽 | 값 13,000원

혐오, 교실에 들어오다
이혜정 외 지음 | 232쪽 | 값 15,000원

미래교육, 어떻게 만들어갈 것인가?
송기상·김성천 지음 | 300쪽 | 값 16,000원
2019 세종도서 교양부문

혁신교육지구와 마을교육공동체는
어떻게 만들어지는가?
김태정 지음 | 376쪽 | 값 18,000원

교육에 대한 오해
우문영 지음 | 224쪽 | 값 15,000원

선생님, 특성화고 자기소개서
어떻게 써요?
이지영 지음 | 322쪽 | 값 17,000원

혁신교육지구 현장을 가다
이용운 외 4인 지음 | 344쪽 | 값 18,000원

학생과 교사, 수업을 묻다
전용진 지음 | 344쪽 | 값 18,000원

배움의 독립선언, 평생학습
정민승 지음 | 240쪽 | 값 15,000원

혁신학교의 꽃, 교육과정 다시 그리기
안재일 지음 | 344쪽 | 값 18,000원

교육혁신의 시대
배움의 공간을 상상하다
함영기 외 지음 | 264쪽 | 값 17,000원

학습격차 해소를 위한 새로운 도전
보편적 학습설계 수업
조윤정 외 지음 | 225쪽 | 값 15,000원

서울의 마을교육
이용윤 외 지음 | 352쪽 | 값 18,000원

물질과의 새로운 만남
베로니차 파치니-케처바우 지음 | 240쪽 | 값 15,000원

평화와 인성을 키우는 자기우정
따돌림사회연구모임 우정팀 지음 | 240쪽 | 값 15,000원

미래교육을 열어가는
배움중심 원격수업
이윤서 외 지음 | 332쪽 | 값 17,000원

● **살림터 참교육 문예 시리즈** 영혼이 있는 삶을 가르치는 온 선생님을 만나다!

꽃보다 귀한 우리 아이는
조재도 지음 | 244쪽 | 값 12,000원

선생님이 먼저 때렸는데요
강병철 지음 | 248쪽 | 값 12,000원

성깔 있는 나무들
최은숙 지음 | 244쪽 | 값 12,000원

서울 여자, 시골 선생님 되다
조경선 지음 | 252쪽 | 값 12,000원

아이들에게 세상을 배웠네
명혜정 지음 | 240쪽 | 값 12,000원

행복한 창의 교육
최창의 지음 | 328쪽 | 값 15,000원

밥상에서 세상으로
김흥숙 지음 | 280쪽 | 값 13,000원

북유럽 교육 기행
정애경 외 14인 지음 | 288쪽 | 값 14,000원

우물쭈물하다 끝난 교사 이야기
유기창 지음 | 380쪽 | 값 17,000원

시험 시간에 웃은 건 처음이에요
조규선 지음 | 252쪽 | 값 15,000원

오천년을 사는 여지
염경미 지음 | 272쪽 | 값 16,000원

다정한 교실에서 20,000시간
강정희 지음 | 296쪽 | 값 16,000원

● 더불어 사는 정의로운 세상을 여는 인문사회과학 사람의 존엄과 평등의 가치를 배운다

밥상혁명
강양구·강이현 지음 | 298쪽 | 값 13,800원

좌우지간 인권이다
안경환 지음 | 288쪽 | 값 13,000원

도덕 교과서 무엇이 문제인가?
김대용 지음 | 272쪽 | 값 14,000원

민주시민교육
심성보 지음 | 544쪽 | 값 25,000원

자율주의와 진보교육
조엘 스프링 지음 | 심성보 옮김 | 320쪽 | 값 15,000원

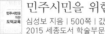
민주시민을 위한 도덕교육
심성보 지음 | 500쪽 | 값 25,000원
2015 세종도서 학술부문

민주화 이후의 공동체 교육
심성보 지음 | 392쪽 | 값 15,000원
2009 문화체육관광부 우수학술도서

교과서 밖에서 배우는 인문학 공부
정은교 지음 | 280쪽 | 값 13,000원

동양사상과 마음교육
정재걸 외 지음 | 356쪽 | 값 16,000원
2015 세종도서 학술부문

오래된 미래교육
정재걸 지음 | 392쪽 | 값 18,000원

교과서 밖에서 배우는 철학 공부
정은교 지음 | 280쪽 | 값 14,000원

대한민국 의료혁명
전국보건의료산업노동조합 엮음 | 548쪽 | 값 25,000원

교과서 밖에서 배우는 사회 공부
정은교 지음 | 304쪽 | 값 15,000원

전체 안의 전체 사고 속의 사고
김우창의 인문학을 읽다
현광일 지음 | 320쪽 | 값 15,000원

교과서 밖에서 배우는 윤리 공부
정은교 지음 | 292쪽 | 값 15,000원

카스트로, 종교를 말하다
피델 카스트로·프레이 베토 대담 | 조세종 옮김
420쪽 | 값 21,000원

한글 혁명
김슬옹 지음 | 388쪽 | 값 18,000원

일제강점기 한국철학
이태우 지음 | 448쪽 | 값 25,000원

우리 안의 미래교육
정재걸 지음 | 484쪽 | 값 25,000원

한국 교육 제4의 길을 찾다
이길상 지음 | 400쪽 | 값 21,000원
2019 세종도서 학술부문

왜 그는 한국으로 돌아왔는가?
황선준 지음 | 364쪽 | 값 17,000원
2019 세종도서 교양부문

마을교육공동체 생태적 의미와 실천
김용련 지음 | 256쪽 | 값 15,000원

공간, 문화, 정치의 생태학
현광일 지음 | 232쪽 | 값 15,000원

교육과정에서 왜 지식이 중요한가
심성보 지음 | 440쪽 | 값 23,000원

인공지능 시대의 사회학적 상상력
홍승표 지음 | 260쪽 | 값 15,000원

식물에게서 교육을 배우다
이차영 지음 | 260쪽 | 값 15,000원

동양사상과 인간 그리고 사회
이현지 지음 | 418쪽 | 값 21,000원

왜 전태일인가
송필경 지음 | 236쪽 | 값 17,000원

장자와 탈현대
정재걸 외 지음 | 424쪽 | 값 21,000원

한국 세계시민교육이 나아갈 길을 묻다
유네스코태평양 국제이해교육원 지음 | 260쪽 | 값 18,000원

놀자선생의 놀이인문학
진용근 지음 | 380쪽 | 값 185,000원

코로나 시대,
마을교육공동체 운동과 생태적 교육학
심성보 지음 | 280쪽 | 값 17,000원

포스트 코로나 시대, 예술과 정치
현광일 지음 | 288쪽 | 값 16,000원

포스트 코로나 시대의 교육
성열관 외 지음 | 224쪽 | 값 15,000원

서울대 10개 만들기
김종영 지음 | 348쪽 | 값 18,000원

학교의 미래,
전문적 학습 공동체로 열다
새로운학교네트워크·오윤주 외 지음 | 276쪽 | 값 16,000원

● 평화샘 프로젝트 매뉴얼 시리즈 학교폭력에 대한 근본적인 예방과 대책을 찾는다

 학교폭력 어떻게 만들어지는가
문재현 외 지음 | 300쪽 | 값 14,000원

 아이들을 살리는 동네
문재현·신동명·김수동 지음 | 204쪽 | 값 10,000원

 학교폭력, 멈춰!
문재현 외 지음 | 348쪽 | 값 15,000원

 평화! 행복한 학교의 시작
문재현 외 지음 | 252쪽 | 값 12,000원

 왕따, 이렇게 해결할 수 있다
문재현 외 지음 | 236쪽 | 값 12,000원

 마을에 배움의 길이 있다
문재현 지음 | 208쪽 | 값 10,000원

 젊은 부모를 위한 백만 년의 육아 슬기
문재현 지음 | 248쪽 | 값 13,000원

 별자리, 인류의 이야기 주머니
문재현·문한뫼 지음 | 444쪽 | 값 20,000원

 우리는 마을에 산다
유양우·신동명·김수동·문재현 지음
312쪽 | 값 15,000원

 동생아, 우리 뭐 하고 놀까?
문재현 외 지음 | 280쪽 | 값 15,000원

 누가, 학교폭력 해결을 가로막는가?
문재현 외 지음 | 312쪽 | 값 15,000원

 코로나 19가 앞당긴 미래,
마을에서 찾는 배움길
문재현 외 지음 | 308쪽 | 값 16,000원

● 남북이 하나 되는 두물머리 평화교육 분단 극복을 위한 치열한 배움과 실천을 만나다

 10년 후 통일
정동영·지승호 지음 | 328쪽 | 값 15,000원

 선생님, 통일이 뭐예요?
정경호 지음 | 252쪽 | 값 13,000원

 분단시대의 통일교육
성래운 지음 | 428쪽 | 값 18,000원

 김창환 교수의 DMZ 지리 이야기
김창환 지음 | 264쪽 | 값 15,000원

 한반도 평화교육 어떻게 할 것인가
이기범 외 지음 | 252쪽 | 값 15,000원

 포괄적 평화교육
베티 리어든 지음 | 강순원 옮김 | 252쪽 | 값 17,000원

● 창의적인 협력 수업을 지향하는 삶이 있는 국어 교실 우리말 글을 배우며 세상을 배운다

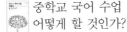 중학교 국어 수업
어떻게 할 것인가?
김미경 지음 | 340쪽 | 값 15,000원

 토론의 숲에서 나를 만나다
명혜정 엮음 | 312쪽 | 값 15,000원

 토닥토닥 토론해요
명혜정·이명선·조선미 엮음 | 288쪽 | 값 15,000원

 인문학의 숲을 거니는 토론 수업
순천국어교사모임 엮음 | 308쪽 | 값 15,000원

 어린이와 시
오인태 지음 | 192쪽 | 값 12,000원

 수업, 슬로리딩과 함께
박경숙 외 지음 | 268쪽 | 값 15,000원

 언어던
정은균 지음 | 268쪽 | 값 15,000원
2019 세종도서 교양부문

 민촌 이기영 평전
이성렬 지음 | 508쪽 | 값 20,000원

 감각의 갱신, 화장하는 인민
남북문학예술연구회 | 380쪽 | 값 19,000원

참된 삶과 교육에 관한
생각 줍기